EDITORA**ELEFANTE**

CONSELHO EDITORIAL
Bianca Oliveira
João Peres
Leonardo Garzaro
Tadeu Breda

EDIÇÃO
Tadeu Breda

REVISÃO
Daniela Alarcon
Laura Massunari
Tomoe Moroizumi

DIREÇÃO DE ARTE
Bianca Oliveira

ASSISTÊNCIA DE ARTE
Denise Matsumoto

CAPA
Catarina Bessel

Verónica Gago

A potência feminista
ou o desejo de transformar tudo

———
TRADUÇÃO Igor Peres

Os livros têm sua estrela
— Rosa Luxemburgo

A Raquel, Nati e Luci

9   INTRODUÇÃO
    A potência feminista, ou o desejo de transformar tudo

19 CAPÍTULO 1
    #*NosotrasParamos*: por uma teoria política da greve feminista

71 CAPÍTULO 2
    Violências: há uma guerra *no* e *contra o* corpo das mulheres?

105 CAPÍTULO 3
    Corpo-território: o corpo como campo de batalha

143 CAPÍTULO 4
    Economia feminista: exploração e extração

187 CAPÍTULO 5
    Assembleias: um dispositivo situado de inteligência coletiva

215 CAPÍTULO 6
#LaInternacionalFeminista

247 CAPÍTULO 7
**Contraofensiva:
o espectro do feminismo**

273 CAPÍTULO 8
**Oito teses sobre a
revolução feminista**

289 APÊNDICE
***A potência feminista*,
livro de Verónica Gago:
tão forte como o desejo**

297 **Bibliografia**

313 **Agradecimentos**

317 **Sobre a autora**

INTRODUÇÃO
A potência feminista, ou o desejo de transformar tudo

Este livro é ao mesmo tempo um programa e um artifício de composição. Divide-se em oito capítulos devido à simples arbitrariedade de levar a sério o número com o qual organizamos os pontos do documento coletivo para a Primeira Greve[1] Internacional de Mulheres de 8 de março de 2017.

No entanto, como ocorre às vezes magicamente (pela eternidade dos astros ou pelo destino das estrelas), o número bateu. E coincide com os temas que configuram a trama deste texto. Assim, cada capítulo possui um título-problema e, ao mesmo tempo, pode-se dizer que as questões se repetem, reaparecem, retornam e insistem, saltando de um capítulo ao outro. Apesar de serem nomeados como problemas diferentes, o método de

---

1. A autora usa, aqui, o termo *"paro"*, que ao longo do livro atuará como sinônimo de greve, *"huelga"*. Embora se possa estabelecer uma diferença conceitual entre *paro*, "paralisação" em português, e *huelga*, em que o primeiro termo denotaria uma medida de protesto não necessariamente vinculada a mediações institucionais, como seria o caso de uma greve e seus requisitos de reconhecimento estatal, por exemplo, decidimos manter a equivalência, entendendo que é parte constitutiva do argumento central do livro ampliar e dar novos contornos à ideia de greve, no interior de cujo campo semântico, sempre que tomado nosso critério, a ideia de "paralisação" encontra justificada guarida. Registre-se, ademais, que a vacilação semântica reflete e responde à evolução do próprio fazer-se do movimento, discussões internas incluídas, e, em especial, aquilo que corresponde a suas estratégias de resistência e visibilização. [N.T.]

trabalho os entrelaça. Pode-se dizer que são sempre as mesmas questões que estão em jogo, mas com um tom, uma luz e uma velocidade que diferenciam umas das outras.

O título transparece esse *movimento*. A potência feminista se refere a uma teoria alternativa do poder. Potência feminista significa reivindicar a indeterminação do que se pode, do que podemos — isto é, entender que não sabemos do que somos capazes até experimentar o deslocamento dos limites em que nos convenceram a acreditar e que nos fizeram obedecer. Não se trata de uma teoria ingênua do poder, mas de compreender a potência como desenvolvimento de um contrapoder (inclusive, de um duplo-poder). E, finalmente, a afirmação de um poder de outro tipo, que é invenção comum contra a expropriação, usufruto coletivo contra a privatização e ampliação do que desejamos ser possível aqui e agora.

Minha tentativa, aqui, é estabelecer um pensamento *situado* em uma sequência de lutas, de festas de rua, de vibrações experienciais e de ressonâncias do grito *#NiUnaMenos* [#NemUmaAMenos].[2] Esse método de trabalho e escrita tem uma premissa: o desejo possui um potencial cognitivo. Quando dizemos *#NosMueveElDeseo* [#NosMoveODesejo],[3] entendo que esse movimento é intelecto coletivo e expressão multitudinária de uma investigação em marcha, com seus momentos de agitação e recuo, com seus ritmos e intensidades variáveis.

A potência, como a própria noção que vai de Spinoza a Marx

---

2. Consigna surgida em junho de 2015, na Argentina, em protesto contra a violência machista e o feminicídio, após uma jovem grávida de catorze anos, Chiara Páez, ter sido assassinada por seu namorado de dezesseis anos na cidade de Rufino, em Santa Fé. A expressão tem origem em um verso da poeta mexicana Susana Chávez, vítima de feminicídio em Ciudad Juárez, em 2011. [N.E.]

3. Consigna oriunda das manifestações feministas na Argentina e impulsionada pelo Coletivo NiUnaMenos. Ver "Nos mueve el deseo", em *Página 12*, 22 jan. 2017. [N.E.]

e mais além, nunca existe desapegada de seu lugar de enraizamento, do corpo que a contém. Por isso, potência feminista é potência do corpo como corpo sempre individual e coletivo, e em variação; isto é, singularizado. Mas, além disso, a potência feminista expande o corpo graças aos modos como é reinventado pelas lutas de mulheres, pelas lutas feministas e pelas lutas das dissidências sexuais que uma e outra vez *atualizam* essa noção de potência, reescrevendo Spinoza e Marx.

Não existe potência em abstrato (não se trata do potencial em termos aristotélicos). Potência feminista é capacidade desejante. Isso implica que o desejo não é o contrário do possível, mas a força que impulsiona o que é percebido coletivamente e em cada corpo como possível. O título deste livro quer ser, assim, um manifesto dessa potência indeterminada, que se expressa como desejo de transformar tudo.

• • • •

Este texto foi escrito no calor dos acontecimentos que deram ao movimento feminista nos últimos anos um protagonismo de novo tipo, e a partir de uma posição particular: de *dentro* da dinâmica organizativa. É um registro ao vivo de nossas discussões enquanto cumpríamos as tarefas de preparar as greves, marchar, debater em assembleia, fazer dezenas de reuniões e ter centenas de conversas, coordenar e trocar com companheiras de outros lugares do mundo. É um registro aberto de um processo político que continua *aberto*. Minha escrita está situada aí. E o faz na chave de uma investigação militante.

É claro que o conteúdo deste livro se vincula a intercâmbios e preocupações políticas e teóricas nas quais venho trabalhando há muito tempo, em uma rede ampla de amizades e cumplicidades — e também querelas e polêmicas. Por isso, situar-se também é compor com uma máquina de conversações entre companheiras, histórias e textos de muitas partes e de muitas épocas. Como em toda escrita, nela atua e se escuta uma polifonia, e se tramam linhas de força.

Quero chamar a atenção para algumas questões de método sobre o pensar *situado*.

Um pensar *situado* é inevitavelmente um pensar feminista. Porque se algo nos ensinou a história das rebeldias, de suas conquistas e fracassos, é que a potência do pensamento *sempre* tem corpo. E nesse corpo se congregam experiências, expectativas, recursos, trajetórias e memórias.

Um pensar *situado* é inevitavelmente parcial. Parcial não significa uma pequena parte, um fragmento ou um estilhaço, mas sim um retalho em uma arte de bricolagem, uma montagem específica. Como tal, *funciona* como um ponto de entrada, uma perspectiva, que singulariza uma experiência.

Um pensar *situado* é um processo: nesse caso, no calor do processo político da greve feminista dos últimos anos, que inaugurou uma paisagem capaz de sustentar novos territórios existenciais.

Um pensar *situado* é inevitavelmente um pensar internacionalista. Cada situação é uma imagem do mundo, uma totalidade aberta ao sabor do conceito e à empiria infinita do detalhe. Assim se trama um transnacionalismo que é prática cartográfica e que constrói ressonância mundial a partir do Sul. Tem sua força enraizada na América Latina, em camadas múltiplas de insurgências e rebeliões. E alimenta um pensar *situado* que desafia escalas, alcances e invenções de um movimento que se amplia sem perder a força de estar localizado e a exigência de ser concreto.

Escrevo da Argentina, onde o próprio movimento tem singularidades importantes. Proponho como uma das hipóteses substanciais deste livro que, aqui, o movimento feminista se destaca por conjugar *massividade* e *radicalidade*.

Isso não é espontaneísmo. Teceu-se e trabalhou-se de modo paciente, enfieirando acontecimentos de rua enormes e trabalhos cotidianos igualmente enormes. Possui histórias e genealogias que não se ajustam ao calendário recente de mobilizações, porque são as que subterraneamente tornaram possível essa abertura do tempo, aqui e agora.

Ainda assim, a greve feminista será o *catalisador* a partir do qual lerei esse processo, que é ao mesmo tempo político, subjetivo, econômico, cultural, artístico, libidinal e epistêmico. Por "processo", não me refiro a uma neutralidade descritiva que "fundamente" a greve, mas à própria greve como um processo de invenção, rupturas e, ao mesmo tempo, acumulação de forças.

Nesse sentido, proponho a greve como *lente*, como ponto de vista específico, para contornar algumas problemáticas atuais do movimento feminista. Como desenvolvo no primeiro capítulo, me inspiro na ideia de Rosa Luxemburgo de que cada greve possui seu próprio pensamento político, e de que temos a tarefa histórica de pensar a greve que protagonizamos. Portanto, a greve feminista internacional funciona como um limiar, uma "experiência", algo que se atravessa e a partir do qual não se pode continuar tendo a mesma relação com as coisas e os outros. Muitas fomos transformadas *nesse* e *por esse* processo.

Usarei a greve como lente em duplo sentido:

i) *Em um sentido analítico*: o que a greve nos permite ver, detectar e ressaltar em termos de como se produz um regime de invisibilidade específico sobre nossas formas de trabalho e de produzir valor em territórios diversos. Explicarei por que é com a greve que construímos um diagnóstico perfeito sobre a precariedade a partir do ponto de vista de nossas estratégias para resistir e politizar a tristeza e o sofrimento. E por que esse diagnóstico hoje é antifascista e antineoliberal.

ii) *Em um sentido prático*: como a greve nos permite desafiar e cruzar os limites do que somos, o que fazemos e o que desejamos, e se torna um plano que constrói um momento histórico de deslocamento com relação à posição de vítimas e excluídas. Nessa perspectiva, a prática da greve é a redefinição de uma poderosa forma de luta em um momento histórico novo. Contra o estreito modelo dos sujeitos da greve — masculinos, brancos, assalariados, sindicalizados —, expandimos sua capacidade política, suas linguagens e suas geografias. Surge assim uma pergunta que a refaz por completo: que tipo de corpos, territórios e conflitos cabem na greve quando ela se torna feminista? Com que tipo de generalidade ela se compromete?

Muitas perguntas se desprendem daqui, se disparam como linhas diversas. Pode a greve feminista redefinir a própria noção de classe, a partir de movimentos e lutas que não usam esse vocabulário na hora de fazer política? Reformular a noção de classe a partir da subalternidade, da colonialidade e da diferença, como fizeram importantes teorizações e lutas em diversas geografias do Sul do mundo, implica também acertar contas, uma vez mais, com uma longa história marxista que deposita na homogeneidade a característica central da classe, dando por certo que a "unidade" é um resultado objetivo do desenvolvimento do capitalismo, mas também com tradições que confiam em delegar a "unidade" ao acatamento de hierarquias. Os feminismos, através da greve, desafiam as fronteiras do que se define como trabalho e, portanto, como classe trabalhadora, reabrindo-a a novas experiências e evidenciando seu sentido historicamente exclusivo. Mas a greve feminista também permite pensar o que há para além do "patriarcado do salário" e sua regra heteronormativa. E mais ainda: amplia as experiências feministas a espaços, gerações e corpos que não se reconheciam ali.

Isso nos leva ainda mais longe: quais léxicos políticos nutrem essas dinâmicas de resistência à dominação e exploração contemporâneas capazes de ir além dos formatos e mediações patriarcais existentes? A greve como processo ondulante, de longo fôlego, desenha um mapa de conflitos que diluem a rígida fronteira entre vida e trabalho, corpo e território, lei e violência. A greve, desse modo, mais do que uma data, se torna uma ferramenta prática de investigação política e um processo capaz de construir *transversalidade* entre corpos, conflitos e territórios radicalmente diferentes.

No capítulo 2, analiso o diagnóstico das violências quando interseccionadas, conectadas e relacionadas com as necessidades atuais de acumulação do capital. Desse modo, tento descrever a maneira pela qual a questão da violência contra as mulheres se deslocou do "cerco" da violência doméstica e dos modos de domesticá-la através de respostas pontuais oferecidas pelas instituições, pelas ONGs ou pelos modos de gestão filantrópicos e paternalistas. Assim, o método que nos quiseram impugnar, o de "misturar tudo", é o que consegue traçar a relação entre violência sexual e violência financeira, entre violência trabalhista e violência racista, entre violência policial e violência obstétrica etc. E, sobretudo, é esse diagnóstico articulado sobre as violências que produz um deslocamento estratégico: sair da figura de vítima, de luto permanente, que a contabilização necropolítica dos feminicídios tenta impor.

Seguindo essa linha, no capítulo 3 me dedico a reflexões sobre a noção de corpo-território cunhada pelas companheiras da América Central para nomear as lutas antiextrativistas a partir das resistências de mulheres indígenas e afrodescendentes e de distintos coletivos feministas. Trago essa noção para pensar também o transbordamento da luta pela legalização do aborto na Argentina e suas repercussões globais através da maré verde,[4] mas também para entender o que puseram em debate as ex-filhas de genocidas,[5] com sua desfiliação, e as filhas e sobrinhas de militantes políticas que retomam a filiação na chave da rebeldia.[6] Em um salto, no capítulo 4 se vai em direção à genealogia *piquetera*:[7] o que foi inventado por aquelas experiências que colocaram as panelas na rua, que levaram as tarefas da reprodução para fora das paredes do lar em plena crise de 2001?[8] A partir daí, se esboçam apontamentos para uma crítica da economia política a partir do feminismo para discutir um ponto que considero fundamental: a afinidade histórica entre economias populares e economia feminista, e sua mútua afetação a partir da greve. Rediscutir aspectos da teoria do valor a partir da economia feminista é fundamental e tem a ver com a definição que o movimento foi construindo de si mesmo como anticapitalista, antipatriarcal e anticolonial. E, mais ainda, permite conectar a crítica ao extrativismo dos recursos comuns em nossa região

---

4. Referência à cor verde dos lenços usados pelas defensoras da descriminalização do aborto na Argentina a partir de 2018. [N.E.]
5. Alusão aos agentes do Estado argentino responsáveis por sequestros, torturas, desaparições forçadas e assassinatos durante a ditadura civil-militar (1976-1983). [N.E.]
6. Referência a filhas de militantes políticas perseguidas pela ditadura civil-militar argentina, que, ainda bebês, eram retiradas de suas mães (que acabavam mortas ou desaparecidas) e encaminhadas para adoção por pessoas afins ao regime. [N.E.]
7. "*Piquetero*" refere-se, na Argentina, ao movimento de trabalhadores e trabalhadoras desempregados surgido com a crise de 2001. O nome se deve ao fato de que o movimento ressignificou a clássica ferramenta do piquete fora da fábrica, usando-a para interromper a circulação de mercadorias através do bloqueio de vias. O piquete combinou-se a uma enorme organização coletiva nos bairros de *ollas populares* [panelas populares], nome que se deu à distribuição solidária de comida, empreendimentos autogeridos e outras atividades comunitárias. [N.T.]
8. A crise argentina de 2001 foi desencadeada em dezembro pelo "*corralito*", quando o governo impediu os cidadãos de tirarem seu dinheiro dos bancos. A medida provocou uma onda de protestos que derrocou, em poucos dias, o presidente Fernando de la Rúa e seu sucessor, Adolfo Rodríguez Saá. Os episódios foram seguidos por uma crise econômica, política e social que provocou um agudo empobrecimento das classes médias e populares. [N.E.]

a uma crítica ao extrativismo financeiro que se expande como endividamento popular.

O capítulo 5 se atém à cozinha da greve: as assembleias, entendidas como espaços onde a heterogeneidade política elabora suas diferenças, onde a escuta causa proximidade, onde o ritmo do pensamento imprime um ritmo à respiração e aos gestos de estar juntas. Trata-se também de ensaiar a pergunta pela pedagogia popular feminista vivenciada em certas situações de assembleia.

O capítulo 6 desenvolve a tese de #LaInternacionalFeminista [#AInternacionalFeminista]: que tipo de transnacionalismo está construindo o movimento a partir das classes populares? Quais são os territórios multilinguísticos, migrantes, em movimento, que fazem com que o internacionalismo se teça como força concreta *a partir de* cada luta? O enraizamento dos feminismos, a reinvenção comunitária a que dão lugar, a imaginação geográfica que alimentam são parte de uma cartografia que está em plena expansão.

No entanto, a essa força específica responde a contraofensiva neofascista que caracteriza a aliança mais recente entre neoliberalismo e conservadorismo. A essa força se dedica a cruzada eclesiástica contra a chamada "ideologia de gênero", mas também a cruzada moral e econômica que empobrece massivamente e que propõe que o antineoliberalismo consiste em retornar à família como confinamento, ao trabalho com patrão e à maternidade obrigatória.

Cada um desses capítulos possui, por sua vez, uma digressão: uma espécie de excursão mais teórica sobre debates, ideias ou polêmicas que se relacionam de algum modo com o problema em questão, que podem também ser lidos como textos soltos. Finalmente, o capítulo 8 traz oito teses, que podem ser lidas como síntese e manifesto.

Muitos são os tempos de escrita neste livro, mas o ritmo que o impulsionou é esse um pouco frenético e um pouco invencível que se abre quando se deseja, de modo coletivo, transformar tudo.

CAPÍTULO 1

#NosotrasParamos: por uma teoria política da greve feminista

Quero falar do movimento feminista atual a partir da greve. Desde 2016, a greve foi ganhando sucessivamente vários nomes: Greve Nacional de Mulheres; Greve Internacional de Mulheres, Lésbicas, Trans e Travestis; e, finalmente, Greve Internacional Feminista Plurinacional e, inclusive, Greve Geral Feminista. Tramou-se como uma saga, de alguma maneira louca e implacável, em sua força e continuidade. A greve não foi um acontecimento isolado: estruturou-se como um processo. Nesse sentido, continua aberto. No lapso de três anos (de outubro de 2016 a março de 2019), o que ocorreu é que a greve se converteu em uma ferramenta capaz de impulsionar internacionalmente o movimento feminista de maneira inédita.

Na Argentina, nutriu-se da consigna *#NiUnaMenos*, convocadora de uma primeira e massiva mobilização em junho de 2015 contra os feminicídios, que um ano depois cresceu ao calor do lema *¡Ni Una Menos! ¡Vivas y libres nos queremos!* [Nem Uma A Menos! Vivas e livres nos queremos!]. A greve produz um salto: transformou a mobilização contra os feminicídios em um movimento radical, massivo e capaz de enlaçar e politizar de forma inovadora o rechaço às violências. A greve, no entanto, pôs em cena um acumulado histórico de lutas anteriores.[9] Quando a ideia de chamar uma "greve" emergiu no calor de uma assembleia multitudinária, condensou a potência de uma ação que permitia atravessar o luto e levar a raiva às ruas. Quando dissemos "greve", percebemos a força de poder convocar umas as outras e falar umas com as outras: as donas de casa, as trabalhadoras da economia formal e informal, as cooperativistas, as que têm emprego e as desempregadas, as *cuentapropistas*[10] esporádicas e as mães em tempo integral, as militantes e as empregadas domésticas, as estudantes e as jornalistas, as sindicalistas e as professoras, as comerciantes, as organizadoras de refeitórios nos bairros e as aposentadas. Encontramo-nos em nosso *fazer*, disposto como território comum em sua multiplicidade.

Com a ferramenta da "greve", começamos a conectar e cruzar de modo prático as violências que se entrelaçam com a violência machista: a violência econômica da diferença salarial e as horas do trabalho doméstico não reconhecido nem remunerado com o disciplinamento que se acopla à falta de autonomia econômica; a violência do despojo de serviços públicos com a sobrecarga de trabalho comunitário.

---

9. Em termos genealógicos, temos de considerar quatro linhas: i) a linha do movimento de mulheres, cuja referência principal são os Encontros Nacionais de Mulheres, que se realizam na Argentina desde os anos 1980. Aos encontros, devemos somar iniciativas como a Campanha Nacional pelo Direito ao Aborto Legal, Seguro e Gratuito, existente desde 2005; ii) a linha de direitos humanos, protagonizada pelas Mães e Avós da Praça de Maio; iii) uma longa história do movimento de dissidências sexuais que vai da herança da Frente de Libertação Homossexual dos anos 1970 à militância lésbica pelo acesso autônomo ao aborto e ao ativismo trans, travesti, intersexual e transgênero; e iv) a linha de movimentos sociais, especialmente liderada pelo movimento de desempregados, cujo protagonismo feminizado na última década e meia foi fundamental. Ao longo do livro, desenvolveremos essas quatro linhas e seus modos de vínculo, contaminação e radicalização em termos feministas.
10. Trabalhadoras "por conta própria". [N.T.]

Quando dissemos "greve", começamos a tecer o protagonismo feminino das economias populares e de rua com a conflituosidade dos usos do espaço urbano, que são disciplinados na mesma medida que hiperexplorados, ao mesmo tempo que conectamos as ofensivas dos megaprojetos extrativistas sobre os territórios indígenas e comunitários às violências específicas contra as mulheres que protagonizam as lutas em sua defesa. Ao nos apropriarmos da "greve", sentimos que liberávamos tempo para nós: para que pudéssemos simultaneamente pensar e agir; fazer o luto e lutar; dizer basta e nos encontrar.

Proponho neste capítulo, e como linha de entrada ao livro, entender a greve como uma *nova forma de cartografia prática da política feminista* que nesta época toma massivamente as ruas. A greve como horizonte prático e como perspectiva analítica *a partir das lutas* é o que possibilitou impulsionar um feminismo popular e antiliberal, que conectou as tramas das violências econômicas às violências concentradas contra o corpo das mulheres e os corpos feminizados.

Nas páginas que seguem, proponho explorar e analisar sua singularidade: como a greve feminista protagonizada a partir de territórios, sujeitos e experiências que não cabem na tradicional ideia de trabalhadores reinventou e transformou o conceito de greve? Por que, aqui e agora, a greve reapropriada por esse movimento consegue traduzir novas gramáticas de exploração em novas gramáticas de conflituosidade? De que maneira a greve ampliada em seus sentidos é capaz de conectar o trabalho doméstico e a exploração financeira? Por que a greve habilitou uma coordenação internacional de novo tipo?

A greve como um processo — esta é minha hipótese — vai tecendo de múltiplas formas a intensificação da insubordinação. Distintas modalidades de protesto, de assembleia, de usos da greve, de ocupações dos espaços de trabalho e dos bairros.

A partir dessa multiplicidade, a própria ideia de *greve geral* encontra outro contexto, a partir do qual nos lança as perguntas: como a multiplicidade de ações contidas na noção de greve do ponto de vista feminista revela e sabota as formas de exploração e extração de valor que já não se concentram apenas nos âmbitos reconhecidos como "trabalhistas"? Por que a greve expressa um modo de subjetivação política, isto é, um modo de atravessar fronteiras relativas ao limite do possível?

Dessas perguntas se depreende que a "lente" de leitura da greve feminista é também uma lente de leitura para as reconfigurações do capitalismo contemporâneo, de seus modos específicos de exploração e extração de valor e das dinâmicas que a eles resistem, que os sabotam e os impugnam. A greve é um modo de bloquear a continuidade da produção do capital, entendido como relação social. A greve é também uma desobediência à contínua expropriação de nossas energias vitais, espoliadas em rotinas exaustivas. Por isso mesmo, as perguntas continuam surgindo: o que acontece com a própria prática da greve quando ela é pensada e praticada a partir de sensibilidades que não se reconhecem *a priori* como sendo *de classe* e que, no entanto, desafiam a própria ideia de classe? Em que sentido esse "deslocamento" da greve, seu "uso" *fora do lugar*, redesenha as espacialidades e temporalidades da produção e do antagonismo?

Um mapa temporal e espacial: a heterogeneidade do trabalho em chave feminista

A greve transforma-se em um dispositivo específico para *politizar as violências contra as mulheres e os corpos feminizados* porque as *vincula às violências da acumulação capitalista contemporânea*. Nesse sentido, a greve produz um mapa global: visibiliza e reconstrói circuitos transfronteiriços e explicita as razões pelas quais há uma relação orgânica entre acumulação e violência.

Para convocar, lançamos a consigna *#NosotrasParamos* [#NósParamos] e obrigamos essa clássica ferramenta do movimento operário organizado a mudar, a ser reconfigurada, reconceitualizada e reutilizada por realidades de vida e trabalho que escapam aos limites sindicais (à sua economia de visibilidade, legitimidade e reconhecimento).

A greve, reinventada pelo feminismo atual, manifesta a precariedade como condição comum, mas diferenciada por questões de classe, sexo e raça. Torna-se ferramenta para entender a violência como uma justaposição de formas de exploração do capitalismo contemporâneo e permite fazer do feminismo, hoje, uma forma de organização, uma prática de alianças e uma narrativa transversal e expansiva.

Voltemos à "operação" da greve sobre as violências. O que significa politizar as violências a partir da greve?

Em primeiro lugar, *tomar a greve enquanto uma ação que nos situa como sujeitos políticos frente à tentativa sistemática de reduzir nossas dores à posição de vítima a ser reparada* (em geral, pelo Estado). Ser vítima, portanto, requer fé estatal e demanda a existência de redentores. A greve nos coloca em situação de luta. Não esquece o luto, mas nos retira do "estado" de luto.

Além disso, a greve se pratica *como exercício de subtração e sabotagem massivo* (na Argentina meio milhão de mulheresse mobilizou em cada uma das marchas que aderiram às greves de outubro de 2016 e março de 2017; oitocentas mil em março de 2018 e um número similar em março de 2019, depois de mobilizações ainda mais massivas em 2018 reivindicando a descriminalização do aborto). É isso que *permitiu convertê--la em ferramenta para mapear a heterogeneidade do trabalho em perspectiva feminista*, dando visibilidade e valorizando as formas de trabalho precário, informal, doméstico, imigrante. Isso significa deixar de considerá-los trabalhos *suplementares* ou *solidários* em relação ao trabalho assalariado, e evidenciá-los como centrais nas formas atuais de exploração e extração de valor, constituindo também a condição precária e restrita do sustento coletivo.

Em terceiro lugar, *a greve configurou um horizonte organizativo que permitiu acolher múltiplas realidades que ressignificaram, desafiaram e atualizaram a própria dinâmica do que chamamos de greve.*

A greve reinventada pelo feminismo se transformou em seu sentido histórico: deixou de ser uma ordem vinda de cima (a hierarquia sindical), na qual se sabe simplesmente como atuar e aderir, para converter-se em uma pergunta-investigação concreta e situada: o que significa parar para cada realidade existencial e laboral diversa? Essa narração pode ter uma primeira fase que consiste em explicar por que não se pode fazer greve em casa ou como vendedora ambulante ou como mulher encarcerada ou como *freelancer* (identificando-nos como as que não podemos parar), mas imediatamente depois é essa *impossibilidade* que recobra outra força: pressiona para que essas experiências ressignifiquem e ampliem os alvos da paralisação quando a greve deve compreender e alojar essas realidades, ampliando o campo social em que a greve se inscreve e produz efeitos.

Isso ressoa uma pergunta feita há anos pelo coletivo madrilenho Precarias a la Deriva [Precárias à deriva] (2004) — "Qual é a sua greve?" —, mas agora conjugada em uma escala de massas e de radicalização frente à ofensiva de violências machistas que nos põe em estado de assembleia e de urgência de ação.

Enquanto pergunta concreta — "como paramos?" —, a greve foi se multiplicando: no Paraguai, o chamado à greve foi usado como protesto contra o envenenamento das comunidades por agrotóxicos; em Honduras e na Guatemala, a organização da greve fortaleceu o protesto contra os "feminicídios territoriais" que vitimam líderes comunitárias; um comunicado das mulheres das Forças Armadas Revolucionárias da Colômbia (Farc)[11] fazia seu o nosso chamamento e assinavam *#NosMueveElDeseo* para dizer que também paravam na selva. No Brasil, a pauta ressaltava a ofensiva das igrejas contra as lutas pela autonomia do corpo.

Esse horizonte organizativo, submergido em tal dinâmica de conflituosidade aberta, repõe nos feminismos a dimensão classista, anticolonial e massiva, porque as situações que revolucionam internamente a ferramenta da greve são aquelas que a greve supostamente desprezaria se sua referência fosse apenas o trabalho *livre, remunerado, sindicalizado, masculino e restrito a suas funções*.

Considerada em sua *anomalia*, em seu deslocamento, a greve permitiu cartografar, a partir da *insubordinação*, as formas de exploração do trabalho, dos territórios e das tramas vitais que se visibilizam e valorizam ao desenvolver uma perspectiva feminista. Não se trata meramente de um fato analítico, pois esse ponto de vista foi elaborado em uma medida comum e transnacional, a partir da qual a análise se produziu como diagnóstico de assembleia. O exercício prático — a pergunta de investigação situada — foi mapear os modos não reconhecidos nem remunerados pelos quais produzimos valor, e elaborar uma imagem coletiva diversa do que chamamos *trabalho, território* e *conflito*.

---

11. Em agosto de 2017, como consequência do acordo de paz assinado com o presidente Juan Manuel Santos no ano anterior, as Farc entregaram as armas e se tornaram um partido político com a mesma sigla, mas com outro significado: Força Alternativa Revolucionária do Comum. [N.E.]

Há um risco de que a greve *laboralize* justamente tudo aquilo que excede o âmbito laboral? A greve de mulheres, trans, lésbicas e travestis tem uma força que extravasa o espaço trabalhista porque, ao se concretizar, ela desacata, paralisa e sabota muito mais que um emprego: na perspectiva feminista, a greve desconhece, em princípio por algumas horas, um modo de vida no qual esse emprego é uma peça junto a outras, paralisa os papéis da divisão sexual do trabalho e evidencia a arbitrariedade política que organiza as fronteiras entre o laboral e o não laboral e as lutas históricas entre confinamento e autonomia, entre reconhecimento e ruptura.

A greve transborda e integra a questão trabalhista. Não a deixa de lado, mas ao mesmo tempo a redefine e a atualiza, a problematiza e a critica como relação de obediência. Multiplica seu alcance sem diluir sua densidade histórica. Provoca seu transbordamento, porque inclui realidades de trabalho não assalariadas, não reconhecidas, não remuneradas, que têm a ver com as formas de trabalho doméstico e reprodutivo, obrigatório e gratuito, mas também com as modalidades de trabalho ligadas às economias populares e às formas autogeridas de reprodução da vida. O trabalho em perspectiva feminista, portanto, nos permite pensar uma política de reprodução da vida que toma e atravessa o território doméstico, social, camponês, suburbano, do bairro, e sua articulação hierárquica com o território reconhecido como "laboral".

A greve transborda e integra a questão do trabalho também porque *paramos contra as estruturas* que possibilitam a valorização do capital. Essas estruturas (da família heteropatriarcal à maternidade obrigatória, da clandestinidade do aborto à educação sexista) não são questões meramente *culturais ou ideológicas*. Respondem à própria imbricação entre patriarcado, colonialismo e capitalismo. Por isso, os elementos considerados "não econômicos" são o fundamento da economia feminista como crítica ampliada e radical à noção patriarcal de "economia".

Nesse sentido, a greve se converte em um vetor de transversalidade: vai além de ser uma ferramenta específica legítima cujo uso está restrito aos setores assalariados e sindicalizados, associado ao "materialismo policial" de alguns sindicatos, como dizia Rosa Luxemburgo, para tornar-se fórmula de insubordinação de realidades e experiências que estão supostamente "excluídas" do mundo operário.

A *transversalidade* desafia assim a *suposta impossibilidade* da greve de mulheres demonstra usos possíveis partindo de seu deslocamento a outros territórios, reivindicando ali uma legítima estranheza e uma nova potência prática.

Digamos que a greve expressa três dimensões que se fortalecem sequencialmente de uma paralisação à outra:

i) *A greve se constitui como um processo e não como um acontecimento*. Isso implica concretamente produzir o tempo da greve como tempo de organização, de conversação, de trama comum e de coordenação de assembleia, no qual se colocam em jogo subjetivações que elaboram uma nova radicalidade a partir do encontro e da organização das mulheres. Não é uma data solta e isolada no calendário, nem a produção espetacular de uma ação que se esgota em si mesma;

ii) *A paralisação põe em jogo a produção do cruzamento entre as lutas e sua conexão transnacional, e o faz envolvendo uma dimensão de classe*: para além do multiculturalismo identitário, ligar a violência contra as mulheres e os corpos feminizados às formas de exploração laboral, à violência policial e às ofensivas empresariais contra os recursos comuns redesenha, *de fato*, o mapa da conflituosidade social. Assim, os feminismos populares, indígenas, comunitários, suburbanos, *villeros*,[12] negros, que desde a América Latina desliberalizam as políticas de reconhecimento, as cotas e os anzóis identitários, politizam a precariedade das existências como sendo uma sequência indivisível de despojos e explorações; e

iii) Por tudo isso, quando narramos *a geografia do medo e do risco* (porque se impregna em muitas de nós como um mapa de alertas que, no entanto, fornece a chave para tornar inteligíveis abusos múltiplos e violências), isso *não se traduz em vitimização, mas em capacidade estratégica*. É mapeamento sensível das explorações vividas cotidianamente em conexão umas com as outras para alimentar maneiras radicais de pensar o território e, em particular, o corpo como território (corpo-território).

Nosso '17

Talvez a greve do nosso '17 revolucionário trace uma linha serpentina de cem anos, em eco e conexão com a greve de 8 de março de 1917 impulsionada pelas operárias têxteis de Petrogrado contra as penúrias da Primeira Guerra Mundial e em repúdio ao czarismo. O transbordamento e a radicalização daquela greve levaram ao início da Revolução Russa. Atualmente, podemos deslocar datas e geografias e pensar em outra origem. Talvez a greve do nosso '17 revolucionário tenha começado a gestar-se em uma *maquila*, essas montadoras gigantes que salpicam a fronteira entre México e Estados Unidos, para onde muitas nos transferimos ao imaginar — e ao tentar

---

12. Referência a *villas*, como se denominam as favelas na Argentina. [N.E.]

compreender — o que se matava também em nós quando se matava uma das trabalhadoras que fizeram famosa Ciudad Juárez por concentrar uma verdadeira "máquina feminicida" — para usar a fórmula de Sergio González Rodríguez (2012). Que maneira de ser livres estavam inaugurando essas mulheres, jovens em sua maioria, ao migrar para essas fábricas que se tornavam parte de uma série truculenta e fundamental do capital global? Essa pergunta se estampou em cada uma de nós, como um bordado e como uma tatuagem. Somos suas contemporâneas, e a *maquila*, de algum modo, é o início da greve feminista que protagonizamos e que nos cabe pensar.

Não há greve internacional de mulheres, lésbicas, trans e travestis em 2017 sem a geografia ampliada de Ciudad Juárez, sem nossos medos e nossos desejos todos mesclados ali, ao ritmo da produção flexível e da fronteira, da fuga e de condições de exploração que nunca imaginamos estar dispostas a suportar, mas que também decidimos confrontar. Quem está sendo morta em Juárez? "Há um predomínio de mulheres jovens, são morenas, estudantes, trabalhadoras, crianças, mas todas elas são economicamente marginais", explica Julia Monárrez (2004), a quem devemos uma das investigações pioneiras sobre o "feminicídio sexual sistêmico" nessa cidade.

O dia 8 de março relembra outras mulheres, também trabalhadoras, jovens, em sua maioria imigrantes, que se fizeram grevistas na "sublevação das vinte mil" e que morreram mais tarde no incêndio da fábrica têxtil Triangle Shirtwaist Co. de Nova York, nos Estados Unidos. Por isso, a data contém uma memória operária, de desacato e organização das mulheres que se enlaça, de maneira descontínua, com as trabalhadoras de Ciudad Juárez e com a força que em 2017 a greve internacional conseguiu impulsionar, como medida comum, em 55 países. E que se repetiu, com ainda maior tecido organizativo, em 8 de março de 2018 e em 8 de março de 2019.

Portanto, quando falamos em greve internacional feminista, nos referimos a uma medida transnacional, mas não abstrata. A greve, conectada com a geografia da *maquila*, expressa a necessidade de fazer o luto de centenas de corpos que só se apresentavam a nossas retinas como uma sequência de cadáveres circundados de horror, repetidos em seu anonimato, e que ressoavam em cada feminicídio na América Latina, cujos índices se multiplicaram na última década.[13]

Nesses anos, as lutas feministas também construíram a possibilidade de entender tais assassinatos já não como crimes sexuais, mas, como sintetiza Rita Segato (2013), como crimes políticos.

Ao observar com estremecimento o número de mortas que se acumulam entre a fábrica, a discoteca, o consumo exacerbado e a fronteira, entendemos algo que nos conecta a elas, mesmo que estejam tão longe, em um deserto que nem conhecemos, mas que sentimos próximo. Porque algo dessa geografia se replica em um bairro suburbano, em uma favela salpicada também de oficinas têxteis informais, em uma discoteca do interior, nos lares implodidos por violências domésticas, nas apostas das imigrantes e nas comunidades que são hoje desalojadas pelos megaempreendimentos do capital transnacional.

O que produz uma forma de ressonância e implicação é a composição de um corpo comum: uma política que faz do corpo de uma o corpo de todas. Por isso, o atrativo dessa

---

13. De acordo com o Observatório de Igualdade de Gênero da América Latina e do Caribe, atrelado à Comissão Econômica para a América Latina e o Caribe (Cepal) das Nações Unidas, o índice de feminicídios cresceu, em números absolutos, de 225 casos anuais em 2014 para 255 casos em 2018, na Argentina; de 96 em 2015 para 128 em 2018, na Bolívia; de 1.151 em 2017 para 1.206 em 2018, no Brasil; de 760 em 2017 para 898 em 2018, no México, por exemplo. Em 2018, pelo menos 3.529 mulheres foram vítimas de feminicídio em toda a região. [N.E.]

palavra de ordem que se grita nas marchas: "*¡Tocan a una, tocan a todas!*" [Mexeu com uma, mexeu com todas!]. Compreendemos, assim, olhando para a vida das mulheres de Ciudad Juárez, o que acontece na vida de muitas mulheres: o impulso por um desejo de independência, a decisão de forjar um destino confiando na vitalidade própria, o combustível da fantasia e o desespero que impulsiona ao movimento e ao risco. A partir do Coletivo NiUnaMenos, nomeamos essa decisão de mobilidade, politizando-a: *#NosMueveElDeseo*. E a frase se replicou aqui e ali, nas matas e nos bairros, nas escolas e nas marchas, nas casas e nas assembleias. Nomeou uma verdade comum. E permitiu, em múltiplos espaços, trajetórias e experiências, que nos coordenássemos para construir um laço específico entre mover-se e deter-se, bloquear-se e transformar-se, fazer a greve e subtrair nossos corpos e nossas energias à reprodução do capital, alimentada de violências cotidianas. Outras palavras de ordem acompanharam a iniciativa da greve e resumiam um sentimento compartilhado em muitos lugares: "Se nosso trabalho não vale, produzam sem nós!"; "Se nós paramos, paramos o mundo!".

Então, *a greve feminista responde com uma ação e uma linguagem política a um modo de violência contra as mulheres e os corpos feminizados que pretende nos neutralizar e nos anular politicamente*, que pretende nos confinar enquanto vítimas (que, ademais, são quase sempre indiretamente culpabilizadas pelas violências de que padecem). Com a ferramenta da greve, de parar nossas atividades e nossos papéis, de suspender os gestos que nos confirmam em estereótipos patriarcais, construímos um contrapoder diante da ofensiva feminicida que sintetiza um cruzamento específico de violências.

Assim, afirmamos que a violência feminicida não é *apenas* doméstica. Nela se tramam e expressam novas formas de exploração trabalhista com violências financeiras, e violências estatais e racistas com violências familiares. As violências machistas expressam uma impotência que responde ao desenvolvimento do desejo de autonomia (em contextos frágeis e críticos) dos corpos feminizados. Levar adiante esse desejo de autonomia se traduz imediatamente em práticas de desacato à autoridade masculina, o que é respondido por novas dinâmicas de violência que já não podem se caracterizar apenas como "íntimas".

O que faz com que os acontecimentos de Ciudad Juárez se expandam para além do México é que ali se antecipou, tal qual um laboratório, a maneira como certo dinamismo laboral e migrante das mulheres expressa também um dinamismo político (um conjunto de lutas históricas) para escapar do confinamento doméstico que é aproveitado pelo capital transnacional. Trata-se de um desejo de fuga que é explorado pela máquina capitalista porque usa como combustível um desejo de prosperidade popular para traduzi-lo em formas de trabalho, de consumo e de endividamento espoliadoras e que, em seu clímax, se tornam máquina feminicida.

Com esses deslocamentos temporais e geográficos, quero pontuar uma reinvenção importante da greve, capaz de fabricar suas origens porque *produz proximidade* com lutas que parecem cronologicamente distantes e espacialmente esquivas. Há um duplo movimento aqui. Por um lado, a *produção de conexão* entre as lutas, que não é espontânea nem natural. Por outro, essa conexão se faz a partir da greve, o que implica tomá-la como perspectiva não puramente analítica, mas de *insubordinação*.

Tal dinâmica de *produção de conexão* é a que desenha também um conjunto de tempos e espaços que é criação, como assinala Susana Draper (2018), para ficcionalizar os começos da greve feminista em um fanzine de 2015, escrito por mulheres encarceradas em um presídio do México, intitulado: "Mujeres en huelga, se cae el mundo" [Mulheres em greve, o mundo cai]. Ao mesmo tempo, esses deslocamentos da greve abrem os próprios sentidos de suas acomodações, de sua política de lugar (J.K. Gibson-Graham, 2007) e de sua apropriação de tempo. Como narra Raquel Gutiérrez Aguilar (2016) em sua passagem pela prisão boliviana de Obrajes, em La Paz, a greve expressa a possibilidade de uma comunidade política de outro tipo.

A greve se converte, assim, em uma ferramenta de rechaço e desacato, e, nesse sentido, *transversaliza* situações ao mesmo tempo que as compõe, e o faz a partir de subjetividades que foram historicamente excluídas ou subordinadas no âmbito do trabalho.

Primeira greve de mulheres: 19 de outubro de 2016

#NosotrasParamos foi a consigna que lançamos pelo Coletivo NiUnaMenos e que depois se mesclou com outras. Dizer "paramos" suspendia e ao mesmo tempo permitia. Parar como gesto negativo, de bloqueio, possibilita uma indeterminação que nos deixa em estado de investigação: o que fazemos ao parar? O que se detém quando paramos? Que *outras coisas* esse modo de pararnos permite fazer?

O movimento feminista possui palavras, mas não se faz apenas com palavras, como se elas flutuassem recolhendo significados a esmo. Considero importante evitar pensar a noção de greve como um "significante flutuante" (*significante flotante*), como gostam de acomodá-la aqueles que frequentam a teoria de Ernesto Laclau (2005): um tipo de termo que, indefinido, abriga tudo em uma declinação linguística das conexões lógicas e discursivas.[14] Creio que a greve tem uma

---

14. Me estenderei sobre a relação entre populismo e feminismo no capítulo 6, em particular discutindo algumas formulações de Nancy Fraser.

capacidade de transversalidade, porque se enraíza na materialidade de um mapa das precariedades de nossas existências que lhe dão sentido, e não o contrário, como se as realidades necessitassem desse significante para poderem ser lidas em sua composição comum.

O que se viveu, então, debaixo de chuva, durante a primeira greve nacional de mulheres de 19 de outubro de 2016 (algumas semanas depois da greve de mulheres na Polônia pela descriminalização do aborto), foi um som de vibração que compôs um massivo campo "vibratório", como o denomina Suely Rolnik (2006). O que se escutava como tremor era esse grito que se faz batendo na boca. Um uivo de manada. De disposição guerreira. De conjuração da dor. Um grito muito velho e muito novo, conectado a uma forma de respirar.

Naquela data se fez luto pelo assassinato por métodos coloniais da jovem de dezesseis anos Lucía Pérez, na cidade de Mar del Plata.[15] A jovem foi estuprada e empalada até a morte no mesmo dia em que setenta mil mulheres, lésbicas, trans e travestis nos encontrávamos no Encontro Nacional de Mulheres, em Rosário, na maré mais numerosa em anos de existência desse tipo de assembleia na Argentina. Já no ano anterior, quando o encontro foi realizado em Mar del Plata, a repressão final foi brutal. Além disso, quando voltamos a nossas casas, soubemos do travesticídio de Diana Sacayán.[16]

Soubemos do crime que matou Lucía às vésperas de 12 de outubro, data em que se "comemora" a "conquista" da América.

---

[15]. Em 25 de novembro de 2018, a justiça absolveu os feminicidas de Lucía Pérez, o que impulsionou um massivo repúdio, com assembleias e uma convocatória à greve em todo o país para o dia 5 de dezembro. A sentença diz que ela morreu por intoxicação.

[16]. Em 2017, os responsáveis pelo assassinato foram condenados à prisão perpétua, e pela primeira vez foi usada a figura de "travesticídio". Ver "Perpetua por el travesticidio de Diana Sacayán", em *Cosecha Roja*, 18 jun. 2018.

Por isso, a imagem colonial parecia também uma mensagem nas entrelinhas: tanto o método quanto a data do assassinato continham marcas que ressoam em um inconsciente colonial coletivo.

A raiva que inundou as redes sociais foi sucedida por uma mensagem: "Vamos nos encontrar na assembleia". A necessidade de um encontro corpo a corpo contra o terror e a paralisia diante do crime — que se queria exemplar e moralizante — nos permitiu ir além do lamento virtual. Nessa assembleia, surgiu a ideia-força da greve. Aparentemente desmedida como demonstração de "força" para ser organizada em uma semana ("irracional", do ponto de vista de muitos que não estiveram na assembleia), a greve pareceu às mulheres ali presentes algo completamente possível e realista. A assembleia, realizada no galpão da Confederación de Trabajadores de la Economía Popular [Confederação de trabalhadores da economia popular] (CTEP),[17] no bairro portenho de Constitución, produziu uma racionalidade própria e organizou uma forma de decisão e modos de implementá-la.

Quero propor a fórmula de um "realismo de assembleia": nesse espaço, ocorre uma avaliação coletiva da força e a elaboração de possibilidades que não preexistem à assembleia como espaço de encontro. Mas também é a assembleia que se constitui como dispositivo capaz de antecipar e, eventualmente, conjurar as ameaças que tentarão capturar a força comum. Nesse sentido, me refiro ainda a um realismo: a assembleia não é só um festejo entusiasta do encontro e, portanto, uma "ilusão" de força, mas uma máquina de

---

17. A CTEP se forma em 2011 e agrupa diversas organizações sociais oriundas da experiência *piquetera*. Propõe-se como ferramenta sindical de novo tipo, vinculada às economias populares que aglutinam as formas diversas de trabalho autogerido, sem patrão, e empreendimentos coletivos que estão vinculados, de modos também diferentes, aos subsídios sociais provenientes do Estado.

percepção-avaliação que se encarrega dos limites das possibilidades existentes (certas relações de força) sem aceitá-los, *a priori*, como restrição.

Greve feminista: o que (deixar de) fazer?

A greve, então, desestabiliza sua própria temporalidade de "data": a greve imagina-se na *maquila* — na elucubração para superar essas paredes tão próximas —, é elaborada nas casas, organizada em prisões, tecida em assembleias, discutida em sindicatos e refeitórios comunitários, e se respira coletivamente nas ruas. Mas a greve vinha se agitando desde tempos de sabotagens recolhidas em memórias antigas. Então, qual é o tempo que produz a greve feminista? Em que sentido podemos elaborar a violência contra as mulheres e os corpos feminizados como uma ofensiva do capital? Como respondemos às normas estatais que limitam nossos gestos e linguagens? Como continuaremos fortalecendo as lutas feministas enquanto horizonte popular e autônomo onde se inscreve a greve?

Existe um *tempo* da greve que significa efetivamente colocar em prática um *rechaço*: uma forma de dizer basta à violência e ao modo que o tempo escapa de nossas mãos; um rechaço ao esgotamento físico e psíquico que sustenta precariedades extenuantes; um "não" às formas pelas quais essa multiplicidade de tarefas não se traduz em autonomia econômica, reforçando-se, antes, como trabalho obrigatório e gratuito. Um rechaço à invisibilidade de nossos esforços e trabalhos quando compreendemos que a invisibilidade estrutura um regime político que se sustenta pelo desprezo sistemático dessas tarefas.

A greve feminista, à diferença da greve operária tradicional (isto é, do movimento operário, masculino, assalariado e sindicalizado), não está apenas vinculada a "ofícios". Remete ao mesmo tempo a certas tarefas *específicas* ligadas à produção e à reprodução e, portanto, a uma questão *genérica*: explicita por que certas tarefas correspondem a uma determinada divisão sexual do trabalho. Nessa chave, é *ao mesmo tempo greve laboral e greve existencial*.

Essa atividade genérica e generizada, pela qual se faz greve, tampouco implica que se trate de uma greve "identitária". Essa é uma das armadilhas em que desemboca o argumento de que a greve feminista é apenas "simbólica" porque não alteraria "realmente" o âmbito produtivo, configurando-se apenas como uma reivindicação de reconhecimento, isto é, uma ação que busca meramente reconhecimento identitário.

O ponto-chave da greve feminista é a *desobediência* em um sentido amplo, que excede o marco legal da greve "sindical" ao mesmo tempo que usa sua proteção para certas situações específicas. Mas o radical é que a greve feminista também levanta perguntas sobre a quem desobedecemos (se não é só à figura do patrão), contra quê e quem paramos (se estamos diante de "patrões" que excedem a figura do "chefe") e em que sentido a interrupção da relação de obediência imposta pelo capital abre um espaço para pensar vidas diferentes.

Parar, nesse sentido feminista, possui um duplo movimento, muito mais explícito que a greve de fábrica. Sobretudo porque a greve feminista se desenvolve e se estende pela rua, pela comunidade e pelo lar. Abre, assim, as *espacialidades* da greve, as multiplica e ao mesmo tempo exibe a conexão de âmbitos que arbitrariamente estão segmentados e bloqueados.

Como apontou Silvia Federici a propósito do 8 de março de 2018: trata-se de "parar as atividades que contribuem para a nossa opressão e, ao mesmo tempo, de produzir aquelas que ampliam o horizonte do que queremos como sociedade". Dupla dinâmica da greve, então: interromper certas atividades *libera tempo e energias* para dar espaço a outras, existentes e por vir. Se nossas ocupações e funções nos oprimem, parar é desacatá-las, criar condições de possibilidade para outras existências.

A atividade frenética de organização durante os dias seguintes à assembleia de outubro de 2016 incluiu reuniões com todo tipo de organizações, enquanto a voz corria sozinha por diversos países da América Latina e se multiplicavam as convocatórias e as línguas em que se vociferava. Em nosso método de transbordamento prático (de desmesura da greve, do tempo da medida e da medida do tempo, da "racionalidade" desencadeada pela convocatória), nos demos conta de que em vários lugares do mundo milhares de mulheres e dissidências sexuais nos encontrávamos na necessidade prática de nos mobilizar para sair do confinamento a que nos obriga o luto privado produzido pelas mortes e pelas formas de violência que se traduzem em existências em risco, ameaçadas diante de cada gesto de autonomia, só por sermos mulheres, lésbicas, trans e travestis.

Frenesi organizativo. Ressonância transnacional. Discussão sobre quanto tempo de greve podíamos "garantir". Tudo nutre uma pergunta já lançada: qual é o tempo da greve? Nesse dia, paramos o país durante uma hora, todas coordenadas, mas durante a jornada inteira o fizemos de mil maneiras diferentes e entrelaçadas. Fizemos o tempo tremer, abrir, explodir. Durante todo o dia, recusamos a fazer outra coisa que não fosse nos organizar para estar juntas.

O que significa parar se a *medida* da greve não respeita, não se ajusta e, inclusive, vai além da "jornada laboral"? Significa que a temporalidade em jogo não coincide com a do horário de trabalho. Mas, qual é o horário de trabalho para quem combina trabalho doméstico com biscate, com subsídio social ou desemprego intermitente? Em que momento efetivamente se pode parar quando, depois do trabalho, se continua trabalhando em casa e no bairro, isto é, em todos os espaços comunitários que, de fato, ampliam e transbordam o âmbito doméstico e reformulam o próprio âmbito laboral? Quando podemos parar de estar sujeitas ao que as funções sexualizadas nos impõem como tarefa sem fim?

Há dois *tempos* da greve. Um se refere à *desmesura do tempo de trabalho na perspectiva feminista*. É o que dá conta de um trabalho desmedido, que não é limitado pelo tempo, que não tem fronteiras precisas. As teorizações feministas popularizaram a noção de *tripla jornada*: trabalho fora de casa, trabalho dentro de casa e trabalho afetivo de produção de vínculos e redes de cuidado. Parar, nessa multiplicidade de tempos, é uma subtração que parece quase impossível, porque é nessa desmesura que vida e trabalho se misturam e que a reprodução se viabiliza como produção. A partir do tempo da greve, se ressalta o tempo de trabalho do ponto de vista feminista em sua consistência escalonada: como se "produz" a própria hora que depois se contabiliza como laboral? Como os trabalhadores produzem sua reprodução vital e cotidiana? Por isso, fazer greve nessa perspectiva é repensar tudo.

Por outro lado, existe o tempo que se contabiliza como tempo coordenado de ausência, sabotagem e bloqueio em qualquer lugar realizado simultaneamente: greve de oito horas, de 24 horas, de um turno? Algo dessa própria distinção vai se desfazendo e, ao mesmo tempo, sendo colocado em jogo como estratégia política.

Como debateram as feministas italianas e estadunidenses na década de 1970, quando lançaram a campanha por um salário para o trabalho doméstico (Wages for Housework Campaign), no trabalho reprodutivo, de produzir e reproduzir a vida a cada dia, se evidencia uma questão fundamental:

é possível medir com salário o trabalho reprodutivo? Como se calcula a quantidade de horas e o valor do salário que remunere as tarefas domésticas? E, mais ainda: como se mede a intensidade de um trabalho de cuidado e afeto que põe em jogo a subjetividade sem limites e não simplesmente uma série de tarefas mecânico-repetitivas?[18]

A chave do funcionamento do trabalho doméstico como obrigatório e gratuito foi assinalada e sistematizada por Silvia Federici em seu livro *Calibã e a bruxa: mulheres, corpo e acumulação primitiva*, publicado originalmente em 2004. Esse texto teve uma circulação enorme na América Latina a partir de sua tradução ao espanhol, lançada em 2011, e nutriu muitos debates nos mais diversos espaços, como parte de práticas de pedagogia feminista popular.[19]

O âmbito doméstico se produz no capitalismo como espaço de "confinamento": as mulheres são *confinadas* ao lar, restritas ao que seria batizado como "privado". O que aprendemos com Federici, cuja teorização retoma a experiência política da campanha pelo salário doméstico dos anos 1970, é o modo de exploração específico que o capitalismo organiza para as mulheres, o que requer, antes de mais nada, que elas sejam desprestigiadas socialmente. Só assim se justifica seu confinamento e sua privatização. Depois, se pode obrigá-las a trabalhar grátis e a invisibilizar politicamente suas tarefas.

---

18. Todo um debate sobre a forma de reler a "medida de valor" e a crise da própria forma-valor de Marx foi impulsionado pelas teorizações feministas da desmesura, incorporando noções como valor-afeto e valor-comunidade. Trata-se de outros componentes do valor e outras economias que expressam a crise da medida mesma do salário como retribuição quantitativa de uma quantidade de horas de trabalho. Poderíamos sintetizar que é feminista a perspectiva que desestabiliza o cálculo e a medida segundo a racionalidade do capital, cuja origem de "desmesura" expressa a potência do trabalho como trabalho vivo. Voltarei a isso no capítulo 4.

19. A edição brasileira foi publicada em julho de 2017 pela Editora Elefante. [N.E.]

Federici (2018) adverte sobre mais um ponto: a relação específica do trabalho reprodutivo com o salário sob a fórmula do "patriarcado do salário". O trabalho doméstico, afetivo, de cuidados, estipulado como gratuito e obrigatório, é a chave da produtividade do salário, sua parte oculta, sua dobra secreta. Por que oculta e secreta? Porque é próprio do capitalismo explorar esse trabalho através de sua divisão sexual, o que permite hierarquizar a relação entre sexos (ainda mais em relação aos corpos feminizados) e subordinar o trabalho grátis, enquanto ele é desvalorizado politicamente. Esse é um ponto essencial ao qual voltaremos mais vezes para pensar o mapa do trabalho hoje em perspectiva feminista, pois exibe a conexão histórica e lógica entre capitalismo e patriarcado. A problematização do salário, então, é uma especificidade da economia feminista emancipatória.

Também nos anos 1970, Angela Davis (2005) discutiu a partir do movimento negro a universalidade da figura da "dona de casa": essas mulheres encerradas em seus lares refletiam o status de apenas uma parte de todas as mulheres, ao mesmo tempo que se universalizava um modelo de feminilidade. No entanto, a experiência no mercado de trabalho das mulheres negras, segundo Davis, não deixa de ser também uma reflexão sobre o aspecto servil do trabalho doméstico que havia sido recuperado depois que as mulheres foram despojadas de seu caráter de "trabalhadoras especialistas" durante a época colonial, em uma economia baseada no lar, mas que não se reduzia a ele. Esse ponto é fundamental. A distinção de Davis entre uma economia baseada no lar, mas com capacidade de projetar protagonismo econômico fora do lar, e uma esfera doméstica reclusa, onde o trabalho não é reconhecido como tal, revela a produção política do lar como confinamento. E permite entender que o problema não é a existência do lar ou de economias domésticas, mas a divisão entre uma economia capitalista do benefício, que deve se desenvolver no âmbito do público (ou seja, o "mercado de trabalho"), em contraponto a uma economia privada e inferior da esfera doméstica (o reino do trabalho gratuito e não reconhecido). Davis sublinha que as mulheres negras nunca foram apenas donas de casa, porque, depois de serem despojadas de seu protagonismo econômico, foram as primeiras a serem forçadas a ingressar no mercado de trabalho, mesmo que nunca deixassem de ser tratadas como "estranhas visitantes" nas fábricas. A articulação entre patriarcado, capitalismo e colonialismo fica clara.

A discussão que Davis propõe com as italianas é muito importante, pois questiona a capacidade "emancipatória" do salário. Basicamente, argumenta que o caráter opressivo e frustrante que se atribui ao trabalho doméstico não seria extinto com o pagamento de um salário como retribuição monetária por essas tarefas — que não deixariam de ser o que são. Pelo contrário, o salário passaria a legitimar a "escravidão doméstica". Davis toma o exemplo das mulheres que trabalham como empregadas domésticas, que, apesar de serem assalariadas, não conseguem aumentar o status social desses trabalhos.

Na crítica de Davis, contudo, fica eclipsada a própria crítica que as italianas fizeram do "salário doméstico" como reivindicação paradoxal, ou seja, como reivindicação pontual e, ao mesmo tempo, como medida "impossível", já que, por um lado, evidencia a necessidade do capitalismo de lançar mão do trabalho não remunerado como parte de sua lógica estrutural; e, por outro, demonstra o papel "ordenador" do salário, que baseia seu funcionamento em manter a divisão entre o público e o privado (isto é, em sua função de dividir hierarquicamente espacialidades e sexos).

Entendo que ambas as teorizações levantam alguns pontos em comum, embora com perspectivas distintas: por um lado, parte-se do estreito marco do salário no capitalismo para pensar as formas de libertação do caráter opressor do trabalho doméstico, denunciando-se explicitamente o papel político do salário; por outro, a caracterização do trabalho doméstico como opressor na medida em que é parte de um modo determinado de confinamento. A questão, portanto, é evidenciar a articulação específica entre gênero, classe e raça.

O que ocorre quando o lar não é sinônimo de confinamento? Aqui se abre o debate sobre se o capitalismo pode prescindir da vida doméstica para produzir valor. Mas de que vida doméstica falamos? Davis recorre ao caso da África do Sul, onde se tentou desarticular os lares, pois eram considerados espaços que alimentavam a resistência ao *apartheid*. Ao mesmo tempo, porém, Davis se pergunta como se poderiam garantir as tarefas reprodutivas com uma infraestrutura de apoio cuja implementação não recaísse sobre as mulheres. No caso das italianas — e do debate que Silvia Federici traz aos dias de hoje —, a impossibilidade do capitalismo de automatizar as tarefas reprodutivas (imaginário utópico do desenvolvimento tecnológico) faz com que se caracterize o trabalho reprodutivo não apenas como opressivo e obsoleto, como afirmava Davis nos anos 1970, mas como espaço que desenvolve também outro tipo de produtividade, uma vez liberado de seu caráter obrigatório e familiarista. É nessa linha que podemos também retomar a ideia de Davis, de uma economia doméstica com projeção de poder político.

Salário doméstico e salário social

Atualmente, na Argentina, a problemática do "salário doméstico" pode ser discutida a partir de uma situação concreta: a caracterização e a polêmica ao redor dos subsídios sociais que retribuem tarefas reprodutivas. Esses são efetivamente os serviços que hoje compõem boa parte do trabalho feminizado da economia informal, de autogestão, denominada politicamente como "economia popular" (Gago, 2018a).

A discussão sobre o modo de retribuição dessas tarefas transformadas em sociais e comunitárias *pela crise* tem a ver com uma *politização* dos subsídios sociais provenientes do Estado, cuja história remonta à crise de 2001 e à emergência dos movimentos de desempregados.

A genealogia política da valorização do trabalho reprodutivo nas economias populares, de um evidente protagonismo feminizado, é uma chave do que podemos hoje propor como perspectiva de economia feminista. Essa valorização tem a ver com o transbordamento dessas tarefas para além dos confins dos lares. Esse transbordamento é resultado da crise que desestruturou as "cabeças" masculinas das famílias pelo desemprego massivo. Mas, sobretudo, esse transbordamento é efeito da politização da crise por meio de dinâmicas organizativas comunitárias e populares.

Aqui há uma perspectiva que tentarei desenvolver em vários momentos deste livro, e que sustenta minha hipótese mais ampla sobre a afinidade entre economia popular e economia feminista: a disputa pela "revalorização" social das tarefas reprodutivas em um contexto no qual sua função política se tornou nova fonte de dignidade e prestígio nos bairros. Tal situação gera novos tipos de "autoridade" que entram em conflito direto com os níveis de crueldade das tramas de violência que têm nas mulheres e nos corpos feminizados seu alvo predileto.

Nesse sentido, as economias populares possuem uma tensão fundamental: transitam entre a orientação *familiarista* que o Estado imprime aos subsídios — uma vez que estes estabelecem "obrigações" familiares como contrapartida à concessão do benefício — e o usufruto do subsídio como parte de um transbordamento — já consumado e impulsionado majoritariamente pela crise — do confinamento doméstico das tarefas reprodutivas.

Hoje, essa tensão se redobra devido à contraofensiva eclesiástica e econômica, como desenvolverei no capítulo 7.

Mas voltemos. Em que sentido as discussões do Wages for Housework (1972) dialogam com os planos sociais vigentes na Argentina?[20] De que maneira os programas Ellas Hacen [Elas fazem] e a Asignación Universal por Hijo [Auxílio universal por filho][21] reconhecem — mesmo com ambivalências — as tarefas de cuidado e os trabalhos comunitários feminizados? Como narrar sua genealogia?

Conforme assinalamos, a discussão, nos anos 1970, se destinava à própria divisão sexual do trabalho; prestava-se grande atenção à consolidação de hierarquias que organizavam o trabalho doméstico não remunerado e a invencível fronteira que demarcava o espaço público, exterior aos lares. Essa divisão se fazia vigente por uma ferramenta concreta: o salário, que retribuía o trabalho feito "fora" do lar, consagrando a autoridade do dinheiro em seu interior. Essa função, graças às teorizações feministas, ficou conhecida como o "patriarcado do salário" e, depois, se tornou mais popular com a frase da própria Federici: "Eles dizem que é amor, nós dizemos que é trabalho não remunerado",[22] mais tarde adaptada para a consigna: "Isso que se chama amor é trabalho não

---

20. A questão foi abordada em abril de 2015 durante uma atividade com Silvia Federici na Villa 31, uma das maiores favelas de Buenos Aires, nas imediações do centro da cidade. Ver "El caldero de las nuevas brujas", em *Página 12*, 3 mai. 2015.
21. A Asignación Universal por Hijo foi criada em 2009 e atende famílias com filhos cujos pais estão desempregados ou são autônomos, trabalhadores domésticos ou do mercado informal. Já o programa Ellas Hacen foi implementado no fim de 2013 como parte da incorporação da perspectiva de gênero em uma política pública de inclusão laboral destinada a cem mil mulheres atravessando situações de violência de gênero, beneficiadas pela Asignación Universal por Hijo, mães de três filhos ou mais, ou mães de filhos que são portadores de necessidades especiais. [N.T.]
22. FEDERICI, Silvia. *O ponto zero da revolução: trabalho doméstico, reprodução e luta feminista*. São Paulo: Elefante, 2019, p. 40. [N.E.]

remunerado" ou "O que chamam de amor, nós chamamos de trabalho não pago", entre outras variantes. O salário, enquanto dispositivo patriarcal, sustenta o confinamento doméstico como lugar onde se produz uma "infraestrutura invisível" que nutre, sustenta e permite a "independência" do "trabalhador assalariado livre". A invisibilidade do trabalho reprodutivo é produzida histórica e politicamente. As tarefas domésticas são tarefas relacionadas com a reprodução social em geral e, portanto, com as próprias condições que possibilitam a exploração capitalista. Que as mulheres tenham sido desvalorizadas mais uma vez, justamente para que não sejam contabilizadas, remuneradas ou reconhecidas imediatamente como produtivas, e para que não reivindiquem politicamente sua centralidade, é efeito da exploração capitalista-patriarcal-colonial.

O "patriarcado do salário" continua operando da mesma maneira, ainda hoje? O que significa o patriarcado do salário quando, nos dias que vivemos, o próprio salário é cada vez mais um "privilégio" de estabilidade para poucos? Abordaremos esse ponto com mais atenção no capítulo 4. Agora, é necessário fazer uma afirmação: *a greve feminista se encarrega da crise do patriarcado do salário e põe em discussão como as formas patriarcais estão sendo reinventadas para além do salário.*

Greve internacional de mulheres, lésbicas, trans e travestis

Na Argentina, convocar uma greve após um ano da ascensão do governo neoliberal de Mauricio Macri[23] foi um gesto

---

23. Macri foi presidente da Argentina entre 10 de dezembro de 2015 e 10 de dezembro de 2019. [N.E.]

que nenhuma força política "organizada" tinha feito até o momento. E, sim, *"Sí se puede, el primer paro a Macri se lo hicimos las mujeres"* [Sim, é possível, a primeira greve contra Macri foi feita pelas mulheres], se escutou depois na Praça de Maio. "Enquanto a CGT [Confederação Geral do Trabalho] toma chá com o governo, nós tomamos as ruas!" foi outra das frases que dava conta do deslocamento da greve e do próprio debate sobre o trabalho com relação ao ajuste neoliberal em curso e à passividade sindical. A massividade da convocatória, enquanto se sabia o que estava acontecendo em outros tantos países, tornou inesquecível aquela jornada de entusiasmo coletivo, quando se compartilhavam em voz alta as cenas de desacato cotidiano, as fofocas da revolta, os murmúrios anônimos do dia em que, como se cantava ali, debaixo de chuva, paramos o mundo e nos encontramos.

Mas essa foi apenas a primeira, a que inaugurou uma saga. A força da greve de 2016 nos levou a convocar a greve internacional de 8 de março de 2017. Assim, começou-se a elaborar, comunicar, debater e, sobretudo, construir em uma série de espaços múltiplos, em lógicas diversas, em conjugações que permitiram que a greve alojasse e se ampliasse a realidades heterogêneas, a geografias que, mesmo distantes, se relacionam por lutas e realidades que não se reduzem aos limites estatais e nacionais.

Em 8 de março de 2017, sentimos a terra tremer sob nossos pés. Nos meses prévios, nos movemos com a certeza de que era decisivo o que fazíamos ou deixávamos de fazer: organizamos assembleias, fomos a pequenas reuniões aqui e ali, conversamos, escrevemos, escutamos, brigamos, conspiramos e fantasiamos. Até sonhávamos, à noite, com as tarefas que deviam ser feitas nos dias seguintes. Companheiras em distintos lugares do mundo fazíamos coisas parecidas ao mesmo tempo, coordenadas por palavras de ordem e intuições, por práticas e por redes tecidas há muito tempo, e também por gestos que nem sequer sabíamos que habitavam em nós. Estávamos imantadas por um estranho sentimento compartilhado de fúria e cumplicidade, de potência e urgência, mas, sobretudo, estávamos deslumbradas pela surpresa dessa coordenação múltipla e efetiva. Funcionamos conectadas por imagens que se acumulam como senha: das ruas, passavam às redes sociais e, das redes, às nossas retinas, construindo-se como parte de uma imaginação transnacional, multilíngue. Tecemos, com o horizonte daqueles dias, um novo internacionalismo. E a greve se desenvolveu como *corte* e como *processo*.

A greve mostra, então, outra dupla dimensão: *visibilização* e *fuga*. Não se trata apenas de buscar reconhecimento pelo trabalho invisível, mas também de rechaçá-lo. Na combinação de ambos disputamos a radicalização do que nomearemos como trabalho. Fuga e, ao mesmo tempo, reconhecimento. Deserção e, ao mesmo tempo, visibilização. Simultaneamente, desacato e contabilização. É nessa dupla face, a partir de seu "fazer-se", que as relações, os tempos e os espaços são percebidos.

Essa disjunção (visibilizar e fugir) não é entendida como contradição, mas como abertura às várias modalidades da greve: à que reivindica e àquela outra condensada em uma prática que não vocaliza demandas, mas enuncia justamente o desejo de querer transformar tudo. Por isso, a greve também integra e transborda as reivindicações pontuais. E isso se viveu nas assembleias preparatórias. A greve integra, pois não subestima as reclamações concretas — surgidas do trabalho local de distintos coletivos — sobre orçamentos, leis, modificações necessárias em instituições ou questões ainda mais específicas. E a greve transborda, porque a comunhão dos corpos na rua permite que tenhamos tempo para imaginar como queremos viver e para afirmar que nosso desejo aponta para uma transformação radical. Esses dois planos não são vividos em contraposição. Para dizê-lo em termos clássicos: não se trata de *reforma* ou *revolução*. Há uma simultaneidade de temporalidades que não se opõem. Lutar por demandas concretas não implica dizer que o Estado é a resposta para as violências. Ao mesmo tempo, saber que o Estado não é a resposta para as violências tampouco impede de brigar e conquistar recursos que, ao não serem pensados como fins em si mesmos, se unem a outras exigências de transformação.

Dessa maneira, não estamos investindo o Estado de uma capacidade de "totalização": a contrapelo de perspectivas estadocêntricas, não continuamos priorizando o Estado como lugar privilegiado de transformação. Ao mesmo tempo, tampouco estamos desconhecendo o Estado em sua capacidade política limitada e, portanto, capaz de modificar de modo parcial certas realidades — por exemplo, com relação à alocação de recursos. Essa posição renova a teoria política em termos feministas e repõe outras coordenadas para pensar a transformação radical.

Cada greve contém um pensamento político

Para Rosa Luxemburgo (1970), cada greve contém um pensamento político. Essa me parece uma frase-talismã da qual extrair brilho. Por um lado, a autora alemã estuda uma conjunção de elementos para caracterizar a greve como um processo, e não como um acontecimento isolado: "em cada ato particular da luta tomam parte uma infinidade de fatores econômicos, políticos e sociais, gerais e locais, materiais e psicológicos", escreve. Esse ritmo e essa multiplicação de elementos fazem Luxemburgo pensar que a greve é um corpo vivo: "Em vez do esquema rígido e oco de uma 'ação' política seca, realizada com base em planos cautelosos provenientes de decisões das altas instâncias, vemos uma peça de uma vida vívida, de carne e osso, que não se deixa separar do quadro maior da revolução, ligada por mil veias a todo o movimento da revolução. [...] Quando a sutil teoria, para chegar à 'pura greve política de massas', realiza uma dissecção artificialmente lógica na greve de massas, ao dissecá-la, como em qualquer outro caso, o fenômeno não é reconhecido em sua essência viva, mas só depois de morto". Por outro lado, ao entender a greve como um processo, Luxemburgo se dedica a investigar as diversas greves que antecedem a grande greve de 1905 na Rússia. Por isso, quando ela descreve sua extensão, surge uma geografia aquática. "Ora a vaga do movimento invade todo o Império, ora se divide em uma rede gigantesca de pequenas correntes; ora brota do solo como uma fonte viva, ora se perde na terra." Está dando conta, sem dúvidas, de uma multiplicidade de ações para concluir que "todas essas formas de luta se cruzam ou se tocam, se interpenetram ou deságuam umas nas outras: é um mar de fenômenos eternamente novos e flutuantes". Tomar a paralisação como "lente" permite desenvolver o pensamento político da greve que nos coube viver, e entender seus múltiplos processos e geografias.

Recorro a Rosa Luxemburgo graças ao ponto de vista que ela nos oferece, e também porque, hoje, seu pensamento nos nutre em três linhas de investigação-intervenção:

i) Os movimentos feministas, na multiplicidade do aqui e agora, podem retomar sua crítica à guerra justamente para pensar a chamada "guerra contra as mulheres" (Federici, 2011). Claro que se trata de cenários bélicos muito diferentes, mas suas reflexões permanecem elucidativas para pensar o que se quer desarmar quando se promove uma guerra. No próximo capítulo, detalharemos a discussão ao redor da própria ideia de "guerra" para pensar os modos de violência contra as mulheres e contra os corpos feminizados.

ii) Igualmente, sua teoria sobre o imperialismo, relativa à necessidade constante do capital de estender suas fronteiras, pode ser reapropriada e atualizada para que se possa pensar, no caso do trabalho dos corpos feminizados, como a violência do processo de acumulação impacta especialmente as economias protagonizadas por mulheres. Essa reconceitualização do desenvolvimento imperial inclui o ponto anterior: as novas formas da guerra.

iii) Finalmente, sua teoria da greve como processo não deixa de ser uma perspectiva para pensar a temporalidade e o próprio movimento de uma acumulação histórica de forças que, a partir da crítica prática à violência contra certos corpos-territórios e da reapropriação da ferramenta da greve, propõe a si mesma o desafio de tecer um novo internacionalismo e o trabalho político em múltiplas escalas.

Alianças insólitas: sair do gueto

O tempo de interrupção que a greve produziu foi conquistado graças ao tecido de conversações inesperadas e de encontros inéditos. Falamos de alianças insólitas, recorrendo às palavras da organização Mujeres Creando [Mulheres criando] (2005), da Bolívia, para dar conta da potência que se desprende quando nos entrecruzamos, nos misturamos e trabalhamos a partir de nossas diferenças, tecendo a urgência de dizer: já basta! Tudo está organizado para que não nos encontremos, para que nos olhemos com desconfiança, para que as palavras das outras não nos afetem. O que produziu essa possibilidade de encontro entre trabalhadoras da economia popular e donas de casa, entre estudantes e trabalhadoras sexuais, entre empregadas de hospitais públicos e operárias de fábrica, entre desempregadas e *cuentapropistas*?

Antes do momento preciso de parar, é necessário ater-se à *cozinha* da greve: as assembleias. Não apenas aquelas que são convocadas com objetivos organizativos, mas também as que se replicam em distintas escalas e lugares diante dos conflitos que vão ocorrendo. A dinâmica de assembleia e de produção de alianças permitiu que saíssemos do gueto do discurso de gênero, aquele que pretende nos confinar a falar apenas de feminicídios e a nos situar meramente como vítimas — ou seja, nos possibilitou romper o cerco no qual a voz feminizada só é ouvida quando relata um episódio de puro horror e violência, sem que esse relato seja também parte de uma enunciação política que desentranha as causas do horror e da violência, perguntando-se sobre as forças necessárias para enfrentá-las. Sair do gueto também diz respeito a romper os limites das organizações que se reconhecem exclusivamente como feministas, e transbordar a convocatória com companheiras de sindicatos, movimentos sociais, espaços comunitários, organizações indígenas e afrodescendentes, centros de estudantes, coletivos de imigrantes, grupos artísticos etc. As assembleias são o espaço onde prosperam essas alianças insólitas, que implicam contatos, debates, desacordos e sínteses parciais do que propomos a nós mesmas.

De fato, o aprofundamento do trabalho da greve evidenciou-se nas assembleias ocorridas a partir da convocatória de 2018, quando o salto qualitativo em termos organizativos foi contundente. Triplicou-se o número de participantes: passamos a ser cerca de mil em cada assembleia só na cidade de Buenos Aires. Em cada sindicato se discutia como aderir à paralisação. Recordo a frase de uma sindicalista, em uma assembleia: "Nunca vi um processo de discussão tão nacionalizado". A greve de 2018 ganhou em densidade ao tecer, mais uma vez, uma conflituosidade social que ocorria nos lugares de trabalho e, ao mesmo tempo, os superava, porque, com a greve, redefinimos o que chamamos "lugares" de trabalho, incorporando a rua e a casa, tendo novas maneiras de olhar os "empregos" considerados como tais. Nesse movimento, que desestabiliza a espacialidade e que leva a greve a lugares insuspeitos, modificamos também a possibilidade concreta de "parar", de "bloquear", enfim, de nos organizar, ampliando e reinventando a própria greve.

Quero me deter em uma das assembleias preparatórias que impulsionamos a partir do Coletivo NiUnaMenos junto a muitas organizações territoriais para a greve de 8 de março de 2018 na Villa 21-24, em Buenos Aires. A maioria das mulheres presentes trabalha na economia popular e realiza tarefas de reprodução social no bairro. Muitas atendem em bandejões, cada vez mais cheios devido à crise desatada pela inflação dos últimos tempos. Insistem em algo que, creio, é a singularidade mais brilhante que sobressai como chave da greve feminista: *dizem que não podem parar e que querem parar*. Essa frase inaugura uma problematização, isto é, um pensamento. A *suposta impossibilidade* condensa o dilema prático da greve feminista; no caso das trabalhadoras da economia popular, evidencia a greve desejada por aquelas que supostamente estão excluídas da prerrogativa (quase "privilégio", de acordo com determinado ponto de vista) dessa ferramenta operária associada tradicionalmente ao movimento organizado, assalariado e masculino.

Não podem parar, argumentam elas, porque têm a responsabilidade de alimentar os vizinhos do bairro e, especialmente, as crianças. Mas querem parar, porque querem ser parte dessa medida de força e estar na rua com outras mulheres. A afirmação, que à primeira vista parece contraditória, amplia a greve, tornando-a mais complexa, pois exige que esteja à altura da multiplicidade de trabalhos que redefinem o próprio trabalho a partir de um ponto de vista feminista. Uma ideia, então, se impõe: "Por que não entregamos os alimentos crus? Deixamos a comida na porta dos refeitórios, mas crua, subtraindo-lhe todo o trabalho de cozinhar, servir, lavar", sintetiza Gilda, uma das trabalhadoras. A ocorrência política destrava a situação e agrega uma nova nuance à própria prática da greve. A ideia se converte em grafite nos muros do bairro: "8M hoy repartimos crudo — NiUnaMenos" [8 de março hoje entregamos cru — NemUmaAMenos]. A assembleia se converte, assim, em um instrumento de avaliação da lógica das qualidades sensíveis das coisas (o cru e o cozido), segundo o ponto de vista do trabalho das mulheres.

Outra delas, Nati, durante a própria assembleia, esclareceu: "Eu quero que a greve sirva para que percebam minha ausência". A suposição de Nati é que a ausência não é percebida, porque se soluciona, se substitui, justamente porque há uma presença que é permanentemente invisibilizada e naturalizada. Continua uma discussão sobre a falta de reconhecimento e a invisibilidade das tarefas reprodutivas, da naturalização dos "serviços" de cozinhar, limpar, atender, calcular compras, ajustar quantidades. Como se elas fossem a verdadeira "mão invisível" da economia de que falava Adam Smith. E, ao mesmo tempo, se discute como essas tarefas são as que hoje estão construindo infraestrutura popular concreta no bairro, produzindo serviços comuns que têm um evidente valor político.

A questão torna-se urgente diante do cenário de crise. O ajuste neoliberal tem um impacto diferenciado sobre as mulheres desses bairros: são elas que fazem malabarismos para que a comida seja suficiente, começando por elas mesmas, que comem menos para não prejudicar a distribuição coletiva. Elas contribuem literalmente com o corpo para minimizar os efeitos do ajuste no cotidiano dos demais.

A exploração específica do trabalho das mulheres é um ponto de vista que permite reconceitualizar a própria noção dos corpos implicados nesses trabalhos, e se elabora nessas situações de problematização coletiva. Esse trabalho é nomeado, se torna *visível* e *reconhecido* em suas determinações concretas, isto é, a partir de tudo aquilo que se põe a trabalhar nas economias atuais que extrapolam o mapa do trabalho assalariado formal. Mas, ao fazê-lo a partir do pensamento estratégico que implica a pergunta sobre "como parar?", as explorações são reveladas pela própria possibilidade de serem enfrentadas, e não só nos termos de uma analítica da submissão.

Nesse sentido, a greve feminista funciona como *catalisador químico*: evidencia relações de poder; mostra onde e como tais relações se inscrevem e funcionam; revela os corpos, os tempos e os espaços sobre os quais tais relações se aplicam; e aponta as artimanhas para a sua desobediência. A greve se torna, assim, uma chave de leitura *insubmissa* quando passa a funcionar como elemento de desacato, e não simplesmente como parte de um repertório de ações de negociação.

O debate *nos* e *com os* sindicatos

Na Argentina, a greve implicou uma forte discussão com os sindicatos. Quero ressaltar que uma singularidade do processo foi a interlocução e interpelação tensa e conflitiva, mas permanente, com os sindicatos de um variado arco ideológico. A necessidade de convocá-los a partir do movimento feminista foi decisiva no momento de buscar alianças.

A maioria, como primeira reação, resistiu em ceder o monopólio dessa ferramenta. O interessante foi que o debate se instalou no interior das próprias estruturas sindicais, dando força a companheiras, em sua maioria jovens, que obrigaram a abrir espaços de democratização e a reconfigurar a prerrogativa sindical.

Isso foi inseparável do protagonismo das mulheres da economia popular (trabalhadoras ambulantes, costureiras a domicílio, catadoras de materiais recicláveis, cozinheiras e cuidadoras comunitárias etc.) congregadas na CTEP, instância sindical que agrupa várias delas, já que, ao mesmo tempo que exigiam ser reconhecidas como trabalhadoras por outros sindicatos (algo que é uma tensão permanente), evidenciaram os limites da greve "sindical" e obrigaram a pensar a greve para aqueles que "não podiam parar", pois colocavam em risco seu rendimento diário.

Sobre isso, porém, é preciso ressaltar dois pontos: i) Por um lado, na conjuntura da Argentina, em que o presidente Mauricio Macri — representante dos grupos financeiros transnacionais e do agronegócio — governava com medidas diretamente contrárias ao salário, as mulheres reivindicaram a greve com os pés fincados supostamente "fora" do trabalho — o que, no entanto, tem a capacidade de discuti-lo e redimensioná-lo. Pode-se dizer, então, que existe uma *genealogia piquetera* nas atuais lutas feministas: foram os desempregados em nosso país que, a partir de um suposto "fora" (chamado "exclusão") a que estavam condenados, tiveram a capacidade de discutir e redimensionar o que se chama de "trabalho digno" (Colectivo Situaciones/MTD Solano, 2003). Naquele momento, a negativa da maioria dos sindicatos em reconhecer os desempregados marca ainda outra analogia; ii) Por outro lado, a greve feminista, nesse sentido, processa e assume a responsabilidade da crise do trabalho assalariado precário e a gestão permanente do desemprego como ameaça de exclusão a partir das supostas "vítimas". Nesse movimento se revelam o *deslocamento* e a *ruptura* da própria figura da vítima.

A *ampliação* da medida da greve (assim como, uma década e meia antes, ocorreu com o deslocamento do piquete da fábrica à rodovia) funciona como uma denúncia prática dos modos de negociação do ajuste que se faz a partir das estruturas de poder (e que inclui algumas lideranças sindicais). A ampliação da medida da greve não deixa de lado a disputa pelo salário, mas, ao mesmo tempo, a redefine e a obriga a confrontar-se com realidades laborais não assalariadas. Multiplica, assim, os sentidos da noção de greve, sem diluir sua densidade histórica, relançando-a como premissa para entender como, no entrecruzamento entre a exploração e as violências machistas que assinalamos, se dá a transversalidade da conflituosidade social.

No manifesto de convocação à greve internacional de 8 de março de 2017 — traduzido rapidamente a vários idiomas —, denunciamos que o capital explora nossas economias informais, precárias e intermitentes; que os Estados nacionais e o mercado nos exploram quando nos endividam; e que essas formas de exploração caminham de mãos dadas com a criminalização de nossos movimentos migratórios. Explicitamos que o movimento feminista que se assume como sujeito político é o que tem a força de denunciar as violências contra as mulheres e contra os corpos feminizados como uma nova forma de contrainsurgência, necessária para aprofundar as atuais modalidades de despojo múltiplo. A greve feminista se mostra, assim, como um gesto rebelde, e não de negociação. Rebela-se contra seus usos decorativos ou sua redução a um efeito "simbólico" ou apenas comunicável nas redes sociais. A mensagem que o fenômeno da greve põe em marcha se sustenta pela potência dos corpos na rua, pela irrupção de palavras que nomeiam algo novo, pela fúria que as violências desatam, pela exigência de pensar métodos de autodefesa e por explicitar as novas formas de exploração e extração de valor.

Vale a pena destacar um ponto: o feminismo se torna mais inclusivo ao se assumir como uma crítica prática anticapitalista. Por isso, podemos de novo evocar Rosa Luxemburgo: a greve não é uma "arma puramente técnica", que pode ser "decretada" ou "proibida" à vontade. Pelo contrário, ao incluir, visibilizar e valorizar os distintos terrenos de exploração e extração de valor por parte do capital em sua atual fase de acumulação, a greve como *bloqueio, desafio e desacato* permite dar conta das condições em que as lutas e as resistências estão reinventando uma política rebelde. Por isso, esse uso da greve proposto pelo movimento de mulheres, trans, lésbicas e travestis sintomatiza, expressa e difunde uma transformação na composição das classes trabalhadoras, extrapolando suas classificações e hierarquias — que tão bem sintetizavam o patriarcado do salário. E o faz a partir de um feminismo prático, enraizado em lutas concretas.

Em fevereiro de 2017, quando representantes do Coletivo NiUnaMenos foram recebidas no mítico edifício da CGT pela secretária geral de Igualdade de Oportunidades e Gênero, ouviram que o movimento de mulheres poderia ser uma ONG, mas não convocar uma greve. Nossa interlocutora insistia, preocupada, no caráter "estrangeirizante" exibido pelo internacionalismo do movimento. E nos advertia de que a radicalização em nosso país "sempre terminou mal". Suas palavras continham, ao mesmo tempo, algo cômico e anacrônico: estava preocupada por entender que estávamos promovendo um movimento armado, devido ao lema "*Solidarity is our weapon*" [A solidariedade é nossa arma], impulsionado pelas companheiras da Polônia.

Um ano depois, os dirigentes das centrais sindicais anunciavam, em um palco conjunto durante a marcha operária de 21 de fevereiro de 2018, que o 8 de março era o próximo dia de mobilização dos trabalhadores, porque se tratava da greve internacional feminista. Nesses dias, a reunião que tivemos com um dos membros homens do triunvirato da CGT terminou com o compromisso do dirigente de que, no 8 de março, estaria cumprindo tarefas em um refeitório de um bairro da periferia. Quando chegou o dia, ele nos enviou uma foto em que servia comida às crianças. Pela primeira vez em sua história, a CGT usou a palavra "feminista" em um comunicado oficial, informando sobre a greve. Ambas as cenas são exemplos de um deslocamento cuja força vem de baixo: o movimento feminista se mostrou verdadeiramente ativo durante todo esse ano, construindo a greve como *processo*.

A multiplicação de assembleias e sua conexão com a conflituosidade social — que incluiu desde demissões em fábricas até desalojamentos de comunidades mapuche — deram ao movimento uma capacidade de *transversalidade* que não pôde ser obtida por nenhum outro ator político. Isso implicou a destreza de incluir conflitos que até pouco tempo atrás não eram parte das preocupações do feminismo, reinventando o próprio feminismo, mas, sobretudo, *transversalizando* um modo de ação e problematização feminista nos espaços políticos. A afirmação do movimento da greve como processo acumula referências práticas porque delineia um feminismo que se constrói como popular e antineoliberal.

No entanto, os argumentos dentro de boa parte do movimento sindical contra o feminismo não se fizeram esperar. Foi dito, então:

- Que o feminismo funciona como um sectarismo, pois deixa de fora os homens e debilita a unidade das demandas. Assim, o movimento de mulheres é apresentado como uma sorte de "agente externo" ao sindicalismo, apagando a interseccionalidade das alianças e experiências, e a potência de questionar a autoridade masculina e sua lógica de construção patriarcal *dentro* dos sindicatos;

- Que as mulheres não estão preparadas para tomar os espaços de poder que reivindicam: a elas se atribui uma intransigência que as impediria de negociar. Não se reconhece que está em jogo outra lógica de construção, a qual, ademais, revela os limites e as ineficácias de uma negociação conciliadora e extremamente paciente;

- Que o feminismo, ao convocar à greve, deslegitima e debilita o poder das lideranças sindicais, em um momento de ataque e campanha de desprestígio contra os sindicatos. Portanto, criticam o feminismo por tomar a iniciativa diante da inação setorial;

- Que a greve feminista retira força de outras ações sindicais. É desse modo que se desconhece e se despreza a forma inclusiva que produz um olhar feminista dos conflitos.

Tais argumentos estruturaram a reação à confluência de lutas que enlaçam pelo olhar feminista os diversos territórios do trabalho (doméstico, comunitário, assalariado, precário, dos cuidados, imigrante), o que permitiu radicalizar e aprofundar demandas inclusive *dentro* dos sindicatos.

Apesar dessas objeções, alcançamos na greve internacional de 8 de março de 2018 um feito histórico: no calor das assembleias preparatórias, formou-se uma "Intersindical Feminista". Dirigentes mulheres das cinco centrais sindicais argentinas, com diferenças políticas históricas, estabeleceram uma mesa de diálogo comum. A conferência de imprensa que realizaram conjuntamente em 7 de março de 2018 para anunciar o chamado transversal à greve feminista foi um marco inédito. Essa confluência continuou funcionando depois disso, organizando assembleias comuns em lugares de conflituosidade laboral e confrontando as iniciativas do governo Macri para traduzir as reivindicações de gênero em propostas neoliberais.

Diferença e revolução

O movimento feminista redimensiona e reconceitualiza, ao mesmo tempo, o que entendemos por trabalho e por greve. Nesse sentido, desenvolvemos aqui a ideia de que *a greve funciona como método cartográfico e dispositivo organizativo*. Algumas linhas de pensamento enfatizaram historicamente o "fazer-se" e a "composição" da classe operária (Thompson, 2012; Tronti, 1966; Negri, 2001) para desmistificar e contrastar certa ideia cristalizada de uma "identidade" ou uma "consciência" de classe. Há teorizações feministas decisivas sobre a conjunção entre classe e feminismo como método contra o "manejo machista da luta de classes" (Wages for Housework) e sobre a classe como elemento de disciplinamento racista (Davis, 2005; Linebaugh, 2016).

A greve retomada pelo feminismo obriga a reinvestigar o que são as vidas operárias hoje. Nesse sentido, a *"impossibilidade da greve" como abertura à sua possibilidade em termos de multiplicação das formas de trabalho* mostra que o movimento feminista não é só um conjunto de demandas setoriais ou corporativas, mas que, ao contrário, lança uma pergunta que afeta toda a classe trabalhadora em sua própria redefinição de classe. E abre um campo de investigação localizado.

Em primeiro lugar, porque mostra como todas as exclusões que constituíram historicamente a "classe" foram se desmontando e como sua ampliação foi sendo disputada através de lutas concretas. A classe é, hoje, uma multiplicidade que moveu as fronteiras do que entendemos por classe operária graças a essas lutas que puseram conflituosamente em jogo uma redefinição de quem são os sujeitos produtivos. Ao mesmo tempo, a classe não deixa de ser uma parcialidade: ou seja, como diria Karl Marx, uma divisão social entre aqueles que, para se relacionar consigo e com o mundo, dependem de sua força de trabalho, e aqueles que não.

A *ampliação da classe por multiplicação do trabalho, evidenciada pelo movimento feminista atual*, deve-se ao fato de que esse movimento não aceita que a definição de "trabalhadores" seja aplicada apenas a quem recebe salário. Nesse sentido, através da ampliação da ferramenta da greve, colocamos em xeque o conceito de trabalho patriarcal, pois discordamos que o trabalho digno seja só aquele recompensado por um salário — e questionamos, portanto, que o trabalho reconhecido seja apenas o predominantemente masculino. Como em um jogo de dominó, isso implica questionar a ideia de que o trabalho produtivo seja somente aquele que se faz fora de casa.

Assim, o feminismo se encarrega do problema da redefinição do trabalho — e, portanto, da própria noção de classe —, pois evidencia a heterogeneidade de tarefas não reconhecidas que produzem valor e desobedece a hierarquização e a divisão que o salário produz entre trabalhadores e desempregados. Trata-se de um movimento político: ao desacoplar reconhecimento do trabalho e salário, rechaça que aqueles que não recebam salário estejam condenados à marginalidade política.

O movimento feminista relacionado com um feminismo popular (que é o que se constrói como movimento de multiplicidade na experiência latino-americana sob diversos nomes) demonstra, assim, que não podemos delegar ao capital — através da ferramenta do salário — o poder de reconhecer quem é trabalhador e quem não é. Por isso dizemos: *#TrabajadorasSomosTodas* [#TodasSomosTrabalhadoras]. Essa enunciação não funciona como um manto que cobre e homogeneíza as mulheres em uma identidade de classe abstrata, mas funciona porque valoriza a multiplicidade do que significa o trabalho do ponto de vista feminista, com todas as suas hierarquias e todas as suas lutas. A dimensão de classe contrastada com a diferença não é uma artimanha para posicionar novamente a classe como categoria privilegiada de intelecção do conflito (como uma flexibilização da própria noção de classe que termina por localizá-la novamente no centro). É algo mais radical, *porque* surge dos feminismos das periferias: *a questão de classe já não pode ser abstraída da dimensão colonial, racista e patriarcal sem se revelar como categoria encobridora de hierarquias.*

Por essa via, ademais, colocamos em jogo outra ideia de produtividade: ser produtivo não é uma característica exclusiva de quem é explorado pela forma salarial. Antes, o raciocínio é distinto: a forma de exploração organizada pelo salário invisibiliza, disciplina e hierarquiza outras formas de exploração.

Isso abre uma linha de investigação que me parece fundamental, e que se resume na pergunta: como os dispositivos financeiros atualizam o pacto colonial em interseção com as formas de dominação e exploração que, como assinala Raquel Gutiérrez Aguilar (2018), se revelam como um ponto para entender a guerra contra as mulheres em sua dimensão contrainsurgente?

Uma tarefa fundamental é conectar *os territórios mais precarizados do trabalho e o dispositivo mais abstrato das finanças para pensar as novas formas de exploração e extração de valor e, nelas, em particular, o lugar do corpo das mulheres e dos corpos feminizados.*

Hoje, o movimento feminista coletivista e multitudinário está colocando em marcha o corpo em seu sentido de potência, isto é, a própria ideia de força de trabalho. Daí sua multiplicidade, sua expansão. Nessa dimensão, o corpo deixa de ser confim individual e objeto de direitos liberais para se relacionar com territórios insurgentes, que disputam a riqueza social.

DIGRESSÃO
Começar pela greve:
uma fábula coletiva da origem

A fabulação coletiva é um modo de desmontar, criticar e esmiuçar as origens que consagram nosso lugar secundarizado — descrito como natural, pré-político e em geral emudecido —, e consiste também em contar outras histórias. A tentativa de narrar e conceitualizar a greve feminista tem a intenção de reivindicar nosso poder de fabulação coletiva e, portanto, de invenção de uma lógica política que desafia a racionalidade considerada "política" e que, por isso, inventa sua própria origem, a ponto de imaginar um movimento não originário, mas feito de deslocamentos.

A teoria do contrato social (isso que garante abstratamente a ordem em que vivemos e pela qual obedecemos àqueles que nos governam) projeta idealmente um estado anterior que lhe dá lugar: o estado de natureza. Diz-se nos debates da filosofia que esse estado é um lugar imaginário — ou existente, mas recôndito em populações da América. Assim o descreveu Hobbes.

Pode-se, hipoteticamente, dizer outra coisa: que a materialidade do estado de natureza tem como referente concreto as mulheres, pelo modo corporificado de sua existência política, que ao mesmo tempo as *naturaliza* e *invisibiliza*. Então, sustentar que o estado de natureza é fictício é uma dupla negação: subtrai existência e dignidade à natureza (reduzida ao não racional) e nega a persistência efetiva desse estado de natureza em seu modo de existência feminizado. E agreguemos algo mais: mistifica as mulheres como recurso natural explorável.

As histórias religiosas, políticas, mitológicas contam a origem das coisas. Aprendemos da feminista Carole Pateman (1995), por exemplo, que, de tanto repetir a história do contrato social como origem do pacto político, as mulheres acatávamos um papel subordinado sob a forma encoberta de um contrato sexual que "assinávamos" previamente. Sempre dissimulado, o contrato sexual é o contrato matrimonial, que funciona por sua vez em relação com o contrato de emprego. Ambos são incindíveis do contrato social, isto é, de como funciona a ordem política, do modo como se estrutura a obediência social, em que as mulheres somos obrigadas de maneira singular tanto ao trabalho não remunerado que realizamos quanto à fidelidade que devemos prometer.

Pateman retratou como ninguém que o contrato civil enquanto narração da origem das sociedades é uma ficção feita à medida dos homens. Por um lado, sintetiza uma disputa específica pelo poder de "dar à luz". Os homens se fazem um corpo também à sua medida. O contrato entrega a eles um "poder criativo especificamente masculino": a capacidade de gerar novas formas de vida política. Essa fábula está na *gestação* do patriarcado moderno, que singulariza sob a forma de direito político o poder que os homens exercem sobre as mulheres e os corpos feminizados. Aqui, o corpo masculino se revela como corpo racional e abstrato com capacidade de criação de ordem e discurso.

Por outro lado, são ficções de "origem" que se constroem sobre expropriações materiais: conquistas e apropriações de terras comunais e indígenas, conquistas e apropriações do corpo feminino e dos corpos feminizados (escravizados e imigrantes). Sobre esses despojos, recorta-se a figura do indivíduo. Não há possibilidade "natural" dessa subordinação das mulheres sem *antes* arrancar-lhes toda possibilidade de autonomia econômica. Não há confinamento e empobrecimento das mulheres, para torná-las dependentes e submissas, sem um despojo prévio de suas capacidades de autogestão e de suas economias próprias.

A criatividade política — na aliança entre o patriarcado e o capitalismo — torna-se assim um poder estritamente masculino sobre a base de uma expropriação primeira. E o contrato que serve de corpo (corpo texto/corpo civil) para essa criatividade organiza todo um sistema de subordinações e delegações que depois assumirão o nome de "direitos" e "deveres". Pacto e contrato.

Mas quem assina tal contrato? Diz Pateman que são os homens brancos (que já não representam o velho poder do pai, mas um poder repartido fraternalmente, entre homens iguais), e que esse contrato é ao mesmo tempo três: um contrato social, um contrato sexual e um contrato racial ou de escravidão que legitima o governo dos brancos sobre os negros. Portanto, não é um paternalismo o que se organiza, mas uma forma específica de masculinidade.

Não se fala de homens, mas de algo mais abstrato: indivíduos. Uma festa a que aparentemente as mulheres estão convidadas se se vestem como tais, isto é, se reconhecem a ficção política da igualdade liberal e falam sua língua, mesmo estando excluídas. Há, no entanto, uma pequena armadilha. A elas, como mulheres — enquanto aspiração a indivíduos —, só lhes é permitido na origem um único contrato: o matrimonial. O contrato sexual estabelece, assim, o direito político dos homens sobre as mulheres como pré-requisito transcendental de toda contratação. Trata-se de um contrato com "conteúdo específico": o do "serviço fiel", que estrutura ao mesmo tempo o acesso ao corpo feminino como prerrogativa masculina e a divisão sexual do trabalho, organizando o significado patriarcal do que entendemos por feminilidade. Porque, junto à fidelidade, "pactuamos" fazer trabalho doméstico gratuito.

Pateman marca o ponto, novamente, com extrema lucidez: apesar do indivíduo e da linguagem metafísica das vontades contratantes, quando se examinam os contratos em que a mulher é parte (matrimônio, prostituição e "barriga de aluguel") se mostra que o *corpo da mulher* é o que está em jogo.

A tese da filósofa é afiada: o contrato sexual é a parte *reprimida* do contrato social e sempre *deslocada* sob a forma de contrato matrimonial. Os contratos de matrimônio e de prostituição revelam o núcleo — e recordam as origens como ficção fundante — do patriarcado contratual moderno, porque tanto "nega como pressupõe a liberdade das mulheres" e não pode operar sem esse pressuposto. Liberdade e contrato se enlaçam ao mesmo tempo que confinam o poder feminino: a liberdade de decidir sobre a gestação no próprio corpo e de não ficar enclausuradas no âmbito doméstico. Nas mulheres, no entanto, o corpo é algo que *não* é propriedade (a qualidade necessária para ser indivíduo). A diferença sexual se torna diferença política.

Pressupõe-se, portanto, que as mulheres sejam indivíduos (porque podem assinar o contrato matrimonial), mas não o são, porque não são proprietárias de si (já assinaram, antes, o contrato que consagra sua subordinação "natural" aos homens). Uma estrutura similar funciona na parábola de Aventino, recordada por Jacques Rancière (2003) como a "ficção desigual": o senhor que dá uma ordem ao escravo pressupõe que o escravo possui a faculdade de compreensão e de linguagem — uma humanidade que Rancière chama "igualdade das inteligências" —, sem a qual não haveria possibilidade de acatar a ordem. Tal humanidade, porém, é imediatamente negada para que se possa afirmar a hierarquia: a distinção entre quem manda e quem deve obedecer, que depois se traduz em distinção de "naturezas", na qual os escravos já não são seres racionais.

De certa forma, a dupla condição das mulheres como indivíduos que não o são funciona de modo parecido. No entanto, essa dupla condição pode ser usada a seu favor, segundo propõe Pateman: a figura das mulheres abre uma via crítica que pode levar a perspectiva feminista para além do horizonte liberal.

Não se trata da corrida para converter-nos finalmente em indivíduos plenos, como são propagandeadas as mulheres que, "sim, conseguiram" (chegar à cúpula de empresas ou do poder político, por exemplo). Pelo contrário, permite demonstrar que a figura do indivíduo como proprietário é inexoravelmente masculina, é a pedra basilar do patriarcado, um modo de converter o poder que os homens exercem sobre as mulheres em poder político e em garantia da divisão sexual do trabalho.

A relação paradoxal com a *exclusão* é fundamental nesse modo de pensar a situação *paradoxal* da mulher: *ao ser excluída do contrato, ela é, de certo modo, incluída nele.* A mulher é, ao mesmo tempo, objeto de propriedade e pessoa. Pode-se relacionar esse raciocínio às formas de argumentação que criticam a própria figura da *exclusão*. Como assinala Michel Foucault (2016), a noção de exclusão não leva em conta nem analisa as lutas, as relações, as operações específicas do poder a partir das quais, precisamente, se produz a exclusão. Reforça, assim, uma distinção quase metafísica entre inclusão e exclusão, na qual a exclusão é um fora completo, um deserto.

As mulheres, então, se quisermos ser incluídas no mundo da igualdade de oportunidades que se promete aos indivíduos, ficamos presas a uma armadilha. Na medida em que as mulheres e os imigrantes — e os corpos feminizados — não alcançarão nunca o estado pleno de cidadania ou de indivíduo, o que se propõe é uma crítica à "própria exclusão", porque a denuncia em sua relação simbiótica e sintética com a própria estrutura da inclusão.

Pode-se usar esse esquema justamente para pensar a diferença sexual como hierarquia política: não há um sexo excluído à custa da inclusão do outro; mais que isso, é a exclusão (por exemplo, do trabalho doméstico com relação ao salário) que explica o próprio modo pelo qual a inclusão (por exemplo, o modo como o salário "inclui" o trabalho doméstico como atribuição familiar) está internamente estruturada por modos específicos de exclusão. Aqui voltamos à relação que sustenta o "patriarcado do salário", que é a mesma dinâmica que projeta a diferença sexual como diferença entre espaço público e espaço privado: o espaço público (civil, masculino e branco) reclama atributos e capacidades que implicam a repressão (ou inclusão como excluída) da esfera privada (natural, de corpos sexuados).

Mas, então, se conseguimos desarmar a figura da mulher (e dos corpos feminizados) como *excluída*, conseguimos nos aproximar mais da possibilidade de que seu modo de existência decomponha o indivíduo, forçando seus limites, contra e para além dele. Isso porque, por um lado, se essa exclusão é intrínseca ao funcionamento da fórmula inclusiva, ao afastá-la permite desarmar o binômio. Por outro, porque, justamente por ser uma figura corporificada, propõe uma relação com o corpo que não é a de propriedade. Poderíamos agregar que é, antes, uma relação com o corpo como *composição*. O corpo nunca depende apenas de si mesmo nem possui margens proprietárias.

CAPÍTULO 2

Violências: há uma guerra *no* e *contra* o corpo das mulheres?

O que nos permitiria falar em *guerra* para denominar a escalada de mortes de mulheres, lésbicas, trans e travestis (80% delas nas mãos de amantes, namorados, maridos, ex ou atuais)? Claramente não se trata de uma guerra entendida como enfrentamento entre dois grupos simétricos, ou sob regras claras de contenda. Ainda assim, parece necessário qualificar desse modo o tipo de conflito que, só na Argentina, implica a morte de uma mulher, lésbica, travesti ou trans a cada trinta horas. Um número que aumentou depois da primeira greve internacional de mulheres, em 2017: no mês seguinte à mobilização, as taxas de violência contra a mulher na Argentina alcançaram seu máximo. As modalidades de crimes se diversificam. A tendência mostra que as agressões são cada vez mais truculentas, e o ritmo não se detém.[24]

---

24. Em 2018, a média nacional argentina foi de um homicídio de mulheres a cada 32 horas; em 2019, se contabilizou um homicídio a cada 28 horas. [De acordo com o Fórum Brasileiro de Segurança Pública, 1.314 mulheres foram mortas no país em 2019 pelo fato de serem mulheres: um assassinato a cada sete horas, em média. O número representa um aumento de 7,3% nos casos de feminicídio no Brasil em relação a 2018. Ver "Mesmo com queda recorde de mortes de mulheres, Brasil tem alta no número de feminicídios em 2019", em G1, 5 mar. 2020 — N.E.]

Por que nos matam? A reconceitualização da violência machista foi essencial para o movimento feminista dos últimos anos. Por duas razões. Em primeiro lugar, porque *pluralizou* sua definição: conseguimos deixar de falar "só" de violência contra as mulheres e corpos feminizados para relacioná-la a um conjunto de violências sem as quais ela não se explica, e sem as quais se compreende menos ainda seu crescimento histórico. Falar das violências a partir do feminicídio e do travesticídio posiciona os assassinatos como ponto culminante da violência, mas põe um desafio: não devemos encerrá-los ali, em sua contabilidade necropolítica.

Nesse sentido, dar conta da pluralização das violências é uma medida estratégica: uma forma concreta de conexão que produz *inteligibilidade* e, portanto, permite um deslocamento da *figura totalizante da vítima*. Pluralizar não é apenas fazer uma quantificação, uma lista das violências. É algo muito mais denso: é um modo de cartografar sua *simultaneidade* e sua *inter-relação*, isto é, conectar os lares desestruturados às terras arrasadas pelo agronegócio, às diferenças salariais e ao trabalho doméstico invisibilizado; vincular a violência do ajuste neoliberal e a crise aos modos como esses são enfrentados a partir do protagonismo feminizado das economias populares, e relacionar tudo isso à exploração financeira pelo endividamento público e privado; vincular as formas de disciplinamento das desobediências nas mãos da repressão nua e crua do Estado e a perseguição aos movimentos de imigrantes à maneira como se encarceram as mulheres mais pobres, criminalizando economias de subsistência, e as mulheres que praticam o aborto à motivação racista de cada uma dessas violências. Nessa rede de violências, nada é óbvio: rastrear os modos de sua conexão é produzir sentido, porque visibiliza a maquinaria de exploração e extração de valor que implica níveis de violência cada vez maiores, e que tem um impacto diferenciado — e, por isso, estratégico — sobre os corpos feminizados.

Esse trabalho de costura, tendo a greve como ferramenta fundamental para se desenvolver, funciona justamente como uma teia de aranha: apenas produzindo uma cartografia política que conecte os fios que fazem com que as violências se revelem como dinâmicas inter-relacionadas é que podemos denunciar que sua segmentação busca nos enclausurar em compartimentos isolados. Conectar as violências implica extravasar os confins da "violência de gênero" para vinculá--la às múltiplas formas de violência que a tornam possível. Desse modo, saímos do lugar de puras vítimas — no qual desejam que permaneçamos — para inaugurar uma palavra política que não apenas denuncia a violência contra o corpo das mulheres, mas que também abre a discussão sobre outros corpos feminizados e, mais ainda, se desloca de uma única definição de violência (sempre doméstica e íntima, portanto confinada) para entendê-la em relação a um plano de violências econômicas, institucionais, laborais, coloniais etc.

Nesse tecido político também é possível avaliar coletivamente seu impacto diferenciado sobre nós e sobre cada uma de nós. A violência não é uma palavra enorme com letras maiúsculas que produz outra palavra enorme chamada vítima, também com maiúsculas e igualmente abstrata.

Aqui chegamos ao segundo ponto inovador dessa redefinição das violências: as violências contra o corpo das mulheres e os corpos feminizados são lidas a partir de uma situação singular — o corpo de cada uma —, para então produzirem uma compreensão da violência como fenômeno total. O corpo de cada uma, como trajetória e experiência, se torna assim via de acesso, um modo concreto de localização, a partir do qual se produz um ponto de vista específico: como se expressa a violência, como a reconhecemos, como a combatemos, como ela se singulariza no corpo de cada uma?

Esse modo *enraizado* de compreensão das violências

permite um questionamento que é *transversal* a todos os espaços: da família ao sindicato, da escola aos centros comunitários, do que acontece nas fronteiras ao que acontece nas praças. Mas o faz dando a esse questionamento uma ancoragem material, próxima, corpórea.

Ademais, ao mesmo tempo que a violência exibe diferenciais de opressão e exploração que se exprimem em corpos concretos diversos, nutre, a partir dessa diferença, uma "sororidade interclasse" inovadora em termos históricos, como assinala Dora Barrancos (2015).

Um esclarecimento é necessário, no entanto: *o comum não é a violência; o comum é produzido pelo questionamento situado e transversal das violências*. Conectar as violências nos oferece uma perspectiva compartilhada que é ao mesmo tempo específica e expansiva, crítica e não paralisante, que enlaça experiências. Cartografar as violências a partir de sua conexão orgânica, sem perder de vista a singularidade de como se produz o nexo entre cada uma, nos permite algo mais: produzir uma linguagem que vai além de catalogar as mulheres como vítimas.

E, por último, a pergunta pelas violências nos propõe, como em um jogo de bonecas russas, outras duas perguntas fundamentais: o que significa produzir formas de autodefesa feminista diante do incremento das violências? Mais: o que significaria se o movimento feminista pudesse produzir suas próprias máquinas de justiça?

A guerra como chave

Michel Foucault (1976; 1992) propôs a guerra como princípio de análise das relações de poder e, de modo mais preciso, o modelo da guerra e das lutas como princípio de inteligibilidade e análise do poder político. Também argumentou na direção de um tipo de guerra permanente como som ou filigrana detrás de toda ordem. De modo que a guerra seria o "ponto de máxima tensão das relações de força", mas em si uma trama "de corpos, de casos e de paixões": um verdadeiro enredo sobre o qual se monta uma "racionalidade" que quer apaziguar a guerra.

Silvia Federici (2011) fala de "um estado de guerra permanente contra as mulheres", em que o denominador comum é a desvalorização da vida e do trabalho impulsionada pela globalização. A guerra contra as mulheres (bruxas, curandeiras, mães solo e todas aquelas catalogadas como heréticas por seus modos de vida), como a caracterizou Federici, é assim o momento "originário" que se *repete* em cada nova fase de "acumulação primitiva" do capital: isto é, aquilo que se desenvolve sobre o campo social ante um tempo extremo de instabilidade das relações de autoridade-obediência e de exploração. A existência de momentos históricos nos quais a violência se torna uma força produtiva privilegiada para a acumulação de capital, como argumenta Maria Mies (1986), é uma ideia-força para pensar a fase atual dos despojos em várias escalas. Então, fazer a guerra às mulheres e às suas formas de saber-poder foi a condição que possibilitou o início do capitalismo, sustenta Federici. Resta-nos desenvolver a pergunta sobre sua *atualidade*. Trata-se de pôr à prova a atualização da caça às bruxas como hipótese política, mapeando quais são os novos corpos, territórios e conflitos sobre os quais essa caça se pratica. Federici avança sobre o cruzamento da perspectiva foucaultiana com o feminismo e o marxismo. O capitalismo, desde seus primórdios transatlânticos, persegue e combate essas mulheres "hereges" com sanha e terror. Por isso, Federici vincula três conceitos: *mulheres, corpo* e *acumulação primitiva*. E se faz perguntas fundamentais sobre essa figura emblemática da rebeldia: por que o capitalismo, desde sua fundação, precisa fazer guerra às mulheres portadoras de saber e poder? Por que a caça às bruxas é uma das matanças mais brutais e menos recordadas da história? Por que é necessário lançar suspeitas sobre a amizade entre mulheres? O que se queria eliminar ao condená-las à fogueira? Por que se pode traçar um paralelo entre as "bruxas" e as escravas negras das *plantations* na América?

A reação contra as mulheres era uma resposta ao seu crescente poder e autoridade nos movimentos sociais, especialmente os heréticos, e também nas corporações de ofícios. Federici identifica uma "reação misógina" a essa massividade, ao controle reprodutivo que as mulheres praticavam entre si, a suas tecnologias de acompanhamento e cumplicidade. "Sexo limpo entre lençóis limpos": esse foi o objetivo da racionalização capitalista da sexualidade que aspirava converter a atividade sexual das mulheres em um trabalho a serviço dos homens e da procriação. Ademais, era uma forma de sedentarizá-las. Para elas, era muito mais difícil converter-se em vagabundas ou trabalhadoras imigrantes, porque a vida nômade — argumenta Federici — as expunha à violência masculina, e nesse momento — quando da organização capitalista do mundo — a misoginia crescia. No entanto, como insiste a autora, essa violência não permaneceu como um conto recôndito dos primórdios. Por isso mesmo soa tão próxima essa imaginação de que todo nomadismo feminino (desde tomar um táxi à noite até terminar um relacionamento ou ir embora de casa) é, cada vez mais, ocasião para a violência sexista.

O corpo feminino, continua Federici, substituiu os espaços comuns (especialmente as terras) depois de sua privatização: em um mesmo movimento, as mulheres foram submetidas a uma exploração que daria início a uma crescente submissão de seu trabalho e de seu corpo, entendidos como serviços pessoais e recursos naturais. As mulheres assim *privatizadas*, como prêmio de guerra do início do capitalismo, foram as que se refugiaram em matrimônios burgueses, enquanto as que ficavam à intempérie se converteram em classe servil (de donas de casa a empregadas domésticas ou prostitutas).

As mulheres vistas como "rebeldes" não eram identificadas com qualquer atividade "subversiva específica", esclarece a historiadora italiana: "Pelo contrário, descreve a personalidade feminina que se havia desenvolvido, especialmente entre o campesinato, no contexto da luta contra o poder feudal, quando as mulheres atuaram à frente dos movimentos heréticos, muitas vezes organizadas em associações femininas, apresentando um desafio crescente à autoridade masculina e à Igreja". As imagens que as descreviam — em histórias e caricaturas — retratavam mulheres montadas nas costas de seus maridos com chicote na mão, e outras tantas vestidas de homens, decididas à ação. Nessa linha, também se tornaram objeto de suspeita as amizades entre mulheres, vistas como contraproducentes para os matrimônios e como obstáculo à denúncia mútua que se promovia, novamente, a partir da autoridade masculina e da Igreja.

Algumas dessas "cenas" não deixam de ressoar em nosso presente, atualizando ao menos três dinâmicas sobre as quais nos estenderemos mais adiante. Por um lado, a relação entre corpos feminizados e dissidentes e terras/territórios comuns, ambos entendidos como superfícies de colonização, conquista e domínio. Depois, a criminalização das ações coletivas protagonizadas por mulheres como dinamizadoras de movimentos sociais rebeldes. Finalmente, a autoridade masculina e eclesiástica como chave, mais uma vez, para o chamado à ordem da acumulação capitalista.

A dimensão colonial

"Novas formas de guerra" é como Rita Segato (2014) define os modos atuais de violência que têm como alvo o corpo das mulheres. "Novas" porque atualizam uma geometria de poderes que vai além do Estado-nação, e porque são outros os atores que exercem a violência, vinculados em boa medida ao capital ilegal. Ao mesmo tempo, uma conexão persiste na novidade: trata-se de uma dimensão colonial que é fundamental ressaltar. Uma dimensão que se expressa nos métodos propriamente coloniais de assassinato das mulheres (como o empalamento e o esquartejamento), mas, sobretudo, no exercício de afirmação de autoridade a partir da noção de propriedade sobre os corpos. Essa fórmula clássica da conquista capitalista (autoridade = propriedade) requereria hoje uma intensificação de escalas e metodologias. De outro modo, é o que Segato define como "*dueñidad*":[25] um regime de apropriação que radicaliza a forma colonial.

Em vários textos e intervenções recentes, Suely Rolnik (2018) enfatiza a dimensão colonial da agressão contra o corpo feminizado lançando mão da categoria de "inconsciente colonial-capitalístico". Esse termo se refere aos efeitos traumáticos do medo e da humilhação dos processos coloniais — em suas diversas fases e repetições — que organizam "operações" de subjetivação "mais sutis que os movimentos macropolíticos dos quais resulta a independência do estatuto colonial". Gostaria de extrair desse argumento três premissas — que poderiam, por exemplo, ser pensadas em relação ao uso das ideias de Frantz Fanon pelo teórico camaronês Achille Mbembe (2013). Em primeiro lugar, que o inconsciente colonial opera produzindo uma "dissociação entre o político, o estético e o clínico", isto é, hierarquizando

---

25. Referente a *dueño*: dono, em espanhol. [N.E.]

e disciplinando saberes como se fossem "separados". Depois, que é essa dissociação que nos condena a depreciar os saberes do corpo e o que estrutura a "repressão colonial": "O objeto dessa 'repressão' é o próprio corpo em sua atitude de escuta dos diagramas de forças do presente e da dinâmica paradoxal de suas fricções com as formas de realidade dominantes, atitude da qual extrai seu poder de avaliação e sua potência de ação", diz Suely. Por último, "a abolição da 'repressão' do saber do corpo e das ações nas quais se atualiza" torna-se uma dimensão prática fundamental no horizonte de transformação.

Poder de avaliação e potência em ação são duas perspectivas práticas poderosas dos saberes subalternos e de uma epistemologia feminista. Confrontam a divisão tão patriarcal e sempre tão na moda entre os que pensam e os que fazem; os que conceitualizam e os que lutam; enfim, entre ideias estereotipadas de comodidade e risco. O aspecto colonial da divisão é o que se destaca; nele, o saber é um sobrevalorizado poder de elite e o fazer, um modesto recurso subalterno.

Ao contrário, considerar as práticas ao mesmo tempo a partir de seu poder de avaliação e de sua potência em ação mobiliza contra o inconsciente colonial-capitalista. Os saberes do corpo, abordados por Rolnik, são hoje de novo objeto de suspeita e repressão quando produzem formas de socialização entre mulheres, lésbicas, trans e travestis, transformando-se em verdadeiras tecnologias políticas de amizade, confiança, rumor e autoridade.

Sobre eles, constrói-se também a reação misógina e violenta. Esses saberes-poderes expressam a ruptura das subjetividades "minorizadas" — historicamente relegadas e desprezadas — que se desmarcam da sujeição por reconhecimento, da pura política identitária. No caso das mulheres, lésbicas, trans e travestis, uma consigna como *#EstamosParaNosotras* [*#EstamosParaNós* ou *#NósPorNós*] implica, entre muitas coisas, deixar de adequar-se ao desejo heteronormativo cujo desenvolvimento unilateral e violento é o fundamento de sua afirmação machista. Ou, mais precisamente: a decomposição do corpo minorizado, diz Rolnik, desarma a "cena" na qual o corpo dominante tem lugar e a reação violenta é a tentativa de manter a estabilidade dessa cena a qualquer preço. A guerra contra as mulheres poderia reformular-se, assim, como a guerra contra os personagens femininos e feminizados que fazem do saber do corpo um poder. Não é casual que ela acabe mencionando também o personagem da "bruxa" como figura de um modo de existência provedor de uma "bússola ética" que posiciona os saberes do corpo como subversão contra "o inconsciente colonial-capitalístico". Esses saberes operam em situações concretas (nas quais se avalia e sobre as quais se atua), e nos põem frente a frente com as fronteiras de um regime de poder que tem em sua estruturação colonial elementos fundamentais para avaliar tanto os fracassos como as possibilidades de fuga. Contra esses poderes e saberes insurrectos se fez a guerra colonial. São saberes-poderes estratégicos tanto no recuo defensivo quanto na persistência do desejo de desobediência.

Contra a patologização da violência

Pensar a partir da categoria de guerra para dar conta de uma economia específica da violência contra as mulheres, lésbicas, trans e travestis é uma preocupação que tem a vantagem de nos obrigar a pensar os contornos de um fenômeno sistemático que não se pode atribuir a razões psíquicas de alguns homens ou a "modas" que acabam sendo interpretadas como notícia sensacionalista ou narrativas passionais. Essa interpretação tem o efeito de desculpar as masculinidades violentas, mostrar seus crimes como excepcionalidades, como patologias isoladas, e construir uma casuística do "desvio". A versão psicologizante individual, pela própria ideia do tipo de "saúde" que o patriarcado propõe para as masculinidades, está discutida nas ruas, se condensa em grafites, se conceitualiza nas esquinas. "*No está enfermo, es un hijo sano del patriarcado*" [Não está doente, é um filho sadio do patriarcado], se lê nas paredes.

Portanto, a noção de guerra permite ressaltar uma dinâmica de forças em disputa e afastar noções como a de "epidemia" ou "surto" para se referir à violência. Mas há mais uma razão, porque a patologização expiatória não para por aí: se complementa com a consequente culpabilização da ascensão coletiva, nas ruas, do movimento feminista.

Por isso, por outro lado, argumentos amparados na "racionalidade jurídica" denunciam a "ineficácia preventiva" das marchas massivas na hora de analisar o aumento dos feminicídios.[26] Refiro-me aos argumentos que dizem que as mobilizações não têm capacidade nem eficácia para evitar ou diminuir os feminicídios, questionando, portanto, sua função. Por um lado, compara-se o aumento da mobilização feminista e o aumento dos crimes, traçando-se entre eles uma relação direta de causa e efeito. Por outro, se busca "constatar" a "ineficácia" da própria mobilização como meio de enfrentamento da violência feminicida.

Enquanto isso, a partir dos discursos "psicologizantes", fala-se de uma "ilusão" mimética da força das mulheres, lésbicas, trans e travestis que lhes faria tomar atitudes de "empoderamento" que as levam à morte. O argumento cita um "efeito contágio" do coletivo que, mais que proteger as vítimas, as expõe ainda mais.[27]

---

26. ZAFFARONI, Raúl. "Femicidio", em *Página 12*, 18 mai. 2017.
27. "Femicidios: ¿el #NiUnaMenos provoca un efecto contagio no deseado?", em *Noticias*, 15 fev. 2017. [N.A.]

Tentou-se ler de modo similar a massiva mobilização convocada em 2018 pelo #EleNão no Brasil, à qual se quis culpabilizar pelo crescimento imediatamente posterior do ultrafascista Jair Bolsonaro nas pesquisas de intenção de voto para a presidência da República e, finalmente, por sua vitória nas urnas. Nesse caso, também se observou uma linguagem psicológica-culpabilizadora: a marcha de mulheres e LGBTQ+ teria "despertado o monstro".

Trata-se de tentativas de desprestigiar a efervescência multitudinária como falsa, enganosa e, sobretudo, arriscada — como o "contágio" de um vírus. É como se a mobilização massiva levasse as mulheres a confiar em uma experiência de força coletiva que não faria mais que se revelar *perigosa* e *ilusória* — e, pior, contraproducente. Ou seja, a estratégia é dupla: culpabilização e impotencialização. A noção de guerra, por sua vez, nos leva a outra economia de forças.

Onde ocorre a guerra, hoje

A hipótese com que quero continuar argumentando sobre essas preocupações é a seguinte: creio que, hoje, a guerra *contra* as mulheres, lésbicas, trans e travestis se expressa principalmente em quatro circunstâncias que estão *na base* dos feminicídios, que são o substrato de sua *produção anterior* — ou, parafraseando Marx, seu laboratório secreto — e que guardam entre si uma lógica de conexão. Essa lógica de conexão se dá pelas finanças, cuja especificidade ressaltarei ao longo deste livro. Com tais circunstâncias, pretendo enquadrar uma leitura da violência do neoliberalismo como momento atual de acumulação de capital, que dá conta das medidas de ajuste estrutural, mas também do modo que a exploração se enraíza na produção de subjetividades compelidas à precariedade ao mesmo tempo que lutam para prosperar em condições estruturais de despojo. As quatro situações de violência a que me refiro são:

i) A violência que implode os lares como efeito da crise da figura do homem provedor e da des-hierarquização de seu papel no mundo do trabalho;

ii) A organização de novas violências como princípio de autoridade nos bairros populares a partir da proliferação de economias ilegais que repõem, com outras lógicas, formas de provisão de recursos;

iii) A espoliação e o saqueio de terras e recursos comuns por parte de transnacionais, que despojam de autonomia material outros tipos de economia; e

iv) A articulação de formas de exploração e extração de valor que têm na financeirização da vida social — e, em particular, através do dispositivo da dívida — seu código comum.

Gostaria de propor a existência de uma relação orgânica entre essas quatro dimensões; depois, voltar para a caracterização da "guerra"; e, finalmente, tentar responder às perguntas principais: que tipo de força é responsável por essa ofensiva? Em que tipos de economia se inscreve a autonomia das mulheres, lésbicas, trans e travestis? Aqui, é necessário voltar a alguns aspectos da greve feminista. Gostaria, por último, de sugerir um deslocamento; é porque existe uma guerra *no* corpo das mulheres e *nos* corpos feminizados que existe uma guerra *contra as* mulheres.

A implosão dos lares

A "dignidade" masculina sustentada no que Federici (2018) chama de "patriarcado do salário" é o que está em crise. O salário para os homens servia de medida "objetiva" de sua posição dominante no mercado de trabalho. Nesse sentido, funcionou historicamente como ferramenta política, assegurando o controle do trabalho "obrigatório" e "não remunerado" do lar a cargo das mulheres, e estabelecendo um representante do chefe ou patrão dentro do lar. Não é que o patriarcado do salário esteja deixando de exercer atualmente seu poder de hierarquia e monopólio sobre o manejo do dinheiro. Mas sua crise é maior: o salário, hoje, não está assegurado às maiorias como meio de reprodução. Por essa razão, devido ao colapso do salário como medida objetiva de autoridade masculina, a violência machista se torna "desmedida" no lar: as masculinidades já não estão contidas pelo valor que o salário ratifica e, por isso, necessitam afirmar sua autoridade de outros modos. A crise de desemprego e de precarização e as condições cada vez mais duras de exploração fazem com que a violência doméstica estruture a dominação patriarcal que antes estava mediada e medida pelo salário — embora a violência fosse sempre uma latência legítima de disciplinamento "interno". A isso se soma um componente fundamental: o maior desejo de autonomia das mulheres que não se sentem contidas nem restringidas ao ideário doméstico e que já acumulam experiência de trabalho fora de casa (geralmente mal pago e desvalorizado, mas que funciona como via de deserção das obrigações domésticas), além de gerações jovens que cultivaram formas de desacato ao patriarcado do salário e que viveram diretamente sua decadência. Acumulação de desobediências, intensificação das autonomias e depreciação da figura do homem provedor assalariado desestabilizam os modos de obediência estruturados na família monogâmica e heteronormativa. As masculinidades desvalorizadas estão em uma busca desesperada e violenta por reestruturação. As economias ilegais e o recrutamento em forças de segurança (legais e ilegais) suprem essa promessa.

Novas violências nos territórios

Talvez possamos rastrear onde se localiza hoje a "guerra civil" entre trabalho e capital que Marx identificou na jornada de trabalho, mas que vemos se ampliar e se expandir em termos territoriais (para além da fábrica) e temporais (para além da jornada laboral reconhecida em lei). Que formas violentas assume hoje essa guerra civil se a olhamos a partir de uma cooperação social entre as economias ilegais e alegais,[28] imigrantes e populares, e a partir do trabalho doméstico-comunitário como vértices de novas zonas proletárias no neoliberalismo?

Na última década, sobretudo, modalidades inéditas de violência reorganizaram a conflituosidade social, impulsionadas por novas formas de autoridade territorial ligadas às economias ilegais em conivência com estruturas policiais, políticas e judiciais. São elas que lideram a disputa contra as economias populares fortemente feminizadas que se estruturaram a partir dos movimentos sociais. E foram as finanças, com seu alto grau de abstração, que se encarregaram da articulação — por baixo e por cima — de subjetividades que deviam buscar prosperidade sem aceitar o "privilégio" do salário como fonte de renda principal. Na América Latina, isso se produziu em conexão com um modo de inserção neoextrativista da região

---

[28]. "Alegal", no original em espanhol, se refere àquilo que não está regulado nem proibido. [N.E.]

no mercado mundial (voltarei à articulação extrativista no capítulo seguinte).

As novas formas de violência se traduzem em uma intensa segmentação de espaços hierarquizados a partir de acessos diferenciados à segurança, o que promove uma "guerra civil" pela defesa da propriedade entre os bairros periféricos e as zonas mais populares. O uso das forças de segurança pública e privada busca constranger todos aqueles que, sob os efeitos do estímulo à inclusão social por meio do consumo através da dívida, não têm iguais condições nem de acesso nem de defesa da propriedade.

Atualmente, as economias ilegais estão "organizando" a substituição do trabalho assalariado em muitos espaços: proveem emprego, recursos e pertencimento como modo de afirmação de uma autoridade masculina que deve se ratificar no controle do território diariamente. Isso supõe franquear os limites de violência que estruturam o dia a dia. Não é casual que a outra via de recomposição dessa autoridade masculina se dê através do recrutamento (única oferta de trabalho mais ampla) pelas forças de segurança do Estado. Desse modo, forças de enfrentamento legal e paralegal substituem o modelo majoritário da autoridade assalariada, contribuindo de modo decisivo para a implosão violenta dos lares de que falávamos antes. Devemos adicionar aqui mais uma economia, que experimenta um auge e está em crescimento: as igrejas, que também oferecem vias de acesso ao emprego e promessas de prosperidade, pois conseguem tecer e oferecer uma rede de apoio e de recursos no momento em que se vivem situações cotidianas cada vez mais críticas.

A espoliação e o saqueio de terras e recursos da vida comunitária

A ofensiva do agronegócio e das indústrias extrativistas na América Latina exige uma análise fundamental da inserção de nossos países no mercado mundial. Aqui também brilham, por sua atualidade, as formulações de Rosa Luxemburgo sobre a expansão colonial capitalista contra o que, na linguagem de sua época, se chamavam "formações de economia natural". Isso significa o avanço das fronteiras do capital através do despojo das terras, o que acaba com a autossuficiência das economias indígenas e camponesas. Rosa Luxemburgo ressaltou as dívidas hipotecárias sobre os granjeiros estadunidenses e a política imperialista holandesa na África do Sul contra os povos nativos como formas concretas de violência política, pressão tributária e introdução de mercadorias baratas.

Diversos movimentos começaram a utilizar o conceito de corpo-território para situar as resistências contra as investidas neoextrativistas, protagonizadas majoritariamente por mulheres. É o caso de Berta Cáceres,[29] cujo assassinato foi nomeado como "feminicídio territorial". Esse ponto remete a uma noção de corpo que não é apenas não humano, mas que ademais se refere à questão da natureza sob um ponto de vista não liberal: isto é, não se trata de um conservacionismo em abstrato, mas de enfrentar os modos de espoliação de possibilidades materiais de vida que hoje estruturam um antagonismo direto entre empresas multinacionais e Estados contra populações que são saqueadas, deslocadas e redirecionadas a novas dinâmicas de exploração.

---

29. Líder indígena do povo Lenca e ecologista hondurenha, assassinada em 2 de março de 2016, aos 42 anos, devido a seu ativismo ambiental. [N.E.]

As finanças como código comum

Esse paradigma extrativista, no entanto, deve estender-se também aos espaços urbanos e suburbanos, onde voltamos a encontrar as finanças em múltiplos aspectos também em operações "extrativistas": desde a especulação imobiliária (formal e informal) até o endividamento massivo. Nessa linha, é necessário conceitualizar mais amplamente o extrativismo como forma pela qual se operacionaliza a captura de valor por parte do capital (Gago & Mezzadra, 2017). É assim que as finanças "aterrissam" nas economias populares — ou seja, naquelas economias surgidas dos momentos de crise, nutridas pelas modalidades de autogestão e de trabalho sem patrão — e exploram as formas como as tramas subalternas reproduzem a vida sem simplesmente reduzi-la à "sobrevivência". Desse modo, uma multiplicidade de esforços, poupanças e economias "se põe a trabalhar" para as finanças. Isso significa que as finanças se tornam um código que consegue homogeneizar essa pluralidade de atividades, fontes de renda, expectativas e temporalidades. As finanças foram as mais hábeis e velozes em detectar a vitalidade popular e enraizar ali uma extração de valor que opera diretamente sobre a força de trabalho como trabalho vivo. Consideramos "extrativista" essa dinâmica que organiza uma modalidade de exploração financeira que não tem o salário como mediação da exploração da força de trabalho. Trabalharemos uma hipótese que aprofunda este tema no capítulo 4: a reestruturação do patriarcado para além do salário como "patriarcado colonial das finanças" (Gago & Aguilar, 2018).

A guerra "interna"

De ser considerado um lugar aparentemente pacificado, o lar se tornou hoje um campo de batalha. Os números da violência doméstica não fazem mais do que mostrar cenas de uma domesticidade que implode, e revelar os lares como cenários cotidianos truculentos. O lar já não é o lugar por excelência do "repouso do guerreiro", como se propunha quando a divisão sexual do trabalho reservava às mulheres a tarefa de romantizar a casa — sob as regras do "patriarcado do salário". Atualmente, a casa é onde o "guerreiro" (uma das figuras clássicas do ideário patriarcal) empreende uma guerra "interna" como sintoma de sua impotência e das humilhações padecidas nos âmbitos de trabalho e em outros territórios existenciais. Então, melhor que a imagem de uma "explosão", preferimos falar em *implosão* do lar. A violência se volta para dentro, esburaca os corpos, destece as relações.

No entanto, caracterizar as violências machistas como algo vinculado apenas ao espaço doméstico ratifica o isolamento no lar e confirma as fronteiras que o veem como "privado". É o "grande confinamento" das mulheres dentro de casa — do qual fala Federici, ressaltando que Foucault esqueceu de citar o âmbito doméstico quando enumerou as prisões, as escolas e os hospitais como locais de confinamento — que permite também o confinamento da violência como uma mazela que se padece "das portas para dentro", isto é, de modo privado, íntimo. "Só me sinto insegura quando estou em minha casa", relatou uma mulher na assembleia realizada na Villa 21-24, bairro pobre de Buenos Aires, durante os preparativos para a greve internacional de 8 de março de 2018. Sua frase inverte a ideia clássica do lar como espaço de resguardo e refúgio. "Por sorte, quando tenho problemas, aviso as companheiras, que chegam antes da polícia e são mais efetivas que o botão antipânico e as medidas protetivas", conclui, para falar dos instrumentos de segurança judiciais e policiais. Essa forma de enfrentar a violência doméstica convertendo-a em uma questão que não é privada e cuja resolução tampouco pode ser confiada às instâncias estatais permite aprofundar o diagnóstico da trama das violências que se expressam "domesticamente", vinculadas de modo direto a outras violências — política, econômica, laboral, institucional, midiática etc. Isso muda também o plano das "soluções" ou respostas. Quando estamos confinadas ao lar e à solidão que podemos sentir ali, nos tornamos presas de retóricas salvadoras: tanto de organizações que só pensam em termos de resgate e refúgio, quanto de instituições judiciais e policiais que sabemos inócuas na medida em que conhecemos sua cumplicidade com a trama de violências que queremos denunciar. *Sair do confinamento é sair da lógica do resgate e do refúgio, vista como única opção, para então nos deslocarmos rumo à construção de tramas mais densas de defesa, autodefesa e proteção. A autodefesa, assim, promove um deslocamento na análise da questão, tratando como solução do problema a organização dos cuidados coletivos em condições de despojo estrutural.*

O discurso redentor, salvador, é intrínseco à vitimização das mulheres, lésbicas, trans e travestis. Sem a figura da vítima, o andaime da salvação perde suas bases. Tal perspectiva faz uma crítica ao modo como boa parte do enfoque sobre o tráfico de pessoas e o tráfico de mulheres necessita desse discurso, e também permite entender por que é essa a abordagem que arrebanha apoio nas ONGs e é eleita pelas redes de financiamento internacional, com o auspício espiritual da Igreja.

Igualmente ao que ocorre com os trabalhadores imigrantes, a noção de tráfico de pessoas relacionada com a de escravidão toma uma parte pelo todo. A partir de algum caso considerado "emblemático" e que produz imagens capazes de impactar a imaginação pública (um trabalhador algemado à máquina de costura ou uma jovem algemada à cama, por exemplo), se busca explicar uma submissão intrínseca, *natural*, anulando assim toda vontade e racionalidade autônoma da pessoa em condições sempre críticas.

Entendido nesse esquema, o discurso do tráfico de pessoas e do trabalho escravo como perspectiva totalizante é inerente a um paternalismo que não é mais do que um tipo de controle sobre a ideia mais complexa de autonomia das mulheres, lésbicas, trans e travestis em contextos difíceis, violentos e adversos — aos quais, no entanto, não se reage com mera resignação. Nesse sentido, o discurso do tráfico de pessoas impede pensar modalidades de violência que explicam de forma muito mais profunda o próprio problema das redes de tráfico de pessoas. O nó é que sua forma de argumentar acerca da violência precisa deixar completamente de lado: i) uma explicação sobre a exploração das mulheres e dos corpos feminizados que não seja moralizante; ii) o papel do financiamento internacional (e, em particular, a aposta na agenda global, que inclui o Vaticano e o Departamento de Estado dos Estados Unidos) que determina um tipo de enfoque sobre o tema; e iii) o complexo jogo de desejo, cálculos de progresso e risco que as mulheres e corpos feminizados põem em movimento sob diversas modalidades de imigração, mas também de "fuga" de casas por parte das mais jovens, o que leva a entender de forma profunda o funcionamento do capitalismo contemporâneo.

Ao anular-se assim a racionalidade estratégica que muitas dessas trajetórias põem em jogo (com planos, frustrações, recálculos, aprendizagens, sacrifícios, apropriações), se despreza todo saber em nome de uma infantilização que atualiza, mais uma vez, a lógica colonial de salvação, e, sobretudo, mostra a impossibilidade de dar lugar à racionalidade e à voz própria daqueles que estão imersos nesses processos. Tal problematização não desconhece situações extremas. A pergunta é por que estas, sendo apenas algumas, se convertem na verdade do fenômeno e são propostas midiaticamente como a totalização indiscutível de uma realidade muito mais variada e complexa que nos obriga a considerar outros elementos de análise e compreensão.

A perspectiva do tráfico de pessoas, construindo a figura da mulher — e, especialmente, da mulher imigrante ou filha de imigrantes — como vítima perfeita, moraliza suas ações e escolhas ao mesmo tempo que legitima a intervenção de organizações, financiamentos e retóricas *salvadoras*, em um sentido que as apassiva por completo. Para contrariar esse enfoque, é necessário dar conta das infraestruturas e logísticas que organizam as mobilidades para além das figuras de "traficantes" e "escravas", como se costuma caracterizar o tráfico de pessoas em uma narrativa de fácil compreensão. O tráfico de pessoas não é apenas uma tipificação criminal, mas também ganha progressiva força no discurso midiático e nas disputas políticas para simplificar uma realidade que é muito mais emaranhada do que sugere essa categoria de orientação conservadora.

Isso se torna ainda mais complexo no caso das jovens que "desaparecem" de suas casas por um tempo, voltam a aparecer e vão embora de novo. Essa realidade é cada vez mais frequente, especialmente nas favelas e nos bairros periféricos, e desafia a perspectiva da abordagem habitual — jurídica e política —, já que a noção de tráfico de pessoas é insuficiente para compreender, investigar e tampouco politizar essas situações de um modo efetivo. Bloqueia-se, assim, a própria possibilidade de reconhecer como se produzem essas complexas economias de movimento, de fuga, de enlace das jovens com circuitos paralegais e ilegais, que conjugam um desejo de autonomia que se desenvolve em condições de extrema violência e precariedade. A violência doméstica não deixa de estar na base dessas modalidades de fuga. Foge-se de lares muito violentos para outras formas de violência. Às vezes, se regressa ao bairro e ao lar, mesmo que a vontade de "regressar" não seja evidente. Campanhas de busca entre familiares e vizinhos são muitas vezes a maneira mais efetiva de encontrar essas jovens. É a única pressão que faz com que a denúncia policial e judicial ganhe força. Mas, quando digo que não é evidente que elas queiram voltar para casa, estou ressaltando que o lugar para onde se retorna é um lugar não desejado, um lugar do qual geralmente se pretende fugir. Isso não significa que as possibilidades de como e para onde fugir sejam melhores, mas sim que tramitam e abrem as portas a esse desejo de fuga em uma perspectiva pragmática.

Essas "idas e voltas" problematizam o esquema mais clássico de classificar essas dinâmicas de fuga como puro "sequestro" ou obnubilação irracional das jovens com as promessas de consumo. Como no caso da imigração, trata-se de fugir da trindade violenta de que fala Amarela Varela (2017) para caracterizar a caravana de mulheres centro-americanas que atualmente cruza fronteiras em direção aos Estados Unidos: violência feminicida, violência de Estado e violência de mercado.

Culpabilizar e judicializar as jovens não só resulta insuficiente (já que as investigações dos casos não avançam e caem em descrédito porque não conseguem "comprovar" o tráfico de pessoas), como, ademais, "desprestigia" socialmente essas mulheres: no bairro, quando "aparecem" novamente, são apontadas pelos vizinhos como responsáveis, e sua própria aparição é considerada um "desmentido" à situação de violência em que estão inscritas. Menospreza-se, assim, o problema mais urgente dessa situação: como são apropriadas suas derivas fora do âmbito doméstico; como as "saídas" da violência se dão em condições de extrema fragilidade; e como, à custa de outras violências, persiste nessas fugas uma vontade de autonomia. Por isso é necessário reunir elementos para fazer uma crítica à unidimensionalidade do discurso do tráfico de pessoas como racionalidade que ao mesmo tempo vitimiza e apassiva as trajetórias das mulheres, especialmente jovens e imigrantes (ou filhas de imigrantes), a partir de um viés de política global que precisa deixar de ser vista como "neutra". Como assinalei, é preciso, primeiro, inscrever essa dinâmica nos circuitos da economia informal, alegal e ilegal (um cruzamento muito pouco nítido e cada vez mais entremeado por disputas entre diferentes formas de "autoridade" sobre os territórios), nos quais a violência, a exploração e *também* um desejo de fuga dos espaços domésticos implodidos pela violência se articulam a logísticas e infraestruturas (formais e informais, ilegais, paralegais e alegais) que tornam possível a "mobilidade" para mulheres jovens em condições de precarização extrema.

O elemento de "não vontade" — isto é, a captação forçosa que define a figura do tráfico de pessoas, tanto jurídica como subjetivamente — bloqueia e impossibilita que se entenda a complexidade da maioria das situações existentes, em que a subtração do desejo não é completa (há um ambíguo componente voluntário de fuga) e, no entanto, não deixa de se produzir em uma trama de violências inscrita na própria situação das condições de "fuga".

A terminologia do tráfico de pessoas e da escravidão — que leva ao extremo essa condição involuntária — e a aceitação meramente jurídica do cálculo que supõe a tipificação do tráfico de pessoas (Gago, 2018b) desprezam racionalidades que têm a ver justamente com uma forma de fuga da violência doméstica, dos abusos e da pobreza dos lares. E, sobretudo, isola uma problemática que põe em jogo uma disputa concreta no marco da normalização da superexploração que caracteriza o capitalismo contemporâneo. No caso das mulheres jovens, isso se observa na apropriação patriarcal de seus desejos de fuga. Não se pode criticar as violências negando a própria ação dessas jovens que, no desespero, decidem exercer suas vontades sob altíssimo risco, sim, mas a partir de um cálculo no qual priorizam não continuar se submetendo a uma violência primeira — a dos lares — e no qual a vivência da própria autonomia se confronta com as formas mais complicadas de sua apropriação e exploração.

Para além da vitimização

Em uma entrevista que fizemos em 2015, Rita Segato falou de uma "pedagogia da crueldade", e esse diagnóstico preciso se tornou linguagem comum. Em seu livro *Las estructuras elementales de la violencia* [As estruturas elementares da violência] (2003), a autora falava da "violência expressiva" nos crimes de gênero — formulação que, no livro *La escritura en el cuerpo de las mujeres* [A escritura no corpo das mulheres] (2013), a levou a interpretar os feminicídios em Ciudad Juárez como um tipo de violência que vê no corpo feminino um tapete sobre o qual escrever uma mensagem. Na edição mexicana do ensaio que lhe dá continuidade, *Las nuevas formas de la guerra en el cuerpo de las mujeres* [As novas formas da guerra no corpo das mulheres] (2014), escrevi no prólogo, com Raquel Gutiérrez Aguilar: "Há uma novidade, inclusive em sua repetição. A guerra assume novas formas, roupagens desconhecidas. E a metáfora têxtil não é casual: seu tecido principal nesses tempos é o corpo feminino. Texto e território de uma violência que se escreve privilegiadamente aí. Uma guerra de novo tipo". Agregamos, então, um elemento: a "opacidade" de uma conflituosidade social na qual se inscrevem os feminicídios. Essa opacidade não é simples confusão, falta de informação ou impossibilidade de interpretação, mas deve ser analisada como um elemento estratégico da novidade, como uma verdadeira dimensão contrainsurgente que busca desarmar a capacidade rebelde de certos corpos-territórios (Paley, 2014).

Na América Latina, a realidade do feminicídio exige voltar à pergunta sobre seu significado: que mensagem é transmitida por esses crimes que, agora, parecem não mais se restringir ao âmbito doméstico, podendo acontecer no meio de um bar, em um jardim de infância ou na própria rua? O feminicídio desencadeia essa "pedagogia da crueldade", indissociável de uma intensificação da "violência midiática", que opera espalhando as agressões contra as mulheres ao mesmo tempo que difunde a mensagem do assassino e confirma um código de cumplicidade relativo a um modo de exercício da masculinidade. A isso se refere Segato quando encara o feminicídio como portador de uma "violência expressiva", já não instrumental.

Essa dimensão da violência contra as mulheres, lésbicas, trans e travestis (que ganha múltiplas formas: do despojo ao assédio, do abuso à discriminação) é fundamental para entender uma linha entrelaçada de violências que tem relação com o modo como se reconfigura hoje a exploração e a extração de valor. Sair da perspectiva da violência como vitimização não nos exime do problema da violência ou de entender sua especificidade; pelo contrário, o reposiciona. Já falamos de um deslocamento estratégico: é a interseção entre violência de gênero e violência econômica e social que nos permite sair da "tematização" da violência como gueto da perspectiva de gênero. Sua especificidade emerge dessa conexão, e não de um processo de isolamento. A especificidade está dada pela perspectiva situada que permite uma compreensão das violências como totalidade em movimento — e cada uma delas, como síntese parcial.

A conexão é que nos permite construir e que nos move em um plano de compreensão, inteligibilidade e método que dá sentido à violência na medida em que vincula o âmbito doméstico ao mundo do trabalho e à exploração de nossas precariedades, assim como às novas formas de exploração financeira que se constroem para além dos salários. É a conexão que explica a impossibilidade de autonomia econômica como base da imobilidade em lares que se tornam um inferno, e também que permite ver a emigração como uma linha de fuga que vale a pena, ainda que os riscos se tornem cada vez mais altos.

Diríamos, então, que a interseccionalidade entre três aspectos — i) o mapeamento do mundo do trabalho em uma perspectiva feminista que permite dar outro status às economias não assalariadas; ii) o surgimento de uma ecologia política a partir das classes populares que oferece uma compreensão não liberal da terra e dos recursos em um sentido amplo, porque emerge das lutas a favor da vida comunitária; e iii) as lutas por justiça, entendidas como uma extensão do trabalho de cuidado coletivo — é o que configura a possibilidade material de uma crítica das violências atuais.

Evitamos, assim como assinalei antes, a tematização da violência doméstica como um gueto de gênero que determina, correlativamente, "respostas" e "soluções" também guetificantes: uma nova secretaria (de Estado) ou uma nova seção (de sindicato) ou um novo programa (de saúde).

Uma vez que esse deslocamento e enlace de violências produz um diagnóstico feminista que começa a se converter em sentido comum, vemos como tenta ser recodificado. Nesse sentido, se busca traduzir as violências *como insegurança e, portanto, como necessidade de maior controle*. Nas instituições governamentais, em geral, existe uma tentativa de reagir aos feminicídios com respostas simplesmente punitivistas, racistas e sexistas: são os modos como o sistema político recodifica essas violências para englobá-las no discurso geral da *insegurança*. Reforçam-se, assim, estereótipos classistas e racistas (a vinculação da ameaça masculina à origem de classe e etnia), ao mesmo tempo que se propõem pedidos de "linha dura" como única saída. As soluções de demagogia punitivista aparecem, pois, como "propostas mágicas".

Violências conectadas

Como demonstrou de forma precursora Rosa Luxemburgo, a guerra é historicamente um momento estratégico da acumulação de capital. A ferramenta da greve feminista põe em discussão as múltiplas formas de exploração da vida, do tempo e dos territórios. Desse modo, transborda e integra a questão laboral porque envolve tarefas e trabalhos geralmente não reconhecidos: do cuidado à autogestão dos bairros, das economias populares ao reconhecimento do trabalho social não remunerado, do desemprego à intermitência da renda. Nesse sentido, aborda a vida de um ponto de vista que excede seu limite laboral.

Foi o surgimento de um feminismo de massas que permitiu (e permite) a leitura do mapa das violências como trama que conecta a violência de gênero à violência econômica, financeira, política, institucional e social, que hoje se converteu em uma análise difundida. Tal análise não surge estritamente da academia nem das leituras de certas teorias; ela se consolida a partir do momento em que a greve feminista é colocada em prática, como assinalei no capítulo anterior. Ou seja, é o horizonte organizativo dessa ferramenta — a greve —, tomada pelo movimento feminista, que produz e difunde a análise da conexão entre as violências.

É essa ação que permite um salto qualitativo também na identificação do NiUnaMenos como um movimento que não só lamenta e repudia as mortes, mas que é capaz de produzir um marco de compreensão do neoliberalismo em que a violência contra as mulheres e contra os corpos feminizados se inscreve e, portanto, é passível de ser politizada, confrontada.

Através da greve feminista, *revolucionamos* nossa prática como movimento ao mesmo tempo que *revolucionamos* a própria ferramenta da greve. Isso nos permite outra compreensão do fenômeno do feminicídio, porque nos afasta dos limites de gênero que i) nos "confinam" a essa linguagem; ii) encerram a violência no espaço "doméstico"; e iii) nos posicionam em um único lugar "legítimo": o de vítimas.

Mais ainda: na América Latina, traçar o mapa das violências implica pensar com outras chaves os ciclos e calendários políticos das crises e suas reestabilizações recentes. Por isso, nos apresenta o desafio de pensar as novas formas da guerra como modos de disciplinar e controlar a revolta das mulheres a partir de formas de violência que, hoje, têm nas finanças um eixo que disputa o próprio modo de operação (e também de tradução e codificação) na *transversalidade*.

DIGRESSÃO
A guerra *no* corpo das mulheres

A guerra *no* corpo das mulheres, abordada neste capítulo, pode ser pensada com relação às formas heterogêneas pelas quais a autonomia e o desacato se insubordinam a favor dos saberes do corpo e, ao mesmo tempo, o indeterminam, porque não sabemos do que o corpo é capaz.

Pensar que tipo de guerra se desenvolve contra mulheres, lésbicas, trans e travestis permite entender o tipo de ofensiva do capital para relançar sua autoridade. Mais ainda: em termos de método e perspectiva política, é preciso dar conta do tipo de *autonomia* que está sendo desenvolvido para entender a magnitude da reação misógina contra ela.

Uma foto das mobilizações pela educação democrática e feminista no Chile em 2018 mostra uma jovem com o rosto coberto; em seu capuz, um remendo costurado que diz: "Estou em guerra". A qual guerra se referem esses capuzes que passaram da selva às ruas metropolitanas?

Estar em guerra é um modo de assumir a existência de um diagrama de forças. Significa encontrar outro modo de viver em nossos corpos. Implica visibilizar um conjunto de violências que fazem desses corpos "terminais" um diferencial nessa trama. Estar em guerra é liberar forças contidas. É deixar de silenciar sobre a violência.

Nesse sentido, é assumir que somos atacadas e que tomamos a decisão — que é força comum — de que já não ficaremos pacificadas diante das violências cotidianas. Tem a ver com um modo de atravessar o medo, e não simplesmente de pensar que ele deixa de existir.

Se Simone de Beauvoir (1999) disse que não se nasce mulher, mas que se torna mulher, foi para exibir uma construção histórica da natureza feminina que nos *limitava* a certas tarefas, funções e obrigações. O devir, em *O segundo sexo*, expressa um processo negativo do qual é preciso tomar consciência: o modo pelo qual se tornar mulher é sinônimo de converter-se em sujeitos *não livres*. O devir é um processo de sujeição, especialmente à maternidade.

Gilles Deleuze e Félix Guattari (1988) fornecem uma acepção inversa, mas impossível de ser pensada sem o precedente de Beauvoir: devir-mulher é sair do lugar assinalado, descer da árvore familiar, escapar do mandato patriarcal. Nesse sentido, devir não tem nada a ver com progredir nem se adequar, tampouco com alcançar um modelo ou chegar a uma meta (não há evolução, dizem os filósofos). O devir, pelo contrário, "é o processo do desejo".

No entanto, o devir-mulher alerta sobre um roubo. Roubam-nos um corpo para produzir um organismo dual, binário, produzindo assim um corpo que não é nosso: "Ora, é à menina, primeiro, que se rouba esse corpo: pare de se comportar assim, você não é mais uma menininha, você não é um moleque etc.". Por isso, o devir-mulher é um tipo de movimento da juventude: não devido à idade, mas à desenvoltura, à possibilidade de circular em distintas velocidades e lugares, transitar passagens, até converter-se no próprio processo. Devir-mulher é uma chave para outros devires: um início, um ritmo, uma vertigem — que se opõe à maioria entendida como um estado de poder e de dominação.

"Se torne aquilo que é": se tivéssemos que buscar uma origem — ou melhor, inventar uma provisoriamente — para a questão do devir, poderíamos recorrer a essa frase de Friedrich Nietzsche. Lou Andreas Salomé (2005), interlocutora, amiga e amante do filósofo, escreveu sobre o *impulso à transformação e à mudança de opinião* como dois elementos-chave de seu pensamento: o processo de transformação de si mesma — isto é, o devir — como condição indispensável de toda força criadora, assim sublinhou ela em sua própria leitura. A frase "temos de nos tornar traidores, praticar a infidelidade, sempre abandonar nossos ideais", presente no item 629 do livro *Humano, demasiado humano*, funciona como um chamado a um materialismo entregue à fidelidade não mais a convenções ou ideais, mas ao próprio processo de transformação. Em todo caso, o que seria uma fidelidade aos devires?

Lou Andreas Salomé — que se converteria depois também em amiga de Freud e uma das mulheres precursoras da psicanálise — fará uma intepretação de Nietzsche que dará especial ênfase à tonalidade emotiva de seu pensamento, para pôr em relevo "as sutis e secretas relações sentimentais que um pensamento ou uma palavra podem despertar", mas também o modo como intuição e verdade se entrelaçam em sua obra a ponto de produzir um efeito de contágio, de aumento de energia. A relação entre intuição e necessidade, assim, elabora, nutre uma nova objetividade.

Esses saberes, aponta Lou, estão vinculados aos artistas e às mulheres porque são quem produz "a impressão de plenitude da força, do vivo, do cheio de espírito, do tonificador". O devir se torna guerra. "Eterna guerra que *se é*": cada qual como composto de elementos contrapostos entre si, dos quais pode brotar uma forma superior de *saúde*, dirá Nietzsche: "Só se é fecundo pelo preço de ser rico em contradições": só é preciso ter força para (su)portá-las. Sairão daqui premissas fundamentais para certa perspectiva feminista. Em primeiro lugar, a ideia de que "tudo é *não verdade*": isto é, que a violência da totalidade é uma supressão de parcialidades e situações concretas; portanto, não há verdade absoluta, mas *perspectivas*. Além disso, que há uma certa preponderância da vida afetiva sobre a intelectual: o conteúdo de verdade se considera secundário em relação ao seu conteúdo de vontade e sentimento. De tal modo que o devir envolve uma economia das forças. E, nesse trânsito, já não se descobre uma verdade, se *inventa*. Não há verdade, porém, sem declaração de guerra.

Trata-se também de saberes de sobrevivente. A feminista lésbica negra estadunidense Audre Lorde, em *Los diarios del cáncer* [Os diários do câncer] (2008), é uma sobrevivente que diz necessitar não escrever como sobrevivente, e o faz como uma guerreira que não abandonou o medo, que transita desde a biópsia até a detecção de um tumor no seio direito, que vai enfrentando batalhas e colhendo vitórias diante da morte, que lida com fantasias vertiginosas de uma doença que pode tomar-lhe todo o corpo, que resiste aos altos e baixos do antes e depois de decidir-se pela mastectomia. Dispõe-se a investigar seu corpo como um terreno de batalha entre poderes muito distintos: o poder erótico e o do autocuidado junto à maquinaria cosmética e cirúrgica; o poder dos preconceitos racistas e estéticos e o do medo de não ser desejada ou de perder a vontade de fazer amor consigo mesma, em simultâneo ao poder curativo de uma rede de amizades. São poderes que, segundo Lorde, exigem um treinamento da mulher consigo mesma — e uma linguagem que seja também como uma nova pele.

Nas páginas de *Los diarios del cáncer*, Lorde traz várias vezes a imagem dessas decididas jovens guerreiras que se extirpavam o seio direito para serem melhores arqueiras, tomando-as quase como inusitadas aliadas mitológicas. Ou, talvez, nem tão inusitadas para essa mulher que conta que sobreviver tendo crescido "negra, gorda e quase cega nos Estados Unidos" requer também os saberes do arco e da flecha.

Diz Lorde que, para além da ilusão (idealista) do fim do medo, trata-se de conhecer o medo como parte da própria natureza para assim deixar de temê-lo. Familiarizar-se com ele para desarmá-lo. Não supor sua desaparição mágica para não se paralisar quando ele chega. Atravessá-lo. Conviver com ele a ponto de adivinhar suas artimanhas. Nesse sentido, o diário que escreve deixa de ser íntimo ou, dito de outra maneira, radicaliza sua intimidade a ponto de tornar--se manifesto político, interpelação de uma irmã estrangeira ou de uma mestra sábia, como as que habitam os sonhos de Lorde às vezes. Aqui, a pergunta é frontal: "Quais são as palavras que você ainda não tem? O que você precisa dizer? Quais são as tiranias que você engole dia a dia, tentando tornar suas, até que, ainda em silêncio, você adoece e, por causa delas, morre?".

CAPÍTULO 3
Corpo-território: o corpo como campo de batalha

Em que sentido se pode pensar o corpo das mulheres como um território de conquista? Maria Mies, Veronika Bennholdt--Thomsen e Claudia von Werlhof (1988) refletiram sobre as mulheres como "colônias", territórios de saqueio dos quais se extrai riqueza por meio da violência. A partir da analogia entre corpo feminino e colônia, conectaram o que o capital explora como "recurso grátis" no trabalho doméstico, no trabalho camponês e no trabalho de quem mora nas periferias das cidades, e explicaram que essa exploração é simultaneamente colonial e heteropatriarcal. Mies (1986), por sua vez, formulou a noção de "domesticação do trabalho" ao narrar o trabalho das costureiras da indústria têxtil na Índia, referindo-se à combinação do "trabalho reprodutivo" com o estrato mais baixo do "trabalho produtivo" como cenário colonial predileto. Aqui, as dimensões produtiva e reprodutiva acabam reformuladas: passam a fazer referência não tanto a um espaço ou outro, mas a sua junção sob uma relação específica de *subordinação*.

Surge, assim, uma hipótese central: *domesticação e colonização são inseparáveis, já que constituem uma relação específica*, tanto no modo de explorar mão de obra quanto no de subordinar territórios. É nessa relação que se concentra o estudo emblemático de Mies, que explica a relação orgânica entre o patriarcado e a acumulação em escala global. A subordinação das mulheres, da natureza e das colônias como lema da "civilização" inaugura a acumulação capitalista e assenta as bases da divisão sexual e colonial do trabalho.

Ao percebermos essa relação, torna-se urgente uma leitura *transnacional* impulsionada pelo movimento feminista, uma vez que, em seus diversos momentos históricos de ascensão, o movimento feminista traça essa mesma conexão — e o faz a partir da *insubordinação*. A inversão feminista da domesticação e da colonização aponta para a pergunta sobre quais práticas são capazes de *despatriarcalizar e descolonizar* aqui e agora.

Essa chave de compreensão está sendo atualizada pelas comunidades latino-americanas que enfrentam os megaprojetos extrativistas — da mineração à soja, passando pelo petróleo e pelo desmatamento — e que, em sua maioria, são lideradas por mulheres. Trata-se de lutas que há anos se colocam contra os projetos que, na última década e meia, foram eleitos como propulsores do discurso progressista do neodesenvolvimento e que, ao mesmo tempo, permitem traçar um mapa do Sul global com outras regiões do planeta vinculadas à dinâmica extrativista e à expropriação sistemática de terras (Shiva & Mies, 1998; Junka-Aikio & Cortes-Severino, 2017), e também à sustentação de um "modo de vida imperial" (Acosta & Brand, 2017).

Essas lutas inventaram a ideia-força de *corpo-território*, perspectiva que explica como se estrutura hoje a exploração dos territórios sob modalidades neoextrativistas e como elas reconfiguram a exploração do trabalho, mapeando as consequências geradas pela espoliação dos bens comuns na vida cotidiana. Por isso, é estratégica em um sentido muito preciso, que expande um modo de "ver" a partir dos corpos experimentados como territórios e dos territórios vividos como corpos. A imagem do corpo-território revela batalhas que estão ocorrendo aqui e agora, além de assinalar um campo de forças e torná-lo sensível e legível a partir da conflituosidade.

Corpo-território é um conceito político que evidencia como a exploração dos territórios comuns e comunitários (urbanos, suburbanos, camponeses e indígenas) implica violentar o corpo de cada um e o corpo coletivo por meio da espoliação. Despojar uma comunidade de água para que seja utilizada pelas empresas mineradoras obriga a população local — como contam as companheiras em Las Rositas, na bacia do Rio Grande em Santa Cruz, na Bolívia — a buscar água na cidade, pagar o ônibus de ida e volta e mais um valor adicional por cada galão transportado, fazer o esforço da viagem, organizar-se para ir com as crianças ou deixá-las ao cuidado de alguém, carregar os galões a pé... Claro, tudo em nome do "desenvolvimento".

A conjunção das palavras corpo-território fala por si mesma: diz que é impossível recortar e isolar o corpo individual do corpo coletivo, o corpo humano do território e da paisagem. Corpo e território compactados como única palavra desliberaliza a noção do corpo como propriedade individual e especifica uma continuidade política, produtiva e epistêmica do corpo *enquanto* território. O corpo se revela, assim, composição de afetos, recursos e possibilidades que não são "individuais", mas se singularizam, porque passam pelo corpo de cada um na medida em que cada corpo nunca é só "um", mas o é sempre com outros, e com outras forças também não humanas.

Corpo-território compactado como uma mesma palavra nos obriga a pensar também que não há alguém que "careça" de corpo ou de território. Não há escassez. E isso permite iluminar de outro modo os processos de *espoliação*.

É o movimento inverso ao da propriedade privada, em que sempre se deve adquirir o que não se tem. Esse movimento que se apoia na *escassez* oculta a *expropriação primeira* que a produz, a encobre e a propõe como origem. Daí que sejam tão fortes as imagens transmitidas pelas lutas contemporâneas, que localizam na ação e no *tempo presente* o processo da chamada "acumulação primitiva" que Marx descreveu como cena inaugural do capitalismo e que nos últimos anos foi rediscutido em sua *atualidade*.

As lutas contra os megaprojetos neoextrativistas mostram que a *espoliação* ou *despossessão* é tanto uma lógica contínua quanto o segundo momento de uma *posse*. Mas estamos frente a uma posse que não se reduz nem se limita à propriedade individual e privada, e, portanto, tampouco aos limites do individualismo possessivo de C.B. Macpherson (1962). Isso supõe deslocar o indivíduo como espaço privilegiado da espoliação e, nesse sentido, não tomar o eu como ponto de partida. Essa é uma discussão que remete aos termos psicanalíticos que dão forma à definição de subjetividade mobilizada pelo conceito de despossessão, como se pode ver na discussão entre Judith Butler e Athena Athanasiou (2017).

A potência dos feminismos que adotam a noção de corpo-território está no fato de proporem outra noção de posse, construída em termos de uso e não de propriedade. Primeiro, porque, desse modo, evidenciam a lógica do comum como o plano daquilo que é despossuído e explorado. Depois, porque é essa outra noção de posse que permite desenvolver uma cartografia política do conflito.

Afirmar que não há escassez originária nem de corpo nem de território converte-se em uma afirmação dos feminismos que fazem do "situar-se" uma perspectiva incontornável: cada corpo é um território de batalha, um amálgama sempre mutante e aberto ao devir, um tecido que é agredido e que precisa se defender e que, ao mesmo tempo, se refaz nesses enfrentamentos, que persevera enquanto tece alianças. Mais ainda: com isso, estamos diante de uma complexificação da própria noção de território e de corpo.

O que é ter um corpo? O que é ter um território? Em primeiro lugar, esse "ter" se dá em um sentido de que se é parte. Não se tem como propriedade, não se possui. Ser parte implica, então, reconhecer a "interdependência" que nos compõe, que possibilita a vida. Não é um detalhe o fato de as mulheres defensoras de territórios também se chamarem defensoras da vida. Essa referência à vida não é abstrata, mas vinculada aos espaços, aos tempos, aos corpos e às combinações concretas em que essa vida se desenvolve, se torna possível, digna, visível. Portanto, tampouco se trata de um conceito naturalista, puramente fisiológico, de vida (que seria, antes, uma sobrevivência). Vida tem um significado vital: envolve a defesa e o cuidado com o comum, e produção e ampliação de riqueza compartilhada.

Então, corpo-território supõe a hipótese de que as mulheres e as corporalidades dissidentes que nutrem e se nutrem nessas lutas produzem e situam o corpo como território extenso: ou seja, não como confinamento da individualidade, limitado às margens do corpo próprio entendido como "propriedade" respaldada por direitos individuais, mas como matéria ampliada, superfície extensa de afetos, trajetórias, recursos e memórias.

Entendido como corpo-território, o corpo é uma imagem--conceito surgida a partir das lutas. Por isso, consegue pôr em relevo saberes do corpo (sobre cuidado, autodefesa, ecologia e riqueza) e, ao mesmo tempo, desenvolver a indeterminação de sua capacidade — isto é, *a necessidade da aliança como potência específica e incontornável*. A aliança não é uma opção racional do indivíduo nem um cálculo estreito. É um cálculo, sim, mas no sentido de cálculo como momento de um *conatus*,[30] isto é, uma forma de perseverança na existência que sempre é coletiva e individualizada. Trata-se de um desenvolvimento *defensivo* que se plasma nos nomes das coordenações e iniciativas de luta (em defesa da terra, da água, da vida etc.) e que é ao mesmo tempo *inventivo*, pois dá lugar a novos modos de organização, de sociabilidade, a novas táticas de intercâmbio, à criação de territórios existenciais, de pontos de vista. São práticas que defendem e inventam, conservam e criam, resguardam e atualizam e, nesse movimento, produzem valor em um sentido amplo.

Por isso, a expansão e o transbordamento do corpo como corpo-território são o lugar concreto a partir de onde, hoje, se confronta o extrativismo *ampliado*: todas as formas de espoliação e exploração (do extrativismo propriamente dito, de matérias-primas, ao extrativismo digital e financeiro) que articulam a máquina de valorização capitalista. O corpo-território possibilita o desacato, a confrontação e a invenção de outros modos de vida, e isso implica que nessas lutas se viabilizem saberes do corpo em seu devir território e, ao mesmo tempo, o indeterminem, porque não sabemos do que é capaz um corpo enquanto corpo-território. Por essa razão, corpo-território é uma ideia-força que surge de certas lutas, mas que possui a potência de migrar, ressoar e compor outros territórios e outras lutas.

---

30. *Conatus* é um termo em latim que pode designar esforço, impulso, inclinação, tendência ou cometimento, e tem sido usado em debates filosóficos, psicológicos e metafísicos para se referir a uma inclinação inata de uma coisa para continuar a existir e se aprimorar. René Descartes, Baruch Spinoza, Gottfried Leibniz e Thomas Hobbes fizeram importantes contribuições sobre o assunto. [N.E.]

Extrativismo como regime político

Berta Cáceres, assassinada em 2 de março de 2016 por protagonizar a luta do povo indígena Lenca no Consejo Cívico de Organizaciones Populares e Indígenas de Honduras [Conselho cívico de organizações populares e indígenas de Honduras] (Copinh) contra as megainfraestruturas associadas ao Plan Puebla-Panamá[31] — as vias e as hidrelétricas necessárias para a exploração mineira (Korol, 2018) —, disse claramente: "Se as mulheres não falam de seus corpos entre si, se não reconhecem seus direitos ao prazer e a não sofrer violência, não poderão entender que a militarização é uma prática de invasão territorial que se vincula à violência contra as mulheres, ao utilizar as violações sexuais como arma de guerra" (citada em Calentani, 2012).

Na maioria desses conflitos, o protagonismo das mulheres abre problematizações dentro da própria dimensão comunitária. Muitas companheiras assinalam que elas "põem o corpo", inclusive na primeira linha de enfrentamento, mas depois, no momento de decisão política, são deslocadas, pois os políticos e empresários pedem para dialogar com os homens da comunidade ou os dirigentes dos sindicatos camponeses. Essa questão é fundamental, porque atualiza também a "subversão da comunidade" que as mulheres impulsionaram historicamente (Gago, 2014). As investigações de Marxa Chávez e Claudia López (2018), em que analisam o conflito de Tariquía, na Bolívia, revelam um "cerco opressivo" para nomear as

---

31. Atualmente denominado Proyecto de Integración y Desarrollo de Mesoamérica [Projeto de integração e desenvolvimento da Mesoamérica], o Plano Puebla-Panamá foi formado pelos países da América Central e pelos estados do sul do México com o objetivo de incentivar a extração de recursos naturais na região e de interligar o Mar do Caribe e o Oceano Atlântico ao Oceano Pacífico, facilitando a exportação de matérias-primas. [N.E.]

estruturas de poder que coordenam as violências contra as mulheres com o avanço neoextrativista: "As mulheres desafiaram os múltiplos mecanismos de mediação patriarcal, que foram desenvolvidos por organizações regionais e nacionais e por um sindicalismo que compactua com o Estado. Essas estruturas tentam impor e reproduzir lógicas que asfixiam e bloqueiam permanentemente as ações e estratégias das mulheres. Nessa guerra, há uma dinâmica expansiva que chamamos de cerco opressivo, uma estrutura de poder fundada na violência contra o corpo das mulheres".

Os feminismos indígenas e comunitários, ao falar do corpo-território, estabelecem uma exigência para todos os feminismos: a descolonização, que, como dimensão prática, é indissociável da despatriarcalização. María Galindo (2013), do coletivo Mujeres Creando, assinala claramente: "As estruturas coloniais em nossa sociedade são patriarcais, e as estruturas patriarcais em nossa sociedade são coloniais; uma coisa não pode existir sem a outra". Uma série de investigações que desenvolvem perspectivas feministas está nutrindo a crítica ao extrativismo. Para nomear algumas das referências, Mina Navarro (2013), do México, escreve sobre as lutas pelo comum que enfrentam o "despojo múltiplo"; mais recentemente, na Bolívia, Silvia Rivera Cusicanqui (2018) detalhou o conflito contra a construção da rodovia dentro do Território Indígena Parque Nacional Isiboro-Sécure (Tipnis) em uma perspectiva de defesa territorial das mulheres contra o giro colonial extrativista do governo do Movimento ao Socialismo (MAS); no Chile, várias análises propõem tratar a resistência das mulheres, em termos de corpo-território, como "zonas de sacrifício", nas regiões de Puchuncaví e Quintero, por exemplo (García & Cuevas, 2017); no Peru, o extrativismo como "projeto biopolítico" é apresentado a partir do entroncamento entre "patriarcados, machismo e discriminação de gênero" na mineração (Santisteban, 2017); no Equador, Cristina Bega e Cristina Cielo (2015) vêm desenvolvendo perspectivas sobre como a desvalorização e intensificação das tarefas de reprodução são o "silencioso complemento da matriz produtiva primário-exportadora" no país; na Colômbia, o mapeamento da relação entre redes ilegais e grupos criminosos associados ao extrativismo minerador demonstra que se "incrementaram processos de violência que afetam especificamente as mulheres indígenas, afrodescendentes e camponesas" (Ulloa, 2016); e Lorena Cabnal (2013), a partir da conceitualização do feminismo comunitário na Guatemala, estabeleceu há tempos a relação entre mineração e violência sexual. Sobretudo, há uma enorme produção coletiva de manifestos e declarações que sistematizam inúmeras situações vividas pelas mulheres na região e atualizam os conflitos que as atingem. É o caso, por exemplo, dos comunicados periódicos da Organización de Mujeres Campesinas e Indígenas [Organização de mulheres camponesas e indígenas] (Conamuri) do Paraguai e das mulheres negras e indígenas da Amazônia e do Nordeste do Brasil — país que é o maior produtor de minérios da região.

Apesar de remeter ao processo de colonização capitalista, a questão extrativista na América Latina tem prosseguimento na sucessiva estruturação das elites *criollas* a partir de seu ímpeto rentista, e atua como veículo do caráter colonial que se translada aos Estados republicanos. Diversas análises históricas mostram como esse caráter rentista foi associado a um projeto de modernização que esconde mais uma vez o modo predatório e arcaizante dessas elites metropolitanas do capital global (Cusicanqui, 2018). Hoje, esse arquivo crítico se recompõe e aprofunda com a crítica feminista ao despojo extrativista e com o modo pelo qual se investiga o vínculo orgânico entre espoliação e violência contra as mulheres, visando também uma atualização da hipótese de Silvia

Federici (2017) sobre a existência de uma nova "caça às bruxas" e o cercamento renovado de espaços e bens comuns.

A extração de matérias-primas na América Latina possui um arquivo global de cinco séculos que conecta formas de acumulação, dinâmicas específicas de exploração da força de trabalho, violências simultâneas e escalas operacionais cada vez maiores — nesse sentido, podemos dizer que o extrativismo supõe um regime político. No entanto, vemos que o extrativismo, hoje, exige ser pensado em sua novidade. Uma perspectiva fundamental para ressaltar essa novidade — que ao mesmo tempo é parte de uma reiteração histórica — está nas lutas e leituras feministas que protagonizam e narram essa conflituosidade produzindo um *deslocamento* a partir do qual surge outro vocabulário da *soberania*. Não se trata do princípio jurídico do Estado (que trabalha para o avanço desses projetos), mas da soberania sobre o próprio corpo (entendido como corpo-território) para concebê-lo a partir do prazer e da resistência ao avanço neocolonial, em uma gramática que suscita outra economia política e outra geografia não estadocêntrica — o que não significa anular o pensamento sobre o Estado. Essa maneira de experimentar o corpo extenso nos faz entender também por que hoje, ali, se trava uma guerra.

Quando dizemos que o extrativismo não é apenas uma modalidade econômica, mas um regime político, se visualiza uma articulação: as violências sexuais como violências políticas em uma maquinaria de saqueio, despojo e conquista. Isso nos permite, ademais, pensar outras dinâmicas de saqueio, despojo e conquista vinculadas a outros territórios. Podemos vincular, por exemplo, o "território" da dívida com o do consumo, ao qual os dispositivos financeiros estendem suas fronteiras de valorização — que, como explicarei adiante, são parte fundamental do conceito *ampliado* da operacionalidade extrativa. Ao vincular ambas as dinâmicas — o extrativismo literal, praticado sobre as matérias-primas, e o extrativismo das finanças, praticado especialmente sobre populações consideradas "excluídas" —, podemos enlaçar as formas de *exploração* que se renovam a partir de um mapeamento da heterogeneidade do trabalho em perspectiva feminista.

As veias abertas

A imagem mais conhecida da expropriação extrativista se popularizou com o título do livro de Eduardo Galeano, *As veias abertas da América Latina*, lançado em 1971. Imagem contundente da drenagem, alegoria médica e cartão-postal dependentista predileto, o ensaio sintetizava para o público massivo essa invariante histórica e, ao mesmo tempo, repercutia a análise cepalina[32] dos anos 1960 e 1970 que proliferou em nossa região. Quando o então presidente venezuelano Hugo Chávez presenteou o então presidente dos Estados Unidos Barack Obama com um exemplar do livro de Galeano durante a Cúpula das Américas realizada em Trinidad e Tobago, em 2009, o livro voltou a bater recordes de venda e a confirmar a vigência do diagnóstico. A cena, porém, não revela as diferenças que caracterizam o momento extrativista presente, sintomatizando uma imagem poderosa do discurso "independentista" que os governos progressistas da região tentaram representar em pleno auge do neoextrativismo por eles impulsionado e propagandeado como anti-imperialista.[33]

---

32. Referência às ideias impulsionadas pela Comissão Econômica para a América Latina e o Caribe (Cepal) das Nações Unidas. [N.E.]
33. Uma referência especial para a discussão sobre o Império está no livro de Keeanga--Yamahtta Taylor, *From #BlackLivesMatter to Black Liberation* [Do #VidasNegrasImportam

Um ponto particular desse período é oferecido pelo principal destino das exportações latino-americanas. A emergência da China como "país central" em termos de demanda implicou um forte debate político na medida em que deslocou para algumas interpretações, ao menos imaginariamente, o mapa imperialista ao qual o extrativismo esteve associado em outros momentos históricos de acumulação primário-intensiva. Esse ponto não é menor, já que se vincula estreitamente à legitimidade política reivindicada pelos governos progressistas da região para argumentar que o aproveitamento da alta histórica do preço das *commodities*[34] do qual se beneficiaram se inscreve geopoliticamente em um deslocamento da hegemonia estadunidense.

Um segundo argumento importante em termos de construção de legitimidade e novidade é que essa renda extraordinária, que se estendeu por mais de uma década, foi o que permitiu ao Estado um tipo específico de "intervenção". Isso acarretou consequências fundamentais. Primeiro, porque foi a base "material" que sustentou o financiamento de programas de transferência de renda que foram essenciais à política intervencionista, relançando um discurso de recuperação da soberania nacional, mesmo que se tratasse claramente de modos de intervenção que deixavam de lado a infraestrutura pública — para o caso do Brasil, ver, por exemplo, Kerstenetzky e Uchôa (2013). Depois, porque essa modalidade de "intervenção" estatal, mesmo que subsidiada e focalizada,

---

à libertação negra], em que há análises fundamentais sobre a relação entre o governo Obama e a culpabilização dos negros estadunidenses após a crise das hipotecas que destruiu massivamente "as riquezas atesouradas pelos afro-americanos". O mesmo vale para sua análise sobre o surgimento do movimento #BlackLivesMatter.

34. Também chamado "*boom das commodities*", discutido por Svampa (2015), Gudynas (2016), Lander (2016) e Peralta (2016), entre outros.

foi a que fundou uma pretensa retórica de oposição à hegemonia das finanças que caracterizou a região desde as ditaduras militares, passando pelos processos de transição democrática e que finalmente desembocou nas diversas crises do começo do século XXI.

O tipo de superposição entre a desnacionalização efetiva de segmentos do Estado (Sassen, 2006) e o modo de redesenhar a intervenção nacional em algumas áreas são combinações que, mais do que serem falsa ou verdadeiramente capazes de promover a intervenção estatal e, em particular, sua "independência" perante as finanças — sob o slogan do "retorno do Estado" que se propagandeou na região —, produzem novas fisionomias do que chamamos propriamente Estado.

Por isso mesmo, o ponto nodal é a conexão entre três dimensões atuais do Estado que permitem assinalar seu caráter "progressista", "pós-neoliberal" ou "socialista do século XXI" em diversos países da região, e que são necessárias para pensar suas crises atuais: i) a combinação entre um modo de inserção dependente e subordinada no mercado global, junto a formas de intervenção no terreno da reprodução social que ii) expressam ao mesmo tempo uma capacidade de aterrissagem em territórios urbanos e suburbanos desassalariados através de políticas sociais conquistadas pelos movimentos sociais e iii) um relançamento das formas de valorização através das finanças que incluíram os setores chamados "excluídos". Nesse sentido, os governos "progressistas" abriram a discussão sobre modelos possíveis de "nacionalização", "estatização", e as próprias organizações sociais provaram, com consequências diversas, suas capacidades de controle e gestão de recursos. Nessa interseção complexa, deve observar-se também a repercussão social provocada ao longo dos anos pelas ideias de *Buen Vivir* ou *Vivir Bien*,[35] associadas prontamente à constitucionalização das formas de economia social, solidária e popular que se plasmaram nas constituições equatoriana e boliviana, sobretudo. Os conflitos neoextrativistas devem enquadrar-se justamente nessa discussão: uma disputa concreta pela gestão de recursos, pelo significado do "viver bem" e pelas formas de soberania.

Teorizar o neoextrativismo simultaneamente como uma *lógica de valorização* e como um *regime político* — e não apenas econômico — a partir das lutas pelo corpo-território nos permite entender a lógica extrativista como nova forma colonial de despojo e exploração evidenciada por conflituosidades concretas. Isso exige *ampliar* a noção de extrativismo aos territórios urbanos e suburbanos, para além das matérias-primas e dos territórios camponeses e indígenas. O argumento de fundo, subjacente, é uma hipótese: a lógica extrativista se tornou um modo privilegiado de produção de valor na atual fase de acumulação capitalista, na qual as finanças têm um papel primordial, e é essa a lógica que permite atualizar a própria noção de exploração e explicar por que o corpo-território das mulheres e os corpos feminizados são o alvo predileto da agressão.

Nesse sentido, a noção de corpo-território no contexto das lutas protagonizadas por lideranças territoriais é estratégica, pois se torna um ponto de análise, compreensão e ação prática que explica tanto o caráter extensivo quanto o intensivo da extração atual e a relação orgânica entre a acumulação de capital e a violência heteropatriarcal e colonial hoje. E o faz produzindo um diagnóstico feminista dessa conflituosidade,

---

35. No Brasil, o termo tem sido traduzido como Bem Viver. Ver ACOSTA, Alberto. *O Bem Viver: uma oportunidade para imaginar outros mundos*. São Paulo: Elefante & Autonomia Literária, 2016. [N.E.]

baseado em lutas concretas, e que determina a composição política de um antagonismo múltiplo e com várias escalas. As lutas que atualmente se relacionam com o movimento feminista voltam a conectar justamente o que parece não estar interligado: a agressão contra o corpo das mulheres e das dissidências sexuais, pensado como corpo-território, e um regime político neoextrativista que se conecta totalmente à hegemonia financeira.

Extrativismo ampliado

Na atualidade, como dissemos, as atividades extrativistas excedem a extração de recursos naturais, sejam minerais, florestais ou de hidrocarbonetos. É preciso agregar a essa sequência a expansão das fronteiras do agronegócio com a soja e outras monoculturas importantes e menos conhecidas, como a palma azeiteira ou dendezeiro (Castro, Moreno & Villadiego, 2018).

No entanto, o deslocamento da fronteira extrativista se efetua *também* em relação a outras dinâmicas sociais, políticas e econômicas que não têm apenas a terra e o subsolo como espaço privilegiado: nos referimos à dinâmica extrativista de contextos imobiliários urbanos — incluindo as especulações informais —, aos territórios virtuais da "mineração de dados" (*data mining*) e do algoritmo, e, fundamentalmente, às economias populares, cuja vitalidade é extraída por meio de dispositivos de endividamento. Esse *deslocamento das fronteiras extrativistas* acarreta a noção de *extrativismo ampliado* (Gago & Mezzadra, 2017).

Essa *ampliação* ocorre em um duplo movimento: por um lado multiplica referências à linguagem extrativista para definir tecnologias e procedimentos que convertem em "matéria-prima" elementos que se tornam estratégicos para a operação privilegiada do capital; por outro, evidencia a necessidade de conceitualizar o extrativismo para além de um procedimento técnico específico vinculado estritamente às matérias-primas, para torná-lo inteligível como lógica de valorização.

Ao reforçar o papel das finanças, essa proposta abre também uma leitura inovadora sobre a relação entre finanças e produção. Já não se trata de um argumento que compreende a hegemonia das finanças enquanto sinônimo do fim da produção — que é como as finanças costumam ser entendidas quando comparadas ao regime industrial —, mas que sublinha sua dimensão produtiva específica (Hardt & Negri, 2017; Sassen, 2014). Nessa perspectiva, a própria espacialidade da extração não se limitaria à multiplicação de enclaves (Ferguson, 2006), mas estaria marcada pela conectividade entre espaços heterogêneos. Nesse sentido, quando falamos de ampliação, nos referimos a uma dinâmica de ampliação das fronteiras de valorização que encontram também nas finanças seu operador — ou código — comum.

Uma advertência é necessária: não se deve dividir um extrativismo financeiro, que seria o que atua no "Primeiro Mundo", de um extrativismo de matérias-primas, que opera no "Terceiro Mundo" ou no chamado Sul global. A análise do extrativismo busca desarmar esse binarismo que reproduz um *naturalismo* de certas regiões diante da *abstração* sofisticada de outras. A articulação financeira é capaz de enlaçar inclusão social, consumo e endividamento em setores sociais usualmente caracterizados como marginais, excluídos, supérfluos (Mbembe, 2013) — ou, em um léxico filosófico, como "vida nua" (Agamben, 1995).

A extração se torna, assim, uma modalidade operativa do capital, na qual a ampliação das margens de valorização exige uma colonização permanente de novas áreas, setores e formas de produção que excedem as que já são *coordenadas* pelo capital. Isso exibe as finanças em seu caráter produtivo e, *ao mesmo tempo*, extrativo. Ou seja, não se trata de uma especulação *fictícia* ou de uma *economia não real*, como se costuma caracterizá-la de acordo com o discurso industrialista para abarcar uma dinâmica que não inclui mão de obra em termos assalariados. Nesse sentido, dizemos que a extração se produz diretamente sobre formas de cooperação social, nas quais as finanças se arraigam e se inserem para apoiar-se sobre uma vitalidade multiforme, a qual *exploram* — e o fazem em termos axiomáticos: imanentizando um código de comando.

As finanças "tecem", portanto, a relação entre o extrativismo "literal", referente às matérias-primas (mesmo que esteja definido por sua relação constitutiva com o financiamento dos megaprojetos e com a manipulação dos preços das *commodities*), e o extrativismo em sentido *ampliado*, dedicado à extração da vitalidade popular por meio do endividamento massivo em territórios urbanos e suburbanos, além de outros modos extrativos no manejo de dados e informação mediante plataformas digitais. Dessa maneira, a lógica *extrativista* se revela uma dinâmica produtora de valor capaz de articular a tendência à abstração permanente (a utopia do capital de se libertar do trabalho vivo) com as violências do despojo múltiplo (a acumulação por espoliação e a privatização em geral) e a exploração presente e futura de uma mão de obra cada vez mais precarizada (a arquitetura rentista sobre o trabalho).

A preocupação com a forma política do extrativismo, conforme apresentado aqui, deixa abertas as perguntas sobre o *comando* desse processo de valorização e sobre sua aterrissagem territorial, sobre sua conexão com as economias populares e com as economias ilegais, e sobre o modo que reformula o papel do Estado. Também levanta questionamentos sobre uma conexão adicional: aquela que relaciona o extrativismo e a violência contra as mulheres e os corpos feminizados. *Considero que é a análise das lutas feministas que está permitindo, hoje, propor a simultaneidade dessas dimensões do conflito social.* Em dois sentidos muito precisos: porque permite entender como a extração (enquanto captura e exploração) opera sobre os corpos e os territórios; e como o faz contra a cooperação social (ao impor a hierarquização e a privatização), com níveis cada vez mais intensos de violência. A perspectiva oriunda das lutas compreendidas em chave feminista fornece as bases para pensar essa cooperação social para além dos binarismos hierarquizados entre trabalho remunerado/não remunerado, produção/consumo, lugar/mercado de trabalho, conseguindo mapear, assim, a heterogeneidade contemporânea do trabalho vivo, de todos aqueles que persistem contra os despojos e as novas formas exploração.

Uma frase — proferida por Moira Millán, liderança mapuche presente na assembleia feminista da cidade de El Bolsón, na Patagônia argentina, em setembro de 2017 — sintetiza, mais uma vez, o deslocamento produzido pela noção de corpo-território sobre a gramática da propriedade privada: "Não estamos pedindo a propriedade da terra, estamos propondo outra arte de habitar a terra". Moira Millán referia-se à tentativa de reduzir a disputa a termos de propriedade, um ardil que procura titular as terras em termos individuais para depois habilitar sua venda (forçada). Nesse tipo de conjunto se articula a espoliação propriamente dita com a titularidade financeira. Por isso, hoje, esse modo de conflituosidade indígena entra em ressonância com diversas formas de conflituosidade urbana, traçando um mapa complexo da especulação imobiliária promovida por grandes empresas na Patagônia ou no norte argentino (seja ao ritmo do agronegócio, dos projetos de mineração ou dos complexos hoteleiros) que caracterizam uma ancoragem territorial dos conflitos cada vez mais aguda em termos de enfrentamento, e que se reproduz, de modo fractal, também nas favelas. Ou seja: as dinâmicas de espoliação requerem limites de violência cada vez mais fortes para concretizar os despojos e os deslocamentos e reorientá-los pela titularidade individual ou pela criminalização daqueles que não a aceitam e a ela resistem.

A noção de corpo-território põe em discussão também o contorno da espacialidade que não está normativizada pela propriedade individual. Corpo-território pode postular-se como imagem antagônica ao caráter abstrato do indivíduo proprietário da modernidade (neo)liberal. Abstrato significa, nem mais nem menos, masculino naturalizado como universal (Pateman, 1990). Em outras palavras: se é possível abstrair o corpo é porque esse corpo é marcado como masculino. Já o corpo-território não permite ser abstraído de uma corporalidade marcada, justamente por sua impossibilidade de ser regido e definido pela mera regra proprietária. E tem, desde o início, a marca de sua capacidade de combate: de cuidado, cura, defesa e fortalecimento, simultaneamente. Daí o belo chamado das companheiras da Red de Sanadoras Ancestrales del Feminismo Comunitario Territorial [Rede de curandeiras ancestrais do feminismo comunitário territorial] (2017), de Iximulew, na Guatemala, a produzir "acorpamento" (*acuerpamiento*) a partir das lutas.

Corpo-território: por que o debate do aborto se nutre desse conceito

Proponho estender o impacto de se pensar a partir do corpo-território para dar conta da radicalidade e da densidade recobradas pelo debate sobre a legalização do aborto na

Argentina. Com isso, quero destacar um contágio e uma capacidade de conexão de certas linguagens e imagens de luta que impregnam realidades muito distintas daquelas de onde surgiram. Ressalto também a versatilidade do movimento feminista para *territorializar* conceitos em práticas diversas e produzir experiências situadas de tradução, reapropriação e enriquecimento dessas linguagens e imaginários. E construo a imagem concreta de uma transversalidade de práticas que não se homogeneíza em um vocabulário único, mas faz proliferar os sentidos das lutas.

Por que essa noção de *corpo-território* se tornou operativa — ou seja, com potência de nomear — para o debate sobre o aborto?

Por várias razões. Em primeiro lugar, o governo neoliberal de Mauricio Macri tentou dissociar a dinâmica da greve feminista da luta pela discriminalização do aborto, anunciando que o assunto passaria a ser tratado pelo Legislativo no dia 8 de março de 2018 — o que alguns dias depois foi desmentido. Ainda assim, nos meses seguintes, abriu-se um cenário inédito, já que pela primeira vez em treze anos consecutivos de Campanha Nacional pelo Aborto Legal, Seguro e Gratuito, a reivindicação ganhou uma dinâmica de massas.

Isso foi possível, precisamente, pelo modo como essa demanda se vinculou às lutas feministas que vinham tecendo uma compreensão política e cognitiva sobre como as violências contra os corpos feminizados implicavam uma agressão sistemática a cada uma e a todas como base do regime de governo heteropatriarcal.

A constatação de que não há forma de governo que não pressuponha de maneira intrínseca a subordinação das mulheres é o pressuposto que entrou em crise com a luta pelo aborto, ao superar os limites do corpo individual e do território da lei.

O transbordamento dessa pauta sobre a esfera parlamentar ocorreu evidentemente por uma dinâmica de *apropriação*. As sessões públicas, pela primeira vez transmitidas e assistidas por milhares de pessoas, e pelas quais passaram mais de oitocentas vozes, se converteram em uma plataforma verdadeiramente pública de argumentação, confrontação e exibição. Tornaram-se um espaço de pedagogia especialmente aproveitado pelas gerações jovens, que depois trabalhavam esses argumentos nas escolas e nas conversas cotidianas. Mas também conseguiu-se impor à agenda midiática uma discussão de polifonia argumentativa sem precedentes. O transbordamento sobre o terreno social tornou-se inevitável *por expansão*. Com a prática dos *pañuelazos*,[36] a "maré verde" literalmente inundou todos os espaços: escolas, favelas, sindicatos, praças, refeitórios.

Nessa extensão, o corpo, ao ser colocado em debate, assumiu uma dimensão *classista*. Por um lado, porque a discussão sobre a clandestinidade do aborto referiu-se diretamente aos custos que o tornam uma prática diferenciadamente *arriscada* segundo as condições sociais e econômicas da mulher. Por outro lado, porque se tentou inverter o argumento classista para identificar o aborto como algo "alheio" e "externo" às classes populares. Líderes religiosos e alguns dirigentes políticos centraram sua oposição ao aborto em um argumento que se pretendia antiliberal: que "as pobres não abortam", que o aborto é "imperialista" ou uma "moda" imposta pelo Fundo Monetário Internacional (FMI), evidenciando o nível de tutela que estava em jogo.

Em sua pretensão de se mostrarem como os únicos antiliberais, os porta-vozes da Igreja católica vincularam essa argumentação especialmente às "mulheres pobres", a quem

---

36. Referência a *pañuelo*: lenço, em espanhol. [N.E.]

consideram que devem tutelar, a quem retiram a capacidade de decisão em nome de sua condição social, a quem visibilizam apenas enquanto mães. Desse modo, a linha do Vaticano é uma armadilha que se diz "classista" ao traçar uma distinção de classe que justificaria que às mulheres pobres não resta mais opção além de ser católicas e conservadoras porque seu único projeto é a maternidade. Desse modo, tenta-se reduzir a opção pelo aborto (isto é, a opção de decidir sobre o desejo, a maternidade e a própria vida) a um gesto excêntrico das classes média e alta — que, é claro, possui muito mais recursos econômicos. O objetivo do argumento eclesiástico é *inverter* assim a noção "classista", passando a funcionar como justificativa à clandestinidade. Para a Igreja, portanto, o direito de decidir deve permanecer longe dos bairros populares.

A cruzada por infantilizar as mulheres "pobres" é primordial para a Igreja, pois, caso seja desconstruída, já não haverá "fiéis". Para sustentá-la, os religiosos tapam os ouvidos para as próprias mulheres das favelas e as organizações que trabalham nesses territórios, desconhecendo e negando o que dizem, mesmo que venham insistindo na consigna: "*¡Dejen de hablar por nosotras!*" [Deixem de falar por nós!]. Durante as discussões, essas mulheres recuperaram a palavra, contando suas experiências de aborto na clandestinidade, rechaçando a moralização de suas práticas e articulando *pañuelazos* em seus bairros. A transversalidade da politização feminista permitiu ampliar a discussão sobre o aborto em lugares aos quais antes não chegava como debate público, embora a interrupção da gravidez fosse uma realidade geral e amplamente conhecida.

O corpo pelo qual se batalha com a legalização do aborto excede a conquista de direitos individuais privados, e a mobilização massiva que impulsionou essa demanda transborda o pedido de reconhecimento legislativo ao mesmo tempo que o exige.

E isso se deve ao fato de que esse processo revela a disputa pela soberania de um corpo-território que permite conectar as lutas antiextrativistas com as lutas pelo aborto. Naqueles dias, conversando com companheiras do Movimiento Campesino de Santiago del Estero [Movimento camponês de Santiago del Estero] (Mocase), ouvimos que pela primeira vez se estava discutindo nas comunidades o que até então era um tabu, e que a conexão desse debate com a concentração de terras e a impossibilidade de autonomia que isso implica surgia nas assembleias.

Há ainda outro aspecto: o debate superou o marco argumentativo de saúde pública e do aborto como prevenção à gravidez indesejada, dando vazão justamente a discussões sobre a exploração do desejo. Desde a consigna "*La maternidad será deseada o no será*" [A maternidade será desejada ou não será] até a reivindicação por uma educação sexual integral no currículo escolar, se aprofundaram debates sobre sexualidades, corporalidades, vínculos e afetos que deslocaram a questão de modo também radical. Isso permitiu inclusive variações nas reivindicações pelo aborto legal: que não seja realizado apenas no hospital, mas em redes autônomas como Las Socorristas, que o vêm praticando "em qualquer lugar"; não apenas educação sexual para decidir, mas para descobrir; que os contraceptivos não sejam usados apenas para que não se tenha que abortar, mas para desfrutar do sexo; e que o aborto não exista apenas para não morrer, mas para decidir.

A conjunção entre a dinâmica da greve e a "maré verde" relacionou os modos de exploração diferencial dos corpos feminizados. Teceu-se uma chave de inteligibilidade entre trabalho não remunerado e/ou mal remunerado e os abortos caros e/ou inseguros: as formas de precarização de nossas vidas, os modos de controle em nome da democracia do mercado de trabalho e da tutela eclesiástica sobre o desejo e a decisão autônoma.

Que espacialidade cria um corpo que se torna território?

Já dissemos que o corpo-território é a imagem antagônica do caráter abstrato que supõe o indivíduo proprietário. Agreguemos uma segunda tese: o corpo que se torna território é a espacialidade *contraposta* ao confinamento doméstico. Porque o corpo que se torna território é o que foge do contorno individual (e, portanto, do contrato como laço político privilegiado), da cidadania sempre escamoteada, da exploração sempre oculta como serviço natural. Por isso, o corpo-território impulsiona a invenção de outros "territórios existenciais", para citar a fórmula de Guattari e Rolnik (2013).

E isso se traduz em termos espaciais: saímos do confinamento doméstico construindo outros territórios domésticos que não obrigam ao trabalho gratuito não reconhecido e que não exigem promessa de fidelidade ao marido-proprietário. Tomamos as ruas e delas fazemos uma casa feminista. Nas ocupações, nas assembleias e nas vigílias massivas que realizamos enquanto o Congresso deliberava sobre o aborto, inventamos outro tipo de espacialidade: é espaço político reorganizado e reinventado a céu aberto, que, mesmo estando na arena pública, não se constrói em oposição ao doméstico, e sim à sua fórmula restringida como sinônimo de confinamento familiarista.

Essa inversão espacial marca uma nova cartografia política. E desarma a oposição entre a casa como espaço fechado e o público como seu contrário: se constroem outras arquiteturas, porque são casas abertas à rua, ao bairro, às redes comunitárias, e seus tetos e paredes oferecem refúgio e abrigo sem encerrar nem clausurar. Trata-se de um balanço prático que surge da realidade concreta: muitíssimos lares, em seu sentido heteropatriarcal, se tornaram um inferno; são os lugares mais inseguros e onde se produz a maioria dos feminicídios, além de um sem-fim de violências "domésticas" e cotidianas.

Com essa nova forma de construir política, quase não é necessário gritar que os legisladores não nos representam ou criar uma versão feminista do ¡*que se vayan todos!* [fora todos!], que sintetizou a crise argentina de 2001. Já passamos desse limiar. Ficou evidente que o regime de representação que nos foi imposto, que se sustenta de costas para a rua, não tem nada a ver com o modo feminista de fazer política e de fazer história. Mais ainda, ficou demonstrado que a política já está se fazendo em outros territórios, que tem força para produzir um espaço doméstico não patriarcal. Agora, qual é a cena que se desenvolve no confinamento doméstico? Ou, de outro modo: por que o doméstico deve se manter como privado?

Vou tomar como hipótese que a cena chamada doméstica se desenvolve e que, por sua vez, contém três outras cenas que se fizeram visíveis no debate pelo aborto. A primeira cena sucede no Senado, quando o senador Rodolfo Urtubey, do Partido Justicialista, argumenta que pode haver estupro sem violência quando e *porque* acontece dentro da família. O que significa isso? Que o lar, no sentido patriarcal, é o lugar onde o estupro está permitido, pois o lar se constitui como "privado" na medida em que legitima o acesso violento e privilegiado dos homens ao corpo das mulheres e aos corpos feminizados — o que inclui as crianças. O privado, então, é o que garante o segredo e a legitimidade da violência — o que o senador chama "não violência" — e o que permite a famosa "moral dupla". Estamos aqui no coração do *pacto patriarcal*, como assinalou Carole Pateman de modo pioneiro: uma aposta na cumplicidade entre homens baseada nessa hierarquia que em nossas democracias se converte em uma forma de direito político. O pacto patriarcal é a cumplicidade corporativa masculina denunciada pela filósofa, e que é *fundante* do regime político moderno, que se organiza sobre a subordinação das mulheres e dos corpos feminizados. Por isso, toda questão relativa aos sexos é uma questão diretamente política.

Com isso, vemos que setores do parlamento — suposto espaço da esfera pública — estão trabalhando para preservar a cena doméstica como confinamento, como lugar do segredo. Certas deliberações do Congresso e do Senado não são mais nem menos do que tentativas desesperadas de sustentar o lar como reino patriarcal frente à emergência de uma política que constrói outras espacialidades e desfaz a divisão entre público e privado que hierarquiza um "reino" contra outro. Por isso, quando o Senado veta a legislação do aborto que havia sido aprovada pelo Congresso, o que os senadores estão fazendo é sancionar o poder masculino sobre o corpo das mulheres, que, insisto, encontra na violação sua cena fundante.[37]

A segunda cena é o desprezo da votação no Senado pela massividade das manifestações de rua que clamavam pela descriminalização do aborto. *Quando a rua é ocupada pelas mulheres e pelas dissidências*, ela perde, na ótica parlamentar, seu caráter público e passa a ser tratada como se fosse um espaço doméstico. Em que sentido? No sentido de que o Legislativo pratica com a mobilização massiva das mulheres o mesmo padrão de desconhecimento histórico com que foram tratadas as tarefas feminizadas, os modos *invisibilizados* pelos quais produzem valor — praticamente tudo o que permite que o mundo se produza e se reproduza — e os modos

---

[37]. Na Argentina, o projeto de lei que propõe a descriminalização do aborto até a décima quarta semana de gestação foi aprovado pelo Congresso em 14 de junho de 2018 por 129 votos, com 125 votos contrários e uma abstenção. O texto foi então enviado para apreciação do Senado, que em 9 de agosto de 2018 rejeitou a proposta por 38 votos, com 31 votos a favor e duas abstenções. [N.E.]

também feminizados e dissidentes de tecer sociabilidade e cuidado coletivo, e que foram sistematicamente relegados em qualquer democracia. A manobra de desconhecimento sobre a massividade das ruas pretende invisibilizar uma multidão que grita: "*Ahora que sí nos ven*" [Agora sim nos veem]. A manobra de desconhecimento pretende confinar o espaço aberto da rua, o qual evidencia também *a mobilidade* das categorias de público e privado, ou seja, a geometria de poder que faz essas categorias funcionarem como parâmetro que se move segundo a diferença sexual traduzida como hierarquia política.

Tal invisibilização — que é um regime de visibilidade específico — se faz à custa de expropriar a potência de nossos corpos enquanto se "explora", se tira proveito, de nossa representação. Mas, nesse sentido, a cena dupla de 8 e 9 de agosto (*legislar no Senado sobre o estupro no âmbito doméstico como justificativa para manter o aborto na clandestinidade e querer desconhecer a rua como se não tivesse status de espaço público quando é tomada pelas massas feministas*) oferece com nitidez histórica um poder já invertido: não acatamos esse desdém, não nos submetemos à invisibilidade, não nos resignamos com o silêncio, não nos acomodamos a, mais uma vez, não ser parte ou ser a parte infantilizada e, portanto, tutelada da democracia. O corpo-território expressa nosso *desacato* à distribuição política, sensível, econômica e discursiva da geometria patriarcal público-privada que, como veremos no capítulo 5, tem seu duplo na distinção entre o social e o político.

Desarmar a espacialidade doméstica do confinamento

A metáfora da casa como novo lugar feminista circula aqui e lá. Mas, mais precisamente, o que seria "a casa como novo lugar feminista" quando essa metáfora parece haver sido eclipsada pelas regras heteropatriarcais? As jovens feministas chilenas, em seu levante contra a privatização e na denúncia conjunta do caráter sexista da educação, problematizaram de forma aguda a noção de "casa de estudos", onde a lógica patriarcal dos privilégios das universidades não pode ser combatida com a cosmética de uma mera "perspectiva de gênero".

Na Argentina, há duas cenas dessa discussão que eu gostaria de ressaltar. A primeira é a das ex-filhas de genocidas que iniciaram publicamente uma "saída do armário" na marcha #*NiUnaMenos* de 3 de junho de 2017: contando suas histórias, denunciando seus progenitores, debatendo a premissa legal pela qual não se pode acusar os pais.[38] A força de sua palavra pública se constituiu em torno de uma hipótese: que o terrorismo de Estado traçou uma linha de continuidade entre o campo de concentração e as casas familiares dos genocidas, de tal modo que seus filhos e filhas viveram em um prolongamento do campo. Desmente-se, assim, uma ideia bastante difundida de que muitos militares eram "bons" ou "carinhosos" da porta para dentro de seus lares, "objetivando"

---

38. O Código Procesal Penal [Código de processo penal] da Argentina diz o seguinte: "Art. 178 — Nadie podrá denunciar a su cónyuge, ascendiente, descendiente o hermano, a menos que el delito aparezca ejecutado en perjuicio del denunciante o de un pariente suyo de grado igual o más próximo que el que lo liga con el denunciado. [...] Art. 242 — No podrán testificar en contra del imputado, bajo pena de nulidad, su cónyuge, ascendientes, descendientes o hermanos, a menos que el delito aparezca ejecutado en perjuicio del testigo o de un pariente suyo de grado igual o más próximo que el que lo liga con el imputado". [N.E.]

suas ações como algo laboral, externo, corporativo. É justamente essa fronteira que se derruba. Mas, ao mesmo tempo, o que alguns depoimentos revelam hoje é uma tentativa de transladar ao campo de concentração dinâmicas "familiares" e domésticas. Uma cena contundente é a que relata Florencia Lance, filha de um aviador do Exército processado pelos voos da morte,[39] e cujos aniversários, desde o jardim de infância, se celebravam no campo de concentração de Campo de Mayo:[40] "O rito era que nos buscava um ônibus verde, desses Mercedes-Benz grandões, no qual iam subindo meus companheiros para ir passar o dia inteiro nesse lugar" (Lance, 2018). Outra é a que conta Andrea Krichmar, convidada por uma amiga da escola para "brincar" no "trabalho de seu papai".[41] A amiga era filha de Rubén Chamorro, conhecido como *Delfín* [golfinho], vice-almirante da Marinha argentina, diretor da Escuela de Mecánica de la Armada [Escola de mecânica da Marinha] (Esma)[42] e responsável direto pelo Grupo de Tareas

---

39. Os *vuelos de la muerte* foram uma prática de extermínio da ditadura civil-militar argentina (1976-1983) que consistia em anestesiar a vítima — previamente sequestrada, encarcerada e torturada —, colocá-la em um avião e lançá-la ao rio ou ao mar, com a finalidade de desaparecer com seu cadáver. Estima-se que mais de quatro mil pessoas tenham sido vítimas desse procedimento. Os responsáveis identificados pelos voos da morte foram condenados à prisão perpétua pela primeira vez em 2017. [N.T.]
40. Conhecido como El Campito, esse campo de concentração funcionou dentro do Campo de Mayo — principal quartel do Exército argentino, localizado na província de Buenos Aires — como um dos centros clandestinos de detenção da ditadura civil-militar no país. Dos cinco mil prisioneiros que, segundo estimativas, passaram por El Campito, apenas 43 sobreviveram. [N.E.]
41. GOLDMAN, Tali & ULANOVSKY, Inés. "La nena que jugaba en la Esma", em Anfibia, 4 nov. 2016.
42. A Esma, localizada na cidade de Buenos Aires, foi o principal centro clandestino de dentenção da ditadura civil-militar argentina. Estimativas apontam que mais de cinco mil pessoas "desapareceram" no interior de suas instalações. Em 2014, foi transformada em um centro cultural chamado Espacio para la Memoria y para la Promoción y Defensa de los Derechos Humanos [Espaço para a memória e para a promoção e defesa dos direitos humanos]. [N.E.]

[Grupo de tarefas] 3.3.2.[43] Além disso, as famílias eram convocadas reiteradamente para as missas e para as cerimônias nos quartéis, como relatou Mariana Dopazo, ex-filha do genocida Miguel Etchecolatz, que também recorda ter participado de festas de aniversário "em algum Círculo Policial [da cidade] de La Plata".[44]

A função patriarcal do sistema repressivo *também* fica evidente nos espaços que, enquanto domésticos, se pretendem "preservados", bem como na tentativa de normalizar os espaços de horror através da presença "familiar" (Dopazo, 2017; Lance, 2018). São elas, as ex-filhas, que tornam público que *não há terrorismo de Estado sem ligação com a família patriarcal*. São elas que mostram que o lar pode ser um inferno, tal como muitas sobreviventes nomearam o campo de concentração da Esma. A primeira mulher a se desfiliar, Rita Vagliati, filha do delegado Valentín Milton Pretti, da Bonaerense,[45] escreveu muito claramente: "Tampouco posso deixar de sentir a relação que existe entre seus crimes e o que houve em minha família. Não posso perdoá-lo por ter desejado torturar e matar, e por ter tocado em mim e em meus irmãos, que nos tenha colocado no colo ou acariciado" (2005).

A ditadura não teria como coordenar a ação cívica, eclesiástica, empresarial e militar se não tivesse como bandeira a missão de "salvar" a família ocidental e cristã.

---

43. O Grupo de Tareas 3.3.2 era uma seção do Grupo de Tareas (unidade operacional que funcionou na Esma com a função principal de "lutar contra a subversão") com atuação específica na cidade de Buenos Aires e na região metropolitana. Foi responsável pelo sequestro e assassinato do jornalista Rodolfo Walsh, das fundadoras das Mães da Praça de Maio Azucena Villaflor, Esther Ballestrino e María Ponce e das freiras francesas Léonie Duquet e Alice Domon, entre outras pessoas, como o embaixador argentino na Venezuela, Héctor Hidalgo Solá. [N.E.]
44. "Este será mi primer 24 de Marzo", em *El Cohete a la Luna*, 25 mar. 2018.
45. Polícia da província de Buenos Aires, a maior do país, conhecida por sua crueldade. [N.T.]

A espacialidade do campo de concentração não poderia existir se não fosse ratificada nos lares dos genocidas. Mas isso, agora, está sendo enunciado por uma nova voz. E se trata de uma voz coletiva.

Elas, as ex-filhas, elegeram a marcha *#NiUnaMenos* para fazer sua aparição pública como ato de *desfiliação patriarcal*. Cada uma já vinha tramitando pessoal e judicialmente sua situação, de diferentes maneiras. Mas a espacialidade da rua feminista é a que permite, numa voz *coletiva*, o desacato à história familiar entendida como obrigação de cumplicidade com as aberrações. A espacialidade da rua feminista cria a atmosfera para outras cenas de justiça. O passo anterior havia sido organizar um repúdio coletivo à tentativa judicial de aplicar aos militares processados por crimes de lesa-humanidade, concedendo-lhes impunidade, um benefício do regime penal ordinário argentino conhecido como 2 × 1, que conta por dois cada dia de prisão preventiva sem condenação.

Agora, a partir da valentia do testemunho das ex-filhas, nos deparamos com o horror "porta adentro". A violência que se vivia nos lares dos genocidas pode ser narrada em primeira pessoa, relatada e denunciada pelas ex-filhas, porque a violência lida no calor da experiência feminista provê uma nova percepção e torna audível esse *continuum*. Trata-se, portanto, de uma primeira pessoa que também se torna coletiva. Os testemunhos se enlaçam com a ampliação do campo de confiança na escuta de abusos inaugurado pelas experiências do *#YoTeCreo* [#EuAcreditoEmVocê] e outras que criaram a possibilidade de outros modos de dizer e narrar. A história pessoal e coletiva de desfiliação das ex-filhas é uma prática inaugural de uma nova maneira de reivindicar justiça e punição a partir da desobediência ao patriarcado.

A segunda cena tem relação — e está conectada — com o enlace do movimento feminista NiUnaMenos com as lutas históricas pelos direitos humanos: uma trajetória que na Argentina possui uma genealogia militante, não liberal, protagonizada por mulheres: as Mães e Avós da Praça de Maio.

Essa genealogia se atualiza a partir do feminismo e permite traçar novos vínculos entre os tipos de crueldade praticados na tortura especialmente contra os corpos das militantes políticas. Hoje sabemos que as sevícias sexuais se intensificavam sobre as mulheres como forma de castigar sua desobediência a um modelo de família que suas práticas questionavam por meio da reinvenção de outros laços afetivos e outros modos de vida (Dillon, 2018; Fontana, 2018). A intervenção do Coletivo NiUnaMenos nessa memória viva, quando suas integrantes se reivindicaram como "filhas e netas" daquela rebeldia nos últimos aniversários do golpe de Estado (24 de março), acarreta outra forma de filiação: a rebeldia como algo que *produz* parentesco.

Esse tipo de intervenção sobre a memória no tempo presente possibilita também que importantes lideranças das Mães da Praça de Maio como Nora Cortinas se reivindiquem feministas. Isso evidencia uma *temporalidade das lutas que reabre a história*, folheando camadas de memórias, arquivos e narrações.

O que quero ressaltar é que o movimento feminista abrigou — porque produziu condições para que isso fosse possível — um duplo deslocamento, protagonizado por mulheres e em uma voz coletiva, com respeito à crueldade associada ao patriarcado e ao seu vínculo orgânico com o terrorismo de Estado: por um lado, as "ex-filhas" de genocidas, ao se desfiliarem de seus pais, imploram a imagem do lar e das infâncias como algo imune ao campo de concentração; por outro, as "filhas" das militantes dos anos 1970, ao inventarem um modo de filiação não familiar, traçaram um parentesco baseado na rebeldia e, dessa maneira, tornaram visíveis as outras famílias e os outros vínculos amorosos que as militantes buscavam experimentar. Ambos os movimentos abarcam uma ótica antipatriarcal das lutas pelos direitos humanos e contra a ditadura que até agora não haviam tido essa força nem essa perspectiva.

Essa rebelião tentou ser condenada e *revertida* pela hierarquia da Igreja. Em pleno debate sobre o aborto, um dos padres *villeros*[46] mais famosos da Argentina evocou as mulheres detidas-desaparecidas na Esma para dizer que elas, inclusive na situação extrema em que se encontravam, escolheram parir. Com essa imagem, não só se evita mencionar a apropriação de seus filhos e filhas pela ditadura, considerados "prêmio de guerra" — episódios nos quais a Igreja católica teve um papel importante —, mas se está também falaciosamente recordando essas mulheres presas e torturadas apenas como mães abnegadas. O padre colocou as mulheres sequestradas e obrigadas à maternidade no campo de concentração em conexão com as mulheres das favelas, que, segundo ele, também devem parir em condições extremas, sem jamais recorrer ao aborto.

Voltemos à questão dos espaços em disputa. O que mais diz essa analogia entre a Esma — o campo de concentração — e a favela? Que as favelas são os campos de concentração da atualidade? Que às mulheres de um e de outro espaço não resta outra opção além de se empenhar na maternidade à custa de sua própria vida? Fica claro que a Igreja, através de seus porta-vozes masculinos, está em uma cruzada contra a rebeldia das mulheres e dos corpos feminizados que estão reinventando as formas da autonomia e do desejo, e recontando a história. (Voltarei a esse tema no capítulo 7.)

---

46. Padres que trabalham nas favelas (*villas*). [N.T.]

DIGRESSÃO
Um materialismo a partir do corpo-território

Sabemos por referências variadas que Deleuze, antes de morrer, preparava um livro sobre Marx. Parece que não restou muito desse impulso, mas a obra de Deleuze — e de Deleuze e Guattari — está repleta de valiosas referências a Marx. Cito uma delas: basicamente, a ideia de que os corpos não são mera matéria orgânica, mas que a vida é um fenômeno não orgânico, presença do virtual no atual — ou seja, potência. Trata-se, nem mais nem menos, do problema spinoziano sobre o que podem os corpos.

A própria ideia marxista de mais-valia se lança no diferencial de um corpo ao qual se retribui (com um salário) por sua atualidade (pelo que executa), mas que é aproveitado em sua virtualidade (em toda sua potência), em seu genérico poder de fazer. Eis o distintivo de Marx. Não se entende a linguagem de fluxos na obra de Deleuze e Guattari sem compreender que os fluxos são potências e que remetem sempre a fluxos de desejo e de produção — o que permitiria pôr Marx e Freud no mesmo plano. Segundo Deleuze, porém, a característica própria do capitalismo é que essa produção seja atribuída a uma "instância estéril e improdutiva": *o dinheiro*.

Isso quer dizer que o dinheiro é uma forma de autoridade que oculta sua condição de representante abstrato daquilo que os corpos criam, produzem. E essa autoridade, em sua deriva mais abstrata, se expressa nos dispositivos financeiros. Pensar o dinheiro como uma autoridade revela também a preocupação pela captura da potência, pela apropriação do que os corpos podem. Isto é, uma preocupação pelo fundamento de toda mais-valia enquanto se dedica a renovar historicamente as formas de sujeitar e explorar o *indeterminado* dos corpos do trabalho, do desejo, da potência vital.

Hoje as resistências enfrentam uma dinâmica de leitura e captura permanente e veloz do que produzem devido ao funcionamento axiomático do capital. Essa axiomática do capital, conforme teorizaram Deleuze e Guattari (1988) em *Mil platôs: capitalismo e esquizofrenia*, funciona aproveitando a tensão entre uma flexibilidade e uma versatilidade da potência, capaz de criar o tempo todo, e sua exploração e codificação para revestir de "inovação" a lógica do capital.

Resta um problema, no entanto: a necessidade de distinguir as operações mediante as quais essa máquina de captura subsome relações sociais e invenções que também, por sua vez, resistem e transbordam o diagrama de captura/exploração. Ou seja, a história não termina com o relato de como o capital consegue capturar as invenções sociais e fazê-las jogar a seu favor.

Quando Deleuze se refere à axiomática, explicita sua conexão com o Marx (1973) dos *Grundrisse* e fala de processos "econômico-físicos" que convertem outro corpo — esse "corpo estéril e improdutivo" do dinheiro — em algo *mais*. O que essa referência nos diz é que o problema da axiomática e dos fluxos remete a uma questão que envolve desejo, economia e política. Aí se coloca sempre o problema do limite: por parte do capital, na ampliação de escalas e na transgressão das fronteiras de valorização em chave extrativista, conforme propomos. Para isso, o capital deve, primeiro, internalizar o limite pela via de uma imanentização que trabalha em relação ao diferencial entre fluxos, contendo-os, codificando-os, recuperando-os de sua fuga. O papel da axiomática, diz Deleuze, é "compensar o limite, devolver as coisas a seu lugar", mas nessa operação de recuperação fica obrigado, permanentemente, a uma nova ampliação. E, ademais, sempre existem os fluxos que acabam escapando: esses que aparecem nas imigrações esquizofrênicas de personagens como os de Samuel Beckett.

É particularmente quando Deleuze trabalha sobre os conceitos de Foucault que se torna evidente a importância que confere à articulação entre como se conformam territórios e práticas de desejo e como se estruturam diagramas de poder sobre esses territórios e práticas (as clássicas formas diagramáticas: soberania, disciplina e controle, e seu cofuncionamento). É impossível entender, hoje, em perspectiva materialista, as economias que organizam novas formas de exploração e extração de valor, seus equipamentos, suas disposições financeiras, suas formas de obediência e a proliferação de formas de poder que as acompanham sem passar por essa arquitetura capaz de identificar dimensões múltiplas que se sintetizam como poder de autoridade sempre em perigo de desestabilização.

Vamos ao que poderíamos propor como ideias-força de um materialismo capaz de criar território existencial, corpo-território, contra as formas atuais de exploração. Esse materialismo tem duas premissas: a própria ideia de que as subjetividades se expressam em práticas, com estruturas que são práticas articuladas e com discursos que são sempre dimensão da prática ("focos de experiência", diria Foucault), e que, portanto, não se reduzem nem privilegiam a consciência ou a espiritualidade racionalista. Segundo: entender a produção de valor como produção de existência, o que se evidencia no conceito de força de trabalho, em sua falha e impossível conversão em mercadoria, já que existe um hiato impossível de suprimir entre práxis humana em potência e tarefa afetiva. *O materialismo que nos importa — o que é problematizado pelos diversos corpos do trabalho e dos bens comuns entendidos em perspectiva feminista e sua expressão em distintos territórios e conflitos — é o materialismo que combate a abstração.* Em outras palavras: a conversão dos corpos-territórios em corpo estéril e improdutivo do dinheiro em sua fase financeira, essência do comando do extrativismo ampliado.

CAPÍTULO 4
Economia feminista: exploração e extração

A economia feminista é a que permite compreender as formas específicas de exploração das mulheres e dos corpos feminizados na sociedade capitalista. Para isso — e por isso —, *amplia* a própria noção de economia, incluindo a divisão sexual do trabalho e os modos de opressão do desejo. Seu primeiro objetivo é perceber, conceitualizar e medir um diferencial na exploração das mulheres, lésbicas, trans e travestis. Isso é algo muito mais amplo que contabilizar as atividades realizadas por mulheres e corpos feminizados. E isso se deve a um segundo objetivo da economia feminista — que se postula como crítica à economia política, e não como reivindicação de lugares no mundo competitivo neoliberal —, que consiste em desacatar, subverter e transformar a ordem capitalista, colonial e patriarcal.

Nesse contexto é preciso situar hoje a pergunta pelo *diferencial de exploração* como tarefa da economia feminista. E essa pergunta tem como ponto de partida o *lugar concreto* de início desse diferencial: a reprodução.

Por quê? Porque se trata de um diferencial que sempre é relacional: isto é, revela o lugar singular do trabalho das mulheres e dos corpos feminizados nas relações sociais, mas de modo tal que, ao visibilizar e entender essas dinâmicas específicas, lança luz sobre a exploração em geral de um modo novo. Visibilizar o trabalho assalariado e precarizado a partir da perspectiva feminista que surge da análise do trabalho historicamente não remunerado e das tarefas feminizadas possibilita uma nova capacidade analítica de todo o conjunto.

Ao enfatizar o *diferencial*, ademais, somos levadas a outra discussão central: não se trata simplesmente de ver a diferença para reivindicar *igualdade*. Não queremos diminuir a brecha para que sejamos tão exploradas quanto os homens. O que nos interessa, e o que permite valorizar uma economia feminista, é a luta que as mulheres, lésbicas, trans e travestis protagonizam pela reprodução da vida contra as relações de exploração e de subordinação.

Outra vez: não se trata de uma análise setorizada e que interessa apenas a uma "minoria" (conceito em si mesmo problemático), mas de uma perspectiva singular na qual se visualiza o conjunto a partir de uma conflituosidade concreta. Isso supõe metodologicamente que as mulheres e os corpos feminizados não são um capítulo a ser agregado à análise econômica, mas que oferecem uma perspectiva que reformula a análise econômica em si; uma leitura política transversal, que propõe outra entrada à crítica da economia política, e não uma agenda limitada.

Esses pontos da economia feminista, como organização de uma crítica (e, portanto, pontos metodológicos e vitais), produzem um deslocamento maior. Ou seja: a economia feminista não centra sua análise em como se organiza a acumulação do capital, mas em como a reprodução da vida coletiva é organizada e garantida *a priori*, enquanto pressuposto. Assim, a dinâmica da reprodução social fica evidenciada como a condição de possibilidade primeira. Em linguagem filosófica: a reprodução é a condição transcendental da produção.

Tal questão, por sua vez, possui dois níveis. Por um lado, busca entender como a reprodução viabiliza a produção da qual se beneficia o capital. Nesse sentido, como veremos mais adiante, a pergunta colocada pela economia feminista é: por que *o ocultamento da reprodução* é a chave dos processos de *valorização em termos capitalistas*? Por outro lado, a economia feminista tem como tarefa discutir sobre quais formas e em quais experiências se pode desenvolver uma reprodução social em termos não extrativistas nem exploradores (o que implica, como também veremos depois, um combate contra sua *naturalização*). Com isso, vamos além de opor reprodução e produção (como se fossem termos antitéticos), para pensar em reorganizar sua *relação*. Daí surgem pistas para voltar à questão do diferencial de exploração.

Várias feministas se encarregaram de ler Marx nessa perspectiva. Elas realizam um duplo movimento e têm um duplo objetivo: levar Marx a lugares ocultos de sua obra e, simultaneamente, radicalizar o gesto de investigação marxiana de pousar o olhar sobre o "laboratório secreto" onde se produz a realidade capitalista. A primeira dimensão oculta (e ocultada) é a reprodução: aquilo que é invisibilizado e, ao mesmo tempo, constitutivo da produção social contemporânea.

Eis a perspectiva de Silvia Federici, que aborda em sua obra as "lacunas" deixadas por Marx e que começaram a ser percebidas pelas feministas dos anos 1970 a partir da análise da visão marxiana de gênero e, depois, fazendo elas mesmas o trabalho de reconstruir suas categorias segundo a experiência política pessoal do rechaço ao trabalho reprodutivo. Portanto, se trata de *outra origem* da crítica. "O movimento feminista teve que começar pela crítica de Marx", escreve Federici (2018), e esse começo foi impulsionado pela prática política: "Sustento que as feministas do Wages for Housework encontramos em Marx as bases de uma teoria feminista centrada na luta das mulheres contra o trabalho doméstico não remunerado porque lemos sua análise do capitalismo a partir da política, oriunda de uma experiência pessoal direta, em busca de respostas a nosso rechaço às relações domésticas".

Mais recentemente, Wendy Brown (2006), tomando a categoria de "laboratório secreto", que é como Marx denomina a produção em contraposição à esfera "visível" da circulação, propõe que o feminismo tem que se aliar à teoria crítica (pensando nas contribuições mais radicais da Escola de Frankfurt) como forma de incluir na esfera da produção seus aspectos invisíveis. Aqui, os "laboratórios secretos" da produção destacados por Brown são a linguagem, a psique, a sexualidade, a estética, a razão e o próprio pensamento.

Nancy Fraser, em um artigo intitulado "Por trás do laboratório secreto de Marx: por uma concepção expandida do capitalismo" (2014), escreve que o feminismo, o ecologismo e o pós-colonialismo são as três experiências-perspectivas que reformulam a análise marxiana justamente porque incorporam os "laboratórios secretos" da produção do conflito social no capitalismo contemporâneo.

No caso dessas formulações, as três autoras — Federici, Brown e Fraser — assumem, a partir de posições diversas, uma leitura de Marx que se refere a como a perspectiva feminista põe em evidência os poderes que *produzem* as formas de poder capitalista enquanto subordinação do trabalho ao capital; mais ainda: como funcionam as hierarquias no interior daquilo que entendemos por trabalho. Nessa linha, localizam o trabalho feminizado como exemplo daquilo que o capital deve subordinar e desprestigiar (isto é, *ocultar*).

Essa leitura sintomática de Marx é uma linha vermelha para a economia feminista. Primeiro, porque, ao retomar o fio marxiano da reprodução da força de trabalho como atividade necessária para a acumulação de capital, ressalta a dimensão *de classe* do feminismo. Depois, porque detecta em suas lacunas, moradas e grutas o que Marx deixa *impensado* justamente porque sua leitura do capital como relação social privilegia a análise da produção, e não a da produção da produção (ou reprodução). Se Marx discute com as teorias neoclássicas para desfetichizar a esfera da circulação, as feministas escavam mais fundo e desfetichizam a esfera de produção. Chegam, assim, ao *subsolo* da reprodução. Daí de baixo, se veem todos os estratos que tornam possíveis o que chamamos modo de produção capitalista. Assim, a economia feminista inaugura uma verdadeira perspectiva "de baixo".

Me interessa destacar em particular o trabalho de Silvia Federici e Arlen Austin (2018) porque sua leitura é a que surge das lutas que usaram Marx e, ao mesmo tempo, levaram Marx para além de Marx, em uma iniciativa concreta como a campanha pelo salário para o trabalho doméstico. Nesse sentido, a leitura feminista exibe seu próprio caráter *constituinte*: não só ilumina o que fica invisibilizado por Marx (replicando e estendendo seu método de dirigir-se ao "laboratório secreto" do que acontece), mas explica a função histórica, política e econômica dessa invisibilização.

O salário para o trabalho doméstico como proposta política abre uma série de paradoxos e implosões no interior das categorias. Por isso, a perspectiva da economia feminista postula uma confrontação teórica e prática com os modos de valorização do capital, isto é, com as formas concretas de subordinação e exploração *diferenciadas* dos corpos feminizados.

Essa preocupação com as dinâmicas de valorização do capital vincula-se ao mesmo tempo à exigência da economia feminista de pensar em termos de exploração e de domínio. Não se explica a divisão sexual do trabalho sem as estruturas patriarcais que a sustentam. Assim, o "paradigma reprodutivo", capaz de analisar simultaneamente ambos os planos, impulsiona um "neomaterialismo" como economia feminista (Giardini, 2017; Giardini & Simone, 2017).

Em outra linha, a pergunta sobre o que é a economia feminista pode ser respondida pelo lado afirmativo, tomando outra via que não a da crítica da exploração. Refiro-me em particular ao trabalho fundamental das feministas J.K. Gibson-Graham (2006), que teorizam "economias diversas" — e o fazem também derivando de Marx uma noção de *diferença*. A partir daí, enfatizam as economias que teriam capacidade prefigurativa ou antecipatória em seus desenvolvimentos no presente enquanto *neocapitalistas*. Trata-se de uma perspectiva que ressalta o caráter experimental das economias comunitárias, que conseguem tanto abrir e descolonizar a imaginação econômica de como concebemos as alternativas anticapitalistas quanto desconstruir a hegemonia do capital a partir de espaços aqui e agora. A diferença entra em jogo para iluminar a realidade efetiva de práticas que negam o capital. Mas também permite dar à noção de diferença um caráter processual e experimental.

Por isso, a força de sua proposta — "fazer um quarto para as novas representações econômicas", dizem em um momento, parafraseando o quarto "todo seu" de Virginia Woolf — é também uma aposta por pensar as economias diversas a partir do devir: elas argumentam que é necessário "cultivar" o desejo e as subjetividades que habitam esses espaços não capitalistas. Desse modo, tecem uma subjetividade que está por vir, mas que se faz com a materialidade do desejo de outra vida no presente.

Sujeitos individuais e coletivos, sustentam essas autoras, negociam formas de interdependência e se reconstroem nesse processo. As economias diversas consideradas economias feministas incluem então uma política da linguagem capaz de alojar "a produção de uma linguagem da diferença econômica para ampliar o imaginário econômico, tornando visíveis e inteligíveis as diversas e efusivas práticas que a preocupação pelo capitalismo obscureceu". Essa linguagem da diferença econômica se nutre de alguns contradiscursos fundamentais: as investigações sobre o peso do trabalho doméstico não remunerado e invisibilizado nas contas nacionais dos países; as investigações sobre as economias informais e sua imbricação nas transações comerciais Norte-Sul; e a linguagem de *O capital* sobre a diferença econômica quando não é capturada pelo etapismo e pelo desenvolvimentismo, afim a uma concepção sistêmica da economia.

A linguagem da diferença econômica torna-se, assim, um detector de outros processos em devir que dedicam uma atenção especial ao seu caráter situado. Nas economias diversas, a importância da categoria de *lugar* concretiza um enraizamento para a experimentação: "Em termos mais amplamente filosóficos, o lugar é isso que não está totalmente unido a um sistema de significação, não completamente subsumido em uma ordem (mundial), é esse aspecto de todo lugar que existe como potencialidade. O que não está amarrado nem mapeado é o que permite novas amarrações e mapeamentos. O lugar, como o sujeito, é o ambiente e o estímulo para o devir, a abertura para a política", dizem Gibson-Graham (2007).

Essa questão do lugar possui um sentido decisivo porque não implica estritamente um "localismo" anticosmopolita, mas a construção de uma *ubiquidade transversal* e situada, abrindo a imaginação geográfica: como apontam Gibson-Graham, trata-se de espaços que permitem novos mapeamentos ao desafiar a *invisibilização sistemática* dessas outras economias. Essa lógica da "diferença e da possibilidade" tenta discutir com a desvalorização que se costuma atribuir a essas experimentações econômicas — normalmente classificadas como pequenas, não confiáveis, apenas subsidiárias de um regime de acumulação que se apresenta como inalterável. Mas, além disso, essa questão do *lugar* nos leva a outra discussão fundamental: sobre a *escala* das experimentações e, de modo mais premente, sobre a confrontação com a escala mundial (propriamente de mercado mundial) em que se organiza o capital como relação global. Agreguemos mais um ponto: a economia feminista, a partir de uma perspectiva como a de Gibson-Graham, supõe um conjunto de experimentações concretas que inclui uma dinâmica de "autoformação" (ninguém tem a receita da transformação de paradigma). Isto é: um momento de aprendizagem e sistematização dessas práticas diversas, simultâneo ao modo experimental por meio do qual vão *produzindo* realidade. Funciona aqui uma premissa política e metodológica: assumir a *instabilidade* da reprodução da relação social de obediência que supõe a relação social capitalista. Sem desautomatizar essa *reprodução* da relação de obediência que torna possível a exploração, não há terreno para a experimentação. Como princípio de método, há uma aposta na desestabilização das fórmulas variáveis da obediência que não passa por um comando centralmente planificado da oposição e da alternativa. Ou seja, estamos além de uma perspectiva estadocêntrica.

Em ambas as aproximações, fica explicitado um duplo movimento que me parece central para a economia feminista:

i) A economia feminista pratica um *diagnóstico do diferencial de exploração* que considera a reprodução âmbito central para, a partir daí, investigar e historicizar os modos como se conjugam opressão, exploração e extração de valor; e

ii) A economia feminista valoriza a *experimentação da diferença econômica* em experiências e processos que constroem outras economias aqui e agora.

Trabalhadoras do mundo, uni-vos!

O que significa pensar a existência *proletária* — ou seja, de todos aqueles e aquelas que nos valemos de nossa força de trabalho para relacionar-nos com o mundo — de um ponto de vista feminista? O *Manifesto comunista*, de Marx e Engels, propõe o sujeito da política comunista lendo-o à contraluz do capital, estabelecendo o antagonismo fundamental: "A condição do capital é o trabalho assalariado", dizem.

Poderíamos argumentar, em princípio, que os cruzamentos de certas perspectivas feministas, marxistas e anticoloniais fazem um movimento similar sobre o enunciado de Marx e Engels, mas no interior de um dos polos do antagonismo: *a condição do trabalho assalariado é o trabalho não assalariado; ou, também, a condição do trabalho livre é o trabalho não livre*. O que ocorre quando se abre um dos polos? É o movimento fundamental pelo qual *se intersecta a diferença* (colocadas em jogo pelas lutas coloniais) *com a classe*, mas de um modo que reconceitualiza a própria ideia de classe.

Isso nos permite contradizer a própria leitura de Marx e Engels sobre como funciona a *diferença* relativa ao trabalho das mulheres. Eles argumentam que o desenvolvimento da indústria moderna através do trabalho manual tecnicizado implica um tipo de simplificação dos trabalhos que permite que se suplantem os homens por mulheres e crianças. No entanto, "no que diz respeito à classe operária, as diferenças de idade e de sexo perdem toda significação social", assinalam. Nesse sentido, lemos que a incorporação da diferença se faz sob o signo de sua anulação. Mulheres e crianças são incorporados na medida em que são homogeneizados como força de trabalho (funcionando como apêndices da máquina), o que permite *indiferenciá-las*.

A diferença, no argumento de Marx e Engels, fica reduzida a uma questão de custos. Idade e sexo são variáveis de barateamento, mas *sem significação social*. Entendemos que aqui se trata do ponto de vista do capital. Dirá também Marx, em *O capital*, que a maquinaria amplia o "material humano explorado" na medida em que o trabalho infantil e feminino é a primeira marca do maquinismo. Essa ampliação se dá novamente em termos de uma homogeneização ditada pela máquina, mas a diferença (de corpos, de matérias) fica anulada ou reduzida a uma vantagem homogeneizada também pela noção de custo. Então, parece ocorrer uma *dupla abstração da diferença: pelo lado das máquinas (do processo técnico de produção), mas também pelo lado do próprio conceito de força de trabalho*.

Se reescrevemos o *Manifesto comunista* numa abordagem feminista — justamente para ressaltar uma perspectiva de economia feminista —, *praticamos a operação inversa*. Fazemos uma leitura inclusiva daquelas que somos produtoras de valor visando pensar como a *diferença* reconceitualiza a própria noção de força de trabalho. Isso significa que os corpos em questão dão conta das diferentes tarefas em termos de um *diferencial de intensidade e de reconhecimento*, impedindo cristalizar uma figura homogênea do sujeito trabalhador.

O trabalho em perspectiva feminista excede aqueles trabalhos remunerados por um salário porque repõe como condição comum a vivência de diversas situações de exploração e opressão, além e aquém da medida remunerativa, além e aquém do terreno privilegiado da fábrica. O trabalho, em perspectiva feminista, faz do corpo (como potência indeterminada) uma medida que extravasa a noção de força de trabalho meramente associada ao custo.

Assim, nos valemos da perspectiva feminista que destacou que a crítica a essa homogeneidade da força de trabalho deve partir do elemento que "opera" a homogeneização, já que a última não seria resultado apenas das máquinas, como diz o *Manifesto comunista*, mas também do "patriarcado do salário" (Federici, 2018). Isso supõe duas operações realizadas pelo capital: o reconhecimento de apenas uma parte do trabalho (o assalariado) e, depois, a legitimidade de seu diferencial segundo sexo e idade, *somente como desvalorização*. Nessa linha compreendemos o trabalho assalariado como uma forma específica de invisibilização do trabalho não assalariado que se produz em geografias múltiplas e que nuança o que entendemos por tempo de trabalho.

Hoje, graças às lutas e às teorizações feministas, podemos argumentar a partir de uma realidade contrária: a ampliação do material humano explorado de que falava Marx se faz a partir da exploração de sua diferença, invisibilizando-a, traduzindo-a como hierarquia, depreciando-a politicamente e/ou metamorfoseando-a em um adicional para o mercado.

Um manifesto feminista, hoje, é um mapa da heterogeneidade atual do trabalho vivo, capaz de exibir em termos práticos o diferencial de exploração que, como em uma geometria fractal, usufrui de todas as diferenças que se queria abstrair na hipótese que universalizava o proletariado assalariado. A perspectiva da economia feminista reconhece nessa diversidade de experiências de exploração e extração de valor a necessidade de uma nova modalidade organizativa que não cabe na hipótese que universalizava o partido comunista.

A crise do salário

Na crise argentina que estoura em 2001, foram as mulheres que realizaram um gesto fundamental: se encarregaram de produzir espaços de reprodução da vida em termos coletivos, comunitários, diante da devastação causada pelo desemprego especialmente entre os homens, decadentes em suas figuras de "pais de família". O alcoolismo e a depressão eram um cartão-postal recorrente de muitos trabalhadores demitidos de um dia para o outro. A formação dos movimentos de desempregados implicou, nesse sentido, dois acontecimentos decisivos.

Por um lado, a politização das tarefas de reprodução que se estenderam ao bairro, saltando as barreiras do confinamento doméstico. O trabalho de reprodução foi capaz de construir a infraestrutura necessária para viabilizar o momento em que as ruas e avenidas seriam ocupadas, deslocando espacialmente o piquete: da porta da fábrica às vias de circulação.

Por outro, esses movimentos evidenciaram a natureza política dessas tarefas na produção de um valor comunitário capaz de organizar recursos, experiências e demandas que impugnavam de fato a categorização da "exclusão". Nesse gesto, desconfinaram, na prática, a reprodução do lar entendido como âmbito "privado".

Esses movimentos impulsionaram assim uma problematização radical sobre o trabalho e a vida digna desacoplada do regime salarial (Colectivo Situaciones/MTD Solano, 2003). Essa é uma das inovações fundamentais da crise. E o que aqueles movimentos inventaram, como formas de autogestão de uma multiplicidade de trabalhos sem patrão, se sustentou durante a chamada "recuperação econômica" da década seguinte de modo a estabilizar e sistematizar uma nova paisagem proletária. Essa trama é a que nomeamos agora "economias populares", e que implica também um modo de gestão dos subsídios provenientes do Estado que tem origem nas conquistas do movimento *piquetero*.

Eu gostaria, portanto, de sublinhar que a dimensão *política* das economias populares tem a ver com a politização da reprodução, com o rechaço à gestão *miserabilista* de suas atividades e com a capacidade de negociação de recursos com o Estado, tudo isso tendo sua "origem" na crise de 2001 como momento-força que destituiu a legitimidade política do neoliberalismo na Argentina ao mesmo tempo que foi parte de um contexto sul-americano. De modo distinto com relação àquele ciclo de organização, em que o protagonismo feminino foi fortíssimo, emerge agora uma politização que se reconhece explicitamente feminista e que tem um terreno de expansão decisivo nas economias populares. Um momento, porém, é incompreensível sem o outro.

Ademais, aqui é necessário marcar um ponto central também para entender essa politização: *a passagem do salário ao subsídio*. Isso não significa que o salário deixe de existir, mas que é cada vez maior a quantidade de pessoas que devem buscar prosperidade sem contar com o "privilégio" do salário como fonte de renda principal. Essa é a realidade que se massificou com a crise de 2001 e que é "estabilizada" pelas economias populares.

O que me interessa discutir é como essa realidade volta a formular a hipótese do "patriarcado do salário" de Federici. A desestruturação da autoridade masculina decorrente da perda do salário como "medida objetiva" do poder do homem dentro e fora do lar — e que marca justamente essa fronteira espaço-temporal — e o declive da figura do provedor fazem com que, por um lado, essa desestruturação masculina se amplifique e acelere pela politização das tarefas reprodutivas que se desconfinam do lar, transbordando-se para um terreno social ampliado e alcançando um prestígio social que acaba se encarnando em lideranças feminizadas; por outro lado, ao entrar em crise, a autoridade masculina como estruturadora de relações de subordinação passa a recorrer a formas de violência "desmedidas" especialmente dentro do lar.

Por isso, sustento que as economias populares são uma lente privilegiada para ler a crise do patriarcado do salário. Isso não significa o fim do patriarcado, obviamente, mas a decomposição de uma forma específica de estruturação do patriarcado. A intensificação das violências machistas expressa essa desmesura da violência, que já não é mais contida pela forma salarial.

No entanto, é também essa violência enquanto "força produtiva" — como argumenta Maria Mies (1986) e à qual já me referi para pensar a relação entre patriarcado e acumulação — que está presente na dinamização das economias ilegais. A violência como recurso produtivo é fundamental para a prosperidade das economias ilegais, que a requerem cotidianamente. Com isso, quero dizer que a proliferação das economias ilegais nos territórios se nutre da desestruturação da autoridade do salário, que as converte em "canteiros" de novas modalidades de emprego e em espaços de concorrência para novos regimes de autoridade territorial, que devem se validar a cada instante.

As economias ilegais proveem novas figuras de "autoridade", especialmente como "chefias" masculinas, que oferecem formas substitutas para as masculinidades em crise. O mesmo ocorre, legalmente, no recrutamento de jovens para as forças de segurança do Estado. Tanto pelo lado estatal quanto pelo paraestatal, se oferece uma saída à crise da autoridade masculina por meio do recrutamento dos homens para novas economias de violência sobre os territórios. Isso evidencia, ademais, uma espécie de concorrência e complementaridade entre violências estatais e paraestatais que se desenvolvem muitas vezes como dinâmicas exercidas pelos mesmos sujeitos, e em combinação e disputa de instâncias, recursos e espaços. A questão do tráfico de drogas é a mais evidente, mas não a única.

Um outro ponto (ao qual ainda voltarei) é a forma concreta com que as economias ilegais se articulam de maneira eficaz com os dispositivos financeiros ao prover fontes de renda velozes, ao ritmo da obrigação compulsiva da dívida.

A violência financeira expandida capilarmente por meio do endividamento também tem um vínculo orgânico com as violências machistas (Cavallero & Gago, 2019).

Entre as economias populares, marcadas pelo protagonismo feminizado, e as economias ilegais, se expressam formas distintas de gerir e tramitar o declínio da "masculinidade provedora". As lideranças feminizadas nas economias populares promovem novas fontes de "prestígio social" que assumem o desafio de operacionalizar outros princípios de autoridade nos territórios.

A pergunta que nos resta é complexa: que tipo de trama é construída pelas economias populares a partir do ponto de vista da economia feminista?

As filhas das *piqueteras*

As filhas das mulheres *piqueteras* tinham cinco ou sete anos quando suas mães estavam nas assembleias de desempregados. Agora, jovens, elas são parte dos movimentos vinculados à economia popular. Na realidade, esse transcurso geracional traça uma genealogia do momento atual e tece sua continuidade, porque também suas mães e avós continuam à frente dos empreendimentos de urbanização popular, de cuidado comunitário e de trabalho doméstico que, como assinalamos, são tarefas que já não se limitam apenas ao que ocorre entre as paredes do lar.

Retomemos, então, a pergunta: o que são, sob o ponto de vista da economia feminista, essas economias populares? Elas envolvem uma dimensão reprodutiva central, uma vez que a tarefa de organizar a vida cotidiana já está inscrita como dimensão produtiva, assumindo uma indistinção prática entre categorias da rua e do lar para pensar o trabalho. *A afinidade histórica entre economia feminista e economia popular tem a ver com a politização da reprodução social a partir da prática política no interior da crise.* Nesse sentido, a reprodução social da vida aparece como compensação, reposição e, ao mesmo tempo, crítica ao déficit de infraestrutura pública. Hoje, as economias populares constroem infraestrutura comum para a prestação dos serviços a que chamamos "básicos", mas que — da saúde à urbanização, da eletricidade à educação, da segurança à alimentação — não são tratados como tais.

Desse modo, as economias populares, enquanto trama reprodutiva e produtiva, debatem as formas concretas de precarização das existências em todos os planos e revelam o nível de espoliação nos territórios urbanos e suburbanos — que é o que habilita novas formas de exploração. Isso implica o desenvolvimento de uma conflituosidade concreta por modos de entender o território como nova fábrica social.

Extrativismo financeiro

"À mesma época em que na Inglaterra se deixou de queimar bruxas, começou-se a enforcar falsificadores de notas bancárias", escreve Marx na seção "A gênese do capitalista industrial" do livro I de *O capital*, ao comentar a criação do Banco da Inglaterra em sua análise da chamada "acumulação primitiva". O que há nessa passagem em termos de disciplinamento de corpos: do corpo das mulheres-bruxas ao corpo do falsificador-de-dinheiro? Em ambos os casos se evidencia o monopólio do signo da riqueza — em outras palavras, *o controle do devir*.

O corpo do trabalho é sintetizado no corpo abstrato do dinheiro. Para que essa síntese funcione como "nexo social" (uma das teses desenvolvidas nos *Grundrisse*), porém, é necessário previamente queimar os corpos concretos que se expressam na figura das bruxas — uma corporalidade sensível, coletiva, de um *"materialismo ensoñado"* [materialismo sonhado], diria León Rozitchner. Segundo Marx, a abstração do dinheiro consagra um poder social através do tipo de relação proprietário/não proprietário. Quem falsifica põe em risco a autoridade da abstração como relação de propriedade. Quem copia a cédula (ou faz nela uma marca ou qualquer signo de distinção) põe em risco a hierarquia que consagra sua exclusividade. A diferença entre as bruxas e os falsificadores de dinheiro é a existência da instituição bancária, construída depois da fogueira.

Interessa-me tomar essa cena para destacar uma relação entre os corpos e as finanças, e detalhá-la através do modo concreto assumido hoje pela hegemonia financeira na valorização de capital em uma perspectiva feminista. Para dizê-lo em uma pergunta-síntese: como as finanças se articulam com as economias populares, e por que ambas guardam, hoje, uma relação fundamental com as violências machistas?

É necessário, primeiro, historicizar brevemente essa relação, em referência à crise do salário que vimos comentando. Essa articulação tem como ponto fundamental o surgimento dos governos progressistas depois da revolta plebeia impulsionada pela crise de legitimidade política do neoliberalismo no começo do século xxi, e que, como dissemos, ocorreu na Argentina e em vários países da região. É a revolta que obriga a uma nova dinâmica de negociação com o sistema político, o que se traduz em uma forma determinada de *inclusão*. A partir do ciclo dos governos chamados progressistas, essa inclusão passa a ser feita por meio da financeirização da vida popular, configurando uma paisagem onde a produção de direitos passa pela mediação financeira.

Isso se dá em um contexto em que o salário deixa de ser garantia privilegiada de endividamento para ser substituído pelo subsídio dos programas de transferência de renda, que passa a funcionar como garantia estatal para a contração de crédito por populações não assalariadas. Assim, a mediação financeira toma como dispositivo predileto o endividamento massivo, que se veicula através dos mesmos subsídios sociais que o Estado entrega aos chamados "setores vulneráveis" (Gago, 2015). O consumo de bens não duráveis e baratos — principal destino do crédito — foi o motor do endividamento dos argentinos na última década, promovendo o que chamei de "cidadania por consumo": uma reformulação dessa instituição já não ligada à aquisição de direitos vinculados ao trabalho assalariado, mas à "inclusão bancária". As finanças organizam assim uma extração de valor direta do consumo, sendo chave de uma forma ampliada de "extrativismo" (Gago & Mezzadra, 2017; Gago, 2018a).

É importante não ter uma perspectiva unilateral nem moralizante da financeirização das economias populares, que implica simultaneamente uma financeirização dos lares e do acesso aos bens, marcando uma transformação histórica, pois a aquisição de dívida "supera" a forma salário. Isso se complementa pela financeirização prévia dos direitos sociais (Martin, 2002).

Pode-se analisar o fenômeno de outra maneira, evidenciando que as finanças "aterrissam" em economias surgidas dos momentos de crise, nutridas pelas modalidades de autogestão e trabalho sem patrão, e exploram as formas pelas quais as tramas subalternas reproduzem a vida de um modo que não pode simplesmente se reduzir à "sobrevivência". Essa politização é *lida e traduzida pelas finanças como potência a explorar*. Assim, uma multiplicidade de esforços, poupanças e economias "se põe a trabalhar" para as finanças. Isso significa que as finanças se tornam um código que consegue homogeneizar essa pluralidade de atividades, fontes de renda, expectativas e temporalidades. Essa modalidade extrativa, ademais, se constrói sobre uma dinâmica anterior de espoliação: por um lado, o Estado deixa de investir em infraestrutura, já que o consumo dos setores populares, ao dar-se por meio do acesso ao crédito, implica o deslocamento da obrigação do Estado em relação à provisão de serviços públicos e gratuitos a favor do endividamento individual e privado; por outro lado, a diferença classista se renova com a conversão de devedores sempre em desvantagem com relação a outras faixas da população. O endividamento se realiza para o consumo de bens não duráveis (eletrodomésticos, roupas) e para financiar serviços que foram relegados pelo Estado (saúde, educação, transporte) a taxas de juros especialmente altas. Os juros reintroduzem o diferencial de classe sobre o dispositivo homogeneizante da dívida, segmentando e intensificando a exploração financeira, que recai especialmente sobre os setores populares. A taxa de juros não é subsidiária à dívida, mas sim o modo como se singulariza um diferencial com relação à forma abstrata de exploração (Chena & Roig, 2017).

Então, *o endividamento privado pessoal viabilizado pela mediação do Estado através da concessão de subsídios como garantia bancária se converte em outro modo de privatização da provisão de serviços (já privatizados): a exploração do trabalho comunitário (dos centros de saúde à coleta de lixo, dos refeitórios às creches) que repõe infraestrutura coletiva em condições de extrema precariedade.*

Tal quadro se incrementou e aprofundou com a mudança de governo na Argentina, a partir do final de 2015, e a ascensão do ultraliberal Mauricio Macri. A inflação crescente converteu os subsídios do Estado em uma fonte de renda com poder aquisitivo cada vez menor, mas com maior utilidade em termos de garantia estatal para operações bancárias.

É necessário notar ainda o aprofundamento da bancarização compulsiva em termos de "inclusão financeira", que tem como contrapartida a criminalização de certas economias populares que não se bancarizam. Os planos de assistência social fazem parte de projetos que planejam ser validados em telefones celulares, transformados em "carteiras digitais". A tendência a destinar as fontes de renda e inclusive os empréstimos à compra de alimentos é majoritária,[47] sendo chave do novo ciclo de endividamento. A financeirização se aprofunda a tal ponto que o endividamento se torna a forma privada de gestão da pobreza, da inflação e do ajuste neoliberal, oferecendo crédito como plataforma individual de resolução do consumo de alimentos e pagamento dos serviços essenciais. Formula-se, então, a pergunta pelo modo como a bancarização compulsiva operou nos últimos dez anos, individualizando e financeirizando a relação com os subsídios estatais que foram fonte de organização comunitária durante a crise, e como essa bancarização continua se aprofundando no contexto de crescente inflação e pobreza.

---

47. Isso é referendado por uma pesquisa do Centro de Estudios Metropolitanos, na Argentina, que mostrou que 39% dos entrevistados que contraíram empréstimos destinaram o dinheiro da dívida para "pagar gastos diários", enquanto outros 9% o usaram para "pagar contas de serviços". Ver "Se endeudan para pagar gastos diarios", em *Tiempo Argentino*, 21 out. 2017.

#DesendeudadasNosQueremos

Como continuação da convocatória à greve internacional feminista de 2017, o Coletivo NiUnaMenos publicou um manifesto intitulado *Desendeudadas Nos Queremos* [Desendividadas Nos Queremos], ressaltando que o antagonismo entre vida e finanças é uma questão fundamental também para pensar a greve. Dissemos então que queríamos dar corpo ao dinheiro e nos declaramos insubmissas às finanças. As Insumisas de las Finanzas foi uma ação que realizamos em frente ao Banco Central da República Argentina no dia 2 de junho de 2017 com a ideia de *dar corpo ao que pretende ser a mais abstrata das dominações.*

Como e por que identificamos as finanças como um alvo?

Nessa ação, detalhamos o modo como fazemos contas todo dia para que o dinheiro seja suficiente, como nos endividamos para financiar a vida cotidiana, e como vivemos na ambivalência de querer conquistar autonomia econômica e de nos recusarmos à austeridade aqui e agora com a promessa de um trabalho futuro, ao mesmo tempo que nos tornamos presas da chantagem da dívida. As lutas feministas atuais impulsionam um movimento de politização e coletivização do problema financeiro que propõe especificamente uma leitura feminista da dívida (Cavallero & Gago, 2019).

As finanças dramatizam o momento atual da produção, que se quer "revolucionário": "Essa subversão contínua da produção, esse abalo constante de todo o sistema social, essa agitação permanente e essa falta de segurança distinguem a época burguesa de todas as precedentes", poderíamos dizer, citando novamente o *Manifesto comunista*. Só que as finanças despersonalizam a tal ponto a "burguesia" de que falam Marx e Engels que nos obrigam também a repensar o que significam hoje os meios de produção e a abolição da propriedade como perspectiva do comum.

Além disso, a América Latina impõe uma diferença na leitura do papel histórico da burguesia. Em contraponto com o caráter revolucionário que Marx e Engels lhe atribuem, em nosso continente destaca-se, ao contrário, seu caráter diretamente parasitário e rentista. Portanto, a caracterização de seu papel no desenvolvimento progressivo das sociedades se vê reorganizada desde o início (desde a fundação dos Estados republicanos) por seu caráter colonial. Diria que, à diferença da "descoberta da América" e da "circum-navegação da África" — entendidas por Marx e Engels como aceleração revolucionária —, a modernização nas colônias a cargo de Estados que se entendem como burgueses toma outra forma, produzindo o caráter predatório e arcaizante dessas elites diretamente associadas ao capital global, como sustenta Silvia Rivera Cusicanqui (2018), para caracterizar o projeto de modernidade colonial, imperial e capitalista.

Hoje, os dispositivos patriarcais-financeiros que atualizam o pacto colonial em interseção com as formas de dominação e exploração (Aguilar, 2017) se revelam um ponto fundamental para entender a guerra contra as mulheres e contra os corpos feminizados em sua dimensão contrainsurgente. Nesse sentido, os feminismos latino-americanos se encarregam, junto com a dimensão classista de sua trama, da dimensão anticolonial frente às finanças e às fórmulas predatórias e neoextrativistas. Isso é importante tanto para pensar o que significa uma relação com o Estado em nossas sociedades e sua cumplicidade com os projetos de despojo dos corpos-territórios quanto para dar conta de desencontros históricos e duradouros entre certo feminismo liberal e as lutas populares.

Conectando a violência de gênero com as violências econômicas e sociais, midiáticas e coloniais, estamos construindo um feminismo que impulsiona uma crítica ao capitalismo e evidencia a racionalidade das conexões que vinculam a exploração nos âmbitos do trabalho à implosão da violência misógina no lar. Mas isso também permite dar conta da multiplicação de formas de exploração em economias afetivas, comunitárias, populares, que vão para além do mundo assalariado, e que têm hoje um papel central — enquanto dinâmica de feminização do trabalho — para a valorização do capital.

Questionada a distinção entre público e privado, a leitura do trabalho numa ótica feminista permite, a partir de uma subjetividade supostamente "externa" ou "afastada", deslocar e delinear novamente a própria noção de trabalho, suas zonas e tarefas.

Como assinalamos, na Argentina esse deslocamento possui uma genealogia que remonta ao movimento de desempregados que, com a crise de 2001, conseguiu questionar de modo radical o que chamamos de trabalho, ocupação e remuneração, além de ressignificar a clássica ferramenta do piquete fora da fábrica, utilizando-a para o bloqueio da circulação de mercadorias por meio do fechamento de vias e de sua organização coletiva. Estamos agora diante da capacidade das mulheres, lésbicas, trans e travestis de colocar em jogo todas as fronteiras turvas — turvas porque estão politicamente em disputa, não por uma fluidez abstrata — que há anos vêm sendo elaboradas entre trabalho doméstico, reprodutivo, produtivo, afetivo e de cuidado no contexto de uma crise que considera os corpos feminizados território central de disputa.

Por causa dessa mesma renovação da dinâmica de crise em nosso continente, hoje se revitaliza a visibilidade de um tipo de cooperação social estendida nos territórios dos bairros onde proliferam de modo não temporário as economias populares, e contra as quais a ofensiva violenta é especialmente forte. É sobre essa trama que as finanças estão operando, de um modo que enlaça os avanços neoextrativistas sobre territórios camponeses e indígenas, urbanos e suburbanos.

TRANSBORDAMENTOS I
As finanças populares

Analisar as finanças a partir da economia feminista é urgente. Para isso, devemos começar por entender o papel da financeirização dos dispositivos de inclusão social (por exemplo, os subsídios às diversas formas de empreendimentos corporativos) com relação a uma nova forma de *exploração financeira*, como chave do relançamento da acumulação de capital. As finanças capturam hoje, através do endividamento massivo, as fontes de renda salariais e não salariais dos setores populares, classicamente excluídos do imaginário financeiro.

É assim que a dívida funciona, estruturando uma compulsão à aceitação de trabalhos de qualquer tipo para pagar no futuro a obrigação contraída hoje. Essa captura da obrigação de trabalho a longo prazo põe em marcha a exploração da criatividade a qualquer preço: não importa como e em que se vai trabalhar, o que importa é o pagamento da dívida. A dinâmica precária, informal e inclusive ilegal dos empregos (ou formas de ganhar dinheiro) se revela cada vez mais intermitente enquanto a dívida funciona como *continuum* estável. Nessa defasagem temporal há também um aproveitamento: a dívida se torna mecanismo de coação para aceitar qualquer condição de emprego, pois a obrigação financeira termina "comandando" a obrigação de trabalhar no presente. A dívida, então, veicula uma difusão molecular dessa dinâmica extrativista que, embora lançada ao futuro, condiciona o aqui e o agora, sobre o qual imprime maior velocidade e violência.

Esse *modus operandi* do dispositivo da dívida geralmente adquire uma particularidade quando toma como base os subsídios do Estado às populações chamadas "vulneráveis". Ao mesmo tempo que o Estado funciona como garantia para setores supostamente "excluídos", incluindo-os através do consumo, também habilita a conexão veloz com as economias informais, ilegais e populares, disputando seus próprios limites e colocando-as também em competição entre si. Todas elas se tornam canteiro polimórfico de atividades e fontes de renda para além do salário, e, a partir de sua imbricação com a dívida, extraem dinamismo e capacidade de disputa política dos territórios. Essa trama, então, não se encaixa nos clichês que costumam associar economias informais com ilegalidade e ausência do Estado, ou pobreza e desconexão financeira. Pelo contrário, situam a exploração das populações no interior de uma modalidade de inclusão pelo consumo que legitima a própria financeirização das atividades menos formais, estruturadas e rotineiras. Ao mesmo tempo, a dívida se converte no mecanismo predileto para "lavar" fluxos de dinheiro ilegal em circuitos legais, funcionando como artefato de passagem.

A afinidade dessa dinâmica com a feminização das economias populares é central em vários pontos de vista. Primeiro, pelo modo como o trabalho de reprodução e de produção do comum faz parte das e se entretece diretamente com as tarefas laborais nas economias populares, o que não deve ser lido apenas em termos de feminização da pobreza (ainda que também dê conta disso), mas de uma capacidade de redefinir a produção de valor a partir das esferas de reprodução da vida.

Devemos notar que, no marco da bancarização compulsiva dos subsídios sociais nos últimos anos — que incorporou milhares de novas usuárias ao sistema financeiro sob o slogan da "democratização" bancária —, as mulheres têm um papel fundamental como chefas de lares e provedoras de recursos nas tramas de cooperação social. Por isso mesmo, a dimensão de gênero ligada às finanças revela usos específicos do dinheiro, vinculações também singulares com as diversas modalidades de endividamento e, finalmente, uma relação de elasticidade com as finanças ligada ao modo como a reprodução da vida depende, na maioria dos lares, das mulheres e de suas táticas de gestão cotidiana.

Estudos dedicados ao endividamento notam a preponderância das mulheres como credoras, geralmente tipificadas como "pagadoras exemplares". Suas relações de confiança e parentesco são um valor que o sistema financeiro não deixa de aproveitar como capital a explorar. (Há todo um *corpus* sobre o microcrédito que o declina como "vantagem comparativa". Por outro lado, perspectivas críticas enfatizam o modo de exploração das redes afetivas e solidárias entre mulheres.)

Na Bolívia, Graciela Toro (2010) analisa a expansão dos microcréditos especialmente desenhados para mulheres, chamados "créditos solidários", e impugnados por um poderoso movimento social de devedoras em 2001. Como destaca María Galindo no prólogo do livro de Graciela Toro, o sistema bancário explora a rede social de mulheres, suas relações de amizade e familiares para convertê-las em garantia da dívida. Nina Madsen (2013), questionando o discurso da formação de uma "nova classe média" durante os governos progressistas no Brasil, argumenta que o acesso a maiores níveis de consumo por uma porção importante da população foi sustentado pelo endividamento massivo dos lares e pela superexploração do trabalho não remunerado das mulheres.

Sabemos também da construção "moral" da responsabilidade da figura da devedora; a ela se vincula a avaliação do risco. É fundamental analisar essas tipificações com relação aos atributos vinculados às tarefas "femininas" de flexibilidade, versatilidade frente às dificuldades e geração de confiança, na medida em que remetem a certo treinamento financeiro capaz de gerir distintos fluxos de dinheiro e formas de endividamento, tarefas que em contexto de ajuste e restrição do consumo se tornam ainda mais evidentes.

A perspectiva que propomos sobre a exploração financeira permite traçar uma conexão entre o aumento das violências machistas e a financeirização das economias populares, pois revela a relação íntima entre dívida e sujeição, entre dívida e impossibilidade de autonomia econômica, e porque, de modo literal, converte a dívida em um modo de fixação e/ou mobilização subordinada aos âmbitos de violência. A dívida, em muitos casos, obstaculiza a fuga; em outros, duplica-se a dívida para que se possa fugir.

O que ocorre quando, diante do declínio do salário, a moralidade dos trabalhadores e das trabalhadoras não se produz na fábrica através de seus hábitos de disciplina aderidos a um trabalho mecânico repetitivo? Que tipo de dispositivo de moralização é assumido pela dívida em substituição à disciplina fabril? Como opera a moralização sobre uma força de trabalho flexível, precarizada e, de certa maneira, indisciplinada? *Qual a relação entre a dívida como economia de obediência e a crise da família heteropatriarcal?*

Melina Cooper (2017) desmonta a afamada ideia de que o neoliberalismo é um regime amoral ou inclusive antinormativo, mostrando quais tipos de afinidade existem entre a promoção da família heterossexual como unidade básica da vida social e a reificação do papel tradicional das mulheres nessa estrutura. A partir daí se constrói o imperativo de que essas assumam cada vez mais tarefas de reprodução da vida em face da privatização dos serviços públicos. A assistência social focalizada (forma predileta da intervenção estatal neoliberal) também reforça uma hierarquia de merecimentos com relação à obrigação das mulheres segundo seus papéis na família patriarcal: ter filhos, cuidar deles, escolarizá-los, vaciná-los. Nesse sentido, torna-se evidente a importância da dinâmica que vimos assinalando sobre a politização da reprodução que transborda as tarefas da forma--confinamento do modelo familiar heteronormativo.

TRANSBORDAMENTOS II
Consumo e finanças

As finanças foram extremamente hábeis e velozes para detectar a vitalidade das economias populares e enraizar ali uma extração de valor que opera diretamente sobre a força de trabalho como trabalho vivo. Consideramos "extrativista" a dinâmica que organiza uma modalidade de exploração financeira que não tem o salário como mediação privilegiada da exploração da força de trabalho (Gago & Mezzadra, 2017; Gago & Roig, 2019). O que as finanças exploram nesse modo de extração de valor é uma disponibilidade ao trabalho no futuro que já não assume a dinâmica da medida assalariada. Como assinalou Marx nos *Grundrisse*, "o dinheiro, na medida em que já existe agora em si como capital, é por essa razão simples título sobre trabalho futuro". Ver também Negri (2001).

Se Marx se referia naquele texto à autoridade do capital sobre o "trabalho futuro" como substância do "intercâmbio" entre capital e trabalho, no terceiro volume de *O capital* destaca a mesma temporalidade — de forma ampliada, multiplicada e acelerada — em sua análise do "capital portador de juros", ou seja, do capital financeiro. Ao ressaltar sua natureza de acumulação de "direitos ou títulos" para a "produção futura" (Marx, 1981, p. 599, 641), Marx nos permite descobrir por trás das dinâmicas financeiras a reprodução ampliada da autoridade sobre o trabalho por vir — o que significa o trabalho necessário para produzir "riqueza futura".

Hoje essa demanda por trabalho futuro se traduz em compulsão por aceitar trabalhos de todos os tipos, mesmo sem garantia de que ele seja estabelecido ou assegurado. Esse modo de compulsão ao trabalho sem o perfil natural do salário redesenha a obrigação futura que produz a dívida. Por isso há uma modificação importante em relação a como se pensou até agora o mecanismo de endividamento: uma situação de dívida que possui o horizonte do salário reforça a obrigatoriedade e o compromisso com esse emprego e as condições de precarização sucessivas que ele possa impor; outra coisa é endividar-se sem ter emprego porque se estrutura outra relação entre dinheiro e futuro, já que a dívida constrange a aceitar qualquer condição de trabalho e, inclusive, a inventar formas de trabalho capazes de prover renda rapidamente.

A supressão da mediação salarial na contração da dívida ressalta o dispositivo de captura financeira que se enraíza na força vital do trabalho vivo em sua dimensão de pura potência.

Não quero sugerir uma transição linear do salário à dívida, pois há uma multiplicidade de situações que continuam sendo assalariadas, e para as quais também a dinâmica de endividamento se modificou. No entanto, *o endividamento dos não assalariados é um prisma que permite ver o modo de funcionamento em geral da dívida como dispositivo privilegiado de extração de valor* no capitalismo contemporâneo, ressaltando características-chave.

A compulsão por trabalhos de todo tipo causada pela dívida dinamiza a versatilidade e o senso de oportunidade vital e laboral de que usufruem as economias populares em sua interseção com as economias ilegais, em uma analogia com a versatilidade das finanças para ler e capturar essa energia plebeia para além do salário. Essa forma de compulsão é, ao mesmo tempo, codificada pela dinâmica de consumo que fomenta a dívida, de modo tal que as finanças extraem valor do consumo, como desenvolveremos mais adiante.

Por isso é que nos parece tão fundamental aprofundar as investigações sobre o conceito de "extrativismo ampliado", como já adiantei no capítulo 3. Esse termo nos permite *não* desacoplar a questão extrativista da reconfiguração da questão operária, tomada em suas metamorfoses e mutações contemporâneas (uma pista metodológica que também vem do arquivo anticolonial). Como dissemos, a extração nas economias populares se realiza sobre a força de trabalho que não tem estritamente um horizonte de inclusão assalariada, e nesse sentido se conectam dois termos que frequentemente acabam dissociados: extração e exploração. Ao ressaltar a articulação entre as finanças e as economias populares, entre a dívida e o consumo, e delas com os subsídios estatais provenientes da renda extraordinária das *commodities* e com as violências machistas, estamos conectando o mapa que intersecta a exploração de uma classe operária que já não é exclusivamente assalariada com uma modalidade extrativista que não se aplica apenas aos chamados recursos naturais, redimensionando a própria noção de "território" e "fronteira" de valorização. Mas não só: trata-se ainda de uma leitura feminista dessas dinâmicas que visibiliza o tipo de guerra que o capital empreende contra determinados corpos-territórios.

O patriarcado colonial das finanças

Voltemos à tese do início deste livro: a greve como ferramenta feminista pratica uma crítica radical ao neoliberalismo, porque se trata de um rechaço concreto e contundente aos despojos múltiplos e às novas modalidades de exploração com as quais o capital avança sobre as formas como pensamos a provisão de cuidados, os recursos comuns e as infraestruturas para a reprodução cotidiana. O movimento feminista de massas é uma resposta aos modos filantrópicos e paternalistas com os quais se pretende corrigir a precariedade, impondo fórmulas conservadoras e reacionárias de subjetivação azeitadas pelo medo. Como dissemos, com a ferramenta da greve conseguiu-se conectar a brutalidade da violência contra as mulheres, lésbicas, trans e travestis às formas de exploração e opressão que fazem dessa violência o sintoma estendido de um conjunto de violências capitalistas, coloniais e patriarcais. Essa conexão confere um caráter materialista à crítica da violência, e também abre uma perspectiva que torna concreto o anticapitalismo e o anticolonialismo do movimento.

Neste capítulo, quis mostrar as implicações da desestruturação do patriarcado do salário, e gostaria agora de propor que a restruturação tenta se organizar por meio de um *patriarcado colonial das finanças*. Isso significa que procura repor a autoridade por uma articulação financeira que extrai valor da indistinção — que as lutas conseguiram estabelecer — entre o produtivo e o reprodutivo. Isto é: as lutas conquistaram sua "visibilidade" à força de evidenciar, justamente, o caráter "central" da reprodução social como condição estrategicamente negada e explorada da acumulação de capital.

E esse deslocamento foi fundamental para repensar a espacialidade da reprodução da relação entre capital e trabalho e, em particular, da divisão privado-doméstico/público-assalariado. Na América Latina, essas lutas pela reprodução social ganharam protagonismo com as sucessivas crises das últimas duas décadas, que, ademais, evidenciaram a crise das perspectivas neoliberais do multiculturalismo e a tecnocracia de gênero como tentativa de "metabolizar" a diferença. Essa *politização* da reprodução social pela crise é fundamental para estender a perspectiva da reprodução social à análise de todas as formas hoje assumidas pela produção. Insisto: a economia feminista não pode se deter na esfera da reprodução (como contraposição à produção); a perspectiva que surge da economia feminista serve para repensar o conjunto das relações sociais e suas batalhas contra as fronteiras de valorização do capital.

Hoje, a questão feminista — que é a questão da diferença — reconfigura a questão de classe. Já não se trata de uma qualidade ou um suplemento que permanece relativamente externo à análise ou que se agrega como variável secundária; estamos diante de uma imagem coletiva diversa do que chamamos de trabalho e do que significa construir uma medida de força comum capaz de alojar a multiplicidade que atualmente expressa a classe como antagonismo.

Nesse sentido, a forma de *exploração financeira* que analisei como dispositivo concreto da extração de valor nas economias populares feminizadas (e que se articula com outras formas extrativistas) revela um modo de captação da vitalidade social por fora das margens do salário, arraigando-se fortemente nas tarefas da reprodução em um sentido ampliado. Mas, sobretudo, como argumentei, é também uma disputa pela temporalidade da exploração: as finanças comprometem futuramente a obediência e, por essa razão, funcionam como comando ou "padrão" invisível e homogeneizante da multiplicidade de tarefas capazes de produzir valor. Mais ainda: as finanças têm nessa modalidade uma relação-chave com as violências machistas e com o manejo da crise.

Vemos como as finanças aterrissadas nos territórios construíram uma rede capilarizada capaz de, por um lado, prover financiamento privado e caríssimo para resolver problemas da vida cotidiana, derivados do ajuste e da inflação; e, por outro, de estruturar a temporalidade no futuro, culpabilizando e individualizando a responsabilidade de despojos que esvaziaram os territórios de infraestrutura (de saúde aos serviços de água, passando pela provisão de alimentos). O endividamento generalizado *amortiza* a crise. Faz com que cada um afronte de maneira individual o aumento de tarifas e ocupe seu tempo em trabalhar cada vez mais por cada vez menos dinheiro. O próprio fato de viver "produz" dívida, e ela recai principalmente sobre as mulheres e os corpos feminizados (Cavallero & Gago, 2019).

Assim, vemos que as dívidas são um modo de gestão da crise: nada explode, mas tudo implode. Para dentro das famílias, nos lares, nos trabalhos e nos bairros, a obrigação financeira faz com que os vínculos se tornem mais frágeis e precários ao estarem submetidos à pressão permanente da dívida. A estrutura do endividamento massivo, que já perdura por mais de uma década, é o que nos dá pistas sobre a forma atual assumida pela crise: responsabilidade individual, incremento das violências chamadas "domésticas", maior precarização das existências.

O endividamento, podemos dizer usando uma imagem de George Caffentzis (2018), gere a "paciência" dos trabalhadores, das donas de casa, dos estudantes, dos imigrantes. A pergunta pela paciência é a seguinte: quanto se pode suportar as condições de violência de que o capital necessita hoje para reproduzir-se e valorizar-se? A dimensão subjetiva que marca os limites do capital é um ponto-chave do endividamento massivo. E hoje é o movimento feminista, mais do que outras políticas de esquerda, que propõe uma disputa justamente sobre o "subjetivo": isto é, sobre os modos de desobediência, desacato e rechaço às dinâmicas de violência atuais, conectadas intimamente às formas de exploração e extração do valor. Através do processo de organização da greve feminista, impulsionamos esse ponto também estratégico: visibilizar e conectar as dinâmicas não reconhecidas de trabalho, rechaçar a hierarquia entre o produtivo e o reprodutivo, e construir um horizonte compartilhado de lutas que reformula a própria noção de corpo, conflito e território.

A dimensão colonial se expressa, nesse sentido, por meio da colonização de novos "territórios" formados a partir da articulação entre dívida e consumo, na medida em que ambas funcionam através da premissa do despojo coletivo. Mas, da forma como se reestrutura o patriarcado, "colonial" se refere também ao modo desmesurado de enlaçar finanças e novas formas de violência, em que se provê aos homens e às empresas multinacionais um princípio de estabilização subjetiva a partir da posse (violenta, de múltiplas maneiras) dos corpos feminizados e dos corpos-territórios. Entendemos assim a forma orgânica por meio da qual hoje se vincula, de modo novo, violência e capital. O colonial desse patriarcado das finanças é também um modo de atualização da divisão entre governantes e governados sob novas coordenadas que tornam um tanto quanto anacrônica a chamada institucionalidade democrática.

O horizonte organizativo da greve repõe a dimensão classista, anticolonial e massiva do feminismo de modo criativo e desafiador, porque não provê uma ferramenta fechada, pronta para usar, mas sim uma que precisa ser inventada no próprio processo organizativo e, ao mesmo tempo, nos permite compreender por que as mulheres e os corpos feminizados nos constituímos como eixo da exploração capitalista, em particular em seu momento de hegemonia financeira.

DIGRESSÃO
Rosa Luxemburgo: conquistar as terras da dívida e do consumo

A fórmula de "acumulação por espoliação" elaborada por David Harvey (2003) foi muito empregada no debate sobre o extrativismo, em especial na América Latina. Harvey usa como referência fundamental a reflexão de Rosa Luxemburgo sobre o imperialismo e a dinâmica expansiva do capitalismo. Enfatizando a necessidade de múltiplos "foras" para habilitar essa dinâmica, Luxemburgo é, de fato, entre os clássicos marxistas, a teórica que mais pode oferecer elementos-chave para pensar o tema do extrativismo. E, uma vez que sua noção de *fora* está desvinculada da referência exclusivamente geográfica-territorial, se torna produtiva para pensar a atualidade. Sua teoria do imperialismo nos permite caracterizar a dinâmica de acumulação em escala global e, em particular, assinalar alguns pontos que gostaríamos de abordar sobre as atuais "operações extrativistas" do capital (Mezzadra & Neilson, 2019). A questão imperialista, como argumenta Kaushik Sunder Rajan (2017), permite uma reterritorialização da teoria do valor. Desse ponto de vista, volta a ser relevante a análise *conjunta* da constituição dos mercados de trabalho (ou as formas de exploração), a extração de "matérias-primas" (e a própria discussão de seu conteúdo) e a financeirização (em termos de operações abstratas e concretas). A última, tratada também por Lênin em termos de imperialismo, expressa uma extensão da lógica de acumulação de capital, e, portanto, também está vinculada à sua contradição inerente, para voltar a Luxemburgo: a defasagem espacial e temporal entre produção de mais-valia e sua conversão em capital. Mas isso implica uma questão *anterior*: a relação do capital com seus "foras".

Parece-me que essa análise conjunta de mercados de trabalho, matérias-primas e finanças nos brinda com uma perspectiva efetiva para pensar hoje as distintas formas da extração remapeando seu sentido ampliado. Por outro lado, proponho retomar a temática dos consumos no trabalho de Rosa Luxemburgo, já que cumprem um papel fundamental e não muito reconhecido no debate. O consumo empurra o aprofundamento social do extrativismo como vetor fundamental de sua efetiva *ampliação*. Ou seja, *as finanças extraem valor impulsionando o consumo que se dinamiza à custa de dívida e condiciona de modo específico certas condições de exploração.* Por isso, o consumo se transforma em um campo de batalha estratégico porque é ali que as finanças "recuperam" fluxos de dinheiro para a realização da mercadoria, e porque ali se torna "presente" a obrigação "futura".

Uma reconstrução rápida da teoria de Rosa Luxemburgo, levando em conta a compreensão do consumo como campo de "realização" da mais-valia, ajuda a abordar o tema. Em *A acumulação do capital* (1913), ao explicar o esquema teórico ideal em que Marx postula a produção e realização de mais-valia entre as figuras de "capitalistas" e "trabalhadores", Luxemburgo propõe ampliar essas figuras de um modo não formal, abrindo caminho à pluralização que parece se revelar inerente ao consumo: "[...] a mais-valia não pode ser realizada pelo consumo dos capitalistas, nem pelo consumo dos empresários [...]. Na verdade, a mais-valia só pode ser realizada por camadas sociais ou sociedades cujo modo de produção é pré-capitalista". Ela dá o exemplo da indústria inglesa de tecidos de algodão, que durante dois terços do século xix abasteceu a Índia, a América e a África, além de prover a camponeses e à pequena burguesia europeia. "Nesse caso, foi o consumo de camadas sociais e países não capitalistas que constituiu a base do enorme desenvolvimento da indústria de tecidos de algodão na Inglaterra", conclui.

A *própria elasticidade do processo de acumulação* envolve a contradição imanente assinalada antes. O efeito "revolucionário" do capital opera nesses deslocamentos, capaz de resolver em prazos breves a descontinuidade do processo social de acumulação. Luxemburgo agrega a essa "arte mágica" do capital a necessidade do não capitalista: "Só em países pré-capitalistas, porém, que vivem sob condições sociais primitivas, pode-se desenvolver, sobre as forças produtivas materiais e humanas, o poder necessário para realizar aqueles milagres". A violência dessa apropriação por parte do capital europeu requer um complemento de poder político que só se identifica com condições não europeias: isto é, o poder exercido nas "colônias" americanas, asiáticas e africanas. Luxemburgo cita aqui a exploração dos povos indígenas por parte da Peruvian Amazon Co. Ltd. — que provia borracha amazônica a Londres — para evidenciar como o capital consegue produzir uma situação "próxima à escravidão". O "comércio mundial" como "condição histórica de vida do capitalismo" aparece, então, "essencialmente [como] uma troca entre as formas de produção capitalistas e as não capitalistas". Mas o que emerge quando o processo de acumulação é considerado sob a ótica do capital variável, isto é, do trabalho vivo, e não só da mais-valia e do capital constante?

Os limites "naturais" e "sociais" ao aumento da exploração da força de trabalho, segundo Luxemburgo, fazem com que a acumulação deva ampliar o número de trabalhadores ocupados. A citação de Marx sobre como a produção capitalista se ocupou de situar a classe operária como uma classe dependente do salário leva à questão da "procriação natural da classe operária" que, no entanto, não segue os ritmos e movimentos do capital. Mas, ainda conforme Luxemburgo, a "formação do exército industrial de reserva" (*O capital*, tomo I, cap. 23) não pode depender dela para resolver o problema da acumulação ampliada. "Tem que contar com outras reservas sociais, das quais retira operários que até então não estavam às ordens do capital e que somente quando se torna necessário ingressam no proletariado assalariado. Esses operários adicionais só se podem originar de camadas e países não capitalistas."

Às fontes de composição do exército industrial de reserva pontuadas por Marx — e que uma análise como a de Paolo Virno (2003) nos permite pensar, em sua atualidade *ampliada*, como condição virtual e transversal a todos os trabalhadores e trabalhadoras —, Luxemburgo agrega a questão das raças: assim como o capital necessita dispor de todas "as comarcas e climas", "tampouco pode funcionar somente com os operários que lhe oferece a 'raça' branca": "necessita poder dispor, ilimitadamente, de todos os operários da Terra, para com eles poder mobilizar todas as forças produtivas do planeta, dentro dos limites da produção de mais-valia, enquanto isso seja possível". O ponto é que esses trabalhadores não brancos devem ser "previamente 'libertados' para que possam 'alistar--se' no exército ativo do capital". O recrutamento, desse ponto de vista, segue a orientação *libertadora* que o capital atribui ao proletariado, entendido como sujeito "livre" (Luxemburgo cita como exemplo as minas sul-africanas de diamantes). A "questão operária nas colônias" mistura assim situações operárias que vão do salário a modalidades menos "puras" de contratação. Mas o que nos interessa é o modo como Luxemburgo sublinha a "existência coetânea" de elementos não capitalistas no capitalismo como base para sua expansão. Esse é o ponto de partida para reavaliar o problema do mercado interno e externo: não só conceitos de geografia política, mas, sobretudo, ressalta, de economia social. A conversão da mais-valia em capital, exposta nesse mapa de dependência global, se revela ao mesmo tempo "cada vez mais premente e precária".

Demos, porém, mais um passo. O capital pode, pela força, diz Luxemburgo, apropriar-se de meios de produção e também obrigar os trabalhadores a se converter em objeto de exploração capitalista. O que não pode fazer pela violência é torná-los "compradores de suas mercadorias", ou seja, "forçá-los a realizar sua mais-valia". Poderíamos dizê-lo assim: não pode obrigá-los a se transformarem em consumidores.

A articulação entre crédito internacional, infraestrutura e escoamento de mercadorias é essencial, e Luxemburgo a analisa detalhadamente em várias passagens de *A acumulação do capital*: na luta contra todas as "formações de economia natural" e, em particular, no despojo das terras para acabar com a autossuficiência das economias camponesas, destacando as dívidas hipotecárias sobre os granjeiros estadunidenses e a política imperialista holandesa e inglesa na África do Sul contra os nativos, como formas concretas de violência política, pressão tributária e introdução de mercadorias baratas.

A dívida é o dispositivo que centraliza o problema da defasagem temporal e espacial entre a realização e a capitalização da mais-valia; daí a necessidade de uma *expansão colonial*. Luxemburgo dedica alguns parágrafos emblemáticos dessa operação de dívida à relação entre Inglaterra e Argentina, em que os empréstimos, a exportação inglesa de manufaturas e a construção de ferrovias ascendem a cifras astronômicas em apenas uma década e meia. Estados sul-americanos, colônias sul-africanas e outros "países exóticos" (Turquia e Grécia, por exemplo) atraem por igual fluxos de capital em ciclos mediados por bancarrotas, e posteriormente reiniciados: "A mais-valia realizada, que na Inglaterra ou na Alemanha não pode ser capitalizada e permanece inativa, foi investida na Argentina, na Austrália, no Cabo ou na Mesopotâmia em estradas de ferro, obras hidráulicas, minas etc.". O deslocamento (temporal e espacial) referido a quando e onde a mais-valia pode capitalizar-se permite que o dilema da acumulação seja como uma máquina de abstração que, porém, depende de circunstâncias concretas que mais uma vez tentam ser homogeneizadas: "O capital inglês que chegou à Argentina para a construção de estradas de ferro pode ser do ópio indiano introduzido na China".

No exterior, no entanto, é preciso fazer surgir o "criar" violentamente uma "nova demanda": o que se translada, diz Luxemburgo, é o "gozo" dos produtos. Mas como se fabricam as condições para que esse gozo tenha lugar? "É certo que o 'gozo' dos produtos tem de ser transformado em dinheiro, pago pelos novos consumidores. Para isso, os novos consumidores necessitam de dinheiro". Hoje, a massificação do endividamento coroa a fabricação desse gozo. Esse gozo é a tradução de um desejo que produz um *fora*. Claro que não é um fora estritamente literal nem territorial.

Se, no argumento de Luxemburgo, o que prenuncia a crise é o momento catastrófico do fim do mundo não capitalista do qual é preciso se apropriar por meio da expansão imperialista, no atual deslocamento permanente desses limites (e na gestão constante de crise) também devemos enxergar à contraluz algo fundamental: a criação de mundos (espaços-tempos de desejo) não capitalistas sobre os quais o capital arremete com crescente voracidade, velocidade e intensidade. Ao mesmo tempo, necessitamos detectar que tipo de operações extrativistas relançam a questão *imperial* para além dos limites do Estado-nação.

Desse modo, queremos ressaltar não só a dinâmica axiomática do capital — como a denominam Deleuze e Guattari, e à qual já me referi —, capaz de sempre incorporar novos segmentos, ostentando um aparente anexionismo multiforme e infinito, mas um momento *prévio*: isto é, o da produção desses mundos onde o desejo coletivo produz um fora sobre o qual se expandem as fronteiras de valorização através do consumo e do endividamento, de modo a enlaçar novas formas de exploração e extração de valor.

Se Marx, já citado, diz que a maquinaria amplia o material humano explorado, na medida em que o trabalho infantil e feminino é a primeira marca do maquinismo, podemos pensar o conceito ampliado de extrativismo como a ampliação do material humano e não humano explorado, precisamente, a partir da dinâmica das finanças. Podemos projetar a premissa metodológica de Marx, de que se chegou às máquinas pelos limites impostos pelo trabalho. Limite e ampliação marcam assim uma dinâmica que não é simétrica, mas ritmada pela conflituosidade. A leitura de um "fora" se torna a maneira de detectar como é que as resistências (em sua diferença histórica) produzem esse limite, sobre o qual depois o capital procura expandir sua fronteira. Trata-se de um "fora" não puro, em que a conflituosidade que o constitui ganha formas difusas e múltiplas. Os diversificados dispositivos financeiros atuais (do crédito ao consumo de derivados, das hipotecas aos títulos futuros) transversalizam a captura de distintos setores e atividades, buscando conquistar diretamente o valor *futuro* e já não o trabalho passado realizado. A diferença entre renda de extração e salário passa por essa diferença temporal e por uma mudança radical na medida da exploração.

Nessa perspectiva é preciso compreender também o consumo. Primeiro, porque há uma radicalização de seu papel no momento atual do capitalismo. Segundo, porque há um lado do consumo que se realiza já para além dos limites do salário, que dá conta de um rechaço à austeridade e não simplesmente de uma passiva manipulação financeira, tal como argumenta Federici (2013).

Proponho pensar as economias populares como espaços de elaboração e disputa desses *foras*, como instâncias nas quais se amplia o extrativismo de modo mais conflitivo. Identificar as economias populares com formas de microeconomia proletária significa destacar que ali há uma disputa pela cooperação social. Além disso, desativa a ideia tão recorrente na América Latina (e no Sul global, em termos mais gerais) que evoca a fantasmagoria do lumpemproletariado: essa classe que não é capaz de reunir as características do proletariado. Uma ideia que, no entanto, se acopla muito bem à "naturalização" da riqueza na região, identificada primordialmente como um continente de recursos naturais e matérias-primas. Creio que pode situar-se ali, nessas microeconomias proletárias, uma análise do que Nancy Fraser (2014) chama de "luta sobre os limites" através da qual o capital busca permanentemente extrair valor do que ela denomina "zonas cinzentas informais". Fraser sublinha o vínculo entre semiproletarização massiva e neoliberalismo como uma estratégia de acumulação que se organiza a partir da expulsão de milhões de pessoas da economia formal para essas zonas difusas de informalidade.

Mas, novamente, é importante vincular o que em seu argumento parece separado: a expropriação se torna um mecanismo de acumulação "não oficial", enquanto a exploração parece permanecer como mecanismo "oficial". Insistimos, como tentamos fazer com a categoria de extrativismo ampliado, na importância de pensar a simultaneidade da exploração e da espoliação, e a imbricação de ambas sob as condições da lógica extrativista como forma de valorização.

Saskia Sassen (2006) argumenta que o capitalismo extrativista plasma uma nova geografia do poder mundial composta por "espaços de fronteira" onde se produzem as dinâmicas que influenciam decisões de atores globais que operam tanto em nível transnacional quanto nacional e local, revelando sua interdependência. Nessa adequação da soberania nacional em relação a regras definidas globalmente, argumenta Sassen, revela-se uma nova divisão internacional do trabalho. "Torna-se evidente que a soberania estatal articula ao mesmo tempo as normas e condições próprias e externas. A soberania permanece como propriedade sistêmica, mas sua inserção institucional e sua capacidade para legitimar e absorver todo o poder de legitimação, ser a fonte da lei, tornou-se instável. As políticas das soberanias contemporâneas são muito mais complexas do que as noções que a exclusividade territorial pode abarcar" (Sassen, 2006).

O *extrativismo ampliado* se refere, então, a uma modalidade que funciona sobre distintos "territórios" (virtuais, genéticos, naturais, sociais, urbanos, rurais, de produção e de consumo), e é nessa heterogeneidade que as finanças concentram sua operação, redefinindo a própria noção de território como unidade soberana. É assim, porém, que as finanças formulam a pergunta sobre seu funcionamento como "autoridade", isto é, sobre sua capacidade de centralizar e homogeneizar as distintas dinâmicas de valorização.

CAPÍTULO 5
Assembleias: um dispositivo situado de inteligência coletiva

Para nós, a assembleia funcionou diversas vezes como o lugar específico de preparação da greve feminista. Como sua cozinha. Daí surge uma primeira tese: as assembleias se constituem como *dispositivos situados de inteligência coletiva*. São espaços de enraizamento e projeção onde se experimenta a potência de *pensar juntas*, de elaborar uma ideia (uma palavra de ordem, um percurso, uma convocatória etc.) que não existia antes da realização da assembleia. A *avaliação situada* de cada conjuntura põe as assembleias em estado de *novidade*. Mesmo que muitas dessas avaliações já tivessem sido feitas em outros espaços, é na assembleia que se percebe sua força, sua capacidade de funcionamento, seu possível desenvolvimento, suas dificuldades.

A experiência de pensar juntas é sentida no corpo como potência de uma ideia. Inaugura um traço fundamental da inteligência de assembleias: desenvolve uma *pragmática*. Amarra elementos diversos, avalia táticas, compõe estratégias, se inscreve na história de lutas passadas e ao mesmo tempo — insisto — se experimenta como novidade.

Esse modo de inteligência coletiva, ademais, tece *tempo* entre um acontecimento de rua e outro, coloca-os em continuidade e aproveita suas descontinuidades, lê urgências enquanto provoca o impensado.

Por isso, a segunda tese: em sua insistência temporal, as assembleias produzem a greve como processo político mais do que como um acontecimento isolado no calendário. A assembleia é uma instância que se atualiza. É necessário construí-la sempre para aglutinar uma multiplicidade de lutas feministas que vão se ampliando, se encontrando e narrando a si mesmas nesse espaço-tempo. Por isso, a assembleia é um *dispositivo de temporalização do processo*: uma repetição que sempre produz diferença.

A assembleia é *ao mesmo tempo* situação *e* processo.

A assembleia produz situação concreta: um espaço-tempo com capacidade de instaurar soberania sobre o que se decide coletivamente. A assembleia arma processo: dá continuidade, conecta momentos, como pontos de um fluxo que vai acumulando força.

A assembleia é onde se mescla o diferente em termos de experiências, expectativas, linguagens — e o faz para compor um espaço comum de encontro, de debate, de mal-entendidos, de discordâncias a partir dos corpos, dos gestos, da conspiração.

Logo, ambas as teses relacionam-se mutuamente. A assembleia produz inteligência que é coletiva e é situada, e desse modo *inventa* tempo histórico e o *abre* através da pergunta: o que fazemos?

A assembleia tem três potências específicas: i) um poder de avaliação da situação; ii) uma capacidade estratégica de decisão política; e iii) uma destreza para tornar operativas e concretizar essas decisões.

Depois da assembleia para a primeira greve nacional de mulheres da Argentina, em outubro de 2016, as assembleias no galpão da Mutual Sentimiento (esse espaço que nuança a memória também do que foi em 2001 o nó do maior *trueque*[48]

---

48. Os clubes de *trueque* [troca] foram uma prática de intercâmbio e consumo popular que se fizeram massivas durante a crise de 2001. Armaram-se espaços e redes em todo de Buenos Aires e um dos primeiros laboratórios experimentais de remédios genéricos) triplicaram sua convocatória. O mesmo ocorreu em centenas de assembleias que se espalharam pelo país, em refeitórios, favelas, lugares de trabalho, escolas, sindicatos, praças. Voltou a suceder na assembleia de dezembro de 2018, na qual repudiamos a sentença aberrante que pretendia absolver os feminicidas de Lucía Pérez. Também nas assembleias que se realizaram nos lugares de trabalho contra as demissões ocorridas durante todo o ano, entre greve e greve, e naquelas que se convocaram por outros conflitos. Voltarei a essa prática de *assembleia situada* mais adiante.

Uma terceira tese, então: as assembleias funcionam como cozinha porque nelas *se elabora um diagnóstico feminista da crise* que faz com que a greve seja uma fórmula prática e um mapeamento efetivo de quais são as condições atuais de trabalho e de vida de um ponto de vista que tecemos a partir das lutas das mulheres, lésbicas, trans e travestis. Por isso, em cada assembleia toda uma série de conflitos que redefinem o próprio âmbito laboral se conecta e se projeta.

Sua força, então, radica em funcionar como caixa de ressonância de uma conflituosidade que não para de crescer frente à política sistemática de ajuste e demissões. Nesse sentido, se amplia *a partir do diagnóstico feminista* o que se entende por "laboral": falamos de uma dinâmica que envolve trabalho de imigrantes, trabalho remunerado e não remunerado, subsídios sociais e salários, trabalho com contrato e precarizado, biscates e trabalho doméstico. Trata-se de modos atuais da exploração do trabalho que, evidenciados em sua heterogeneidade e articulação, podem ser lidos em relação

---

o país para o *trueque* de bens e serviços, inclusive em alguns lugares se chegou a experimentar uma moeda própria. Foi uma experiência fundamental da economia social e uma resposta popular ao empobrecimento e à falta de dinheiro na crise. [N.T.]

com as violências atuais. Por isso, não só se amplia o termo "laboral"; se amplia também o que se chama de "conflito".

Como sustenta Kathi Weeks (2011), se nos anos 1970 a leitura feminista do trabalho focalizou as tarefas de reprodução, hoje esse arquivo serve para pensar em termos mais amplos uma *feminização geral do trabalho*, além de fornecer pistas para uma imaginação radical do rechaço à sua subordinação. Da perspectiva feminista que advém da compreensão dos trabalhos não pagos, mal pagos, não reconhecidos e hiperexplorados hoje, surgem os caminhos mais potentes para entender o mundo do trabalho em geral. Portanto, a perspectiva feminista consegue visualizar, a partir de sua singularidade, a *totalidade das formas* de exploração: porque sabe como conectá-las, como se produz seu diferencial de exploração e como produzem valor as hierarquias políticas que organizam o mundo do trabalho assalariado e não assalariado. Nesse sentido, como já dissemos, ela amplia a noção de classe.

Mais ainda: a perspectiva feminista possibilita uma leitura geral hoje porque, devido a sua posição *parcial* histórica como sujeitas e sujeitos desvalorizados, consegue enxergar como implodiu a própria ideia de trabalho *normal*. Claro que esse trabalho normal, que se apresentava como imagem hegemônica de um emprego assalariado, masculino e formal, persiste como imaginário e inclusive como ideal. Mas, uma vez que se tornou escasso, esse ideário pode funcionar de modo reacionário: aqueles que têm esse tipo de emprego são constrangidos a se enxergarem como privilegiados em risco que precisam se defender da maré de precarizados, desempregados, imigrantes e trabalhadores informais. Parte significativa da política sindical atual é também obrigada a agir como se "defendesse privilégios" e, portanto, em chave reacionária com relação à situação de crise, em geral, e à multiplicação do trabalho, em particular.

Pelo contrário, a potência do *diagnóstico feminista atual* sobre o mapa do trabalho consiste em fazer *uma leitura não fascista* do fim de um certo paradigma inclusivo através do emprego assalariado, e desenvolver outras imagens do que chamamos trabalho e outras fórmulas para seu reconhecimento e retribuição. Esse desafio é uma interpelação direta aos sindicatos.

Intersindical Feminista

Por isso mesmo foi e é tão fundamental a participação de companheiras de sindicatos nas assembleias, e não é casual que haja sido no calor das assembleias preparatórias para a greve de março de 2018 que surgiu a Intersindical Feminista: uma convergência inédita de dirigentes das cinco centrais sindicais argentinas em uma iniciativa conjunta. Fatos como esse tornam possíveis, por exemplo, que a central mais antiga, a CGT, fundada em 1930, tenha utilizado pela primeira vez em um comunicado a palavra "feminista", ao anunciar que engrossaria o movimento do 8 de março de 2018.

A dinâmica de assembleias e greves de mulheres, lésbicas, trans e travestis na Argentina tem como um de seus pontos fortes ter conseguido irromper, convocar e dinamizar os sindicatos enquanto se articulava com eles. Isso impactou diretamente a visibilização de muitas das suas dirigentes e a conformação de um novo tipo de liderança que as tirou do espaço limitado das secretarias de Gênero ou Desenvolvimento Social para projetar sua intervenção na disputa direta de hierarquias machistas no interior dos sindicatos e por fora deles. Essa visibilização se produziu tanto nas assembleias massivas, onde os sindicatos são interpelados constantemente para que convoquem à greve, como na enunciação de muitas sindicalistas que se apropriaram de uma leitura e de um discurso de gênero para interpretar as problemáticas de seus sindicatos, seu papel nas estruturas internas e as questões do trabalho em geral. Também teve um impacto geracional: elegeram-se muitas dirigentas jovens, cujas trajetórias combinam, na prática, experiências no movimento de mulheres e no movimento sindical que só agora puderam se complementar e deixar de serem vividas como dissociadas.

A questão sindical se vê transformada ao assumir uma redefinição dos limites do "mundo do trabalho" e incorporar as questões de reprodução em sua "contabilidade" sindical; mas também ao afinar seu olhar sobre o impacto diferencial do ajuste e da precarização sobre as mulheres, lésbicas trans e travestis. Ao mesmo tempo, a força do movimento feminista nutriu a política sindical e, em particular, as mulheres e dissidências que o compõem, ampliando sua agenda e seu vocabulário, e dando um impulso desobediente à participação na greve feminista. No desacato do movimento feminista de convocar à greve para além do monopólio sindical a que essa ferramenta está historicamente restrita, muitas mulheres dos sindicatos encontraram a maneira de impor outra relação de forças, reapropriando-se da greve por *dentro* do mundo sindical, organizado por hierarquias patriarcais.

A transversalidade do movimento feminista encontra no componente sindical uma aliança importantíssima tanto em termos de mobilização quanto de massividade e impacto. Simultaneamente, obtém uma força conjunta que faz da "unidade" sindical uma questão nova, porque *transborda a definição daquelas que somos trabalhadoras*, já que, nesse intervalo de tempo, os sindicatos passaram a reconhecer as trabalhadoras da economia popular e também as trabalhadoras não sindicalizadas. Quando os sindicatos assumem que as tarefas reprodutivas, comunitárias, de bairro e precarizadas produzem valor, o limite sindical deixa de ser um "alambrado" que confina o trabalho como *exclusividade* das trabalhadoras formais, passando a dar conta do encobrimento de outras tarefas que o salário e a precarização também exploram. A consigna surgida da greve e no calor da Intersindical Feminista — *#TrabajadorasSomosTodas* — sintetiza esse movimento.

Por isso, quando se canta em uma assembleia *"Unidad de las trabajadoras, y al que no le gusta, se jode, se jode"* [Unidade das trabalhadoras, e quem não gosta que se foda, se foda], se faz um duplo gesto. Por um lado, se adiciona gênero a esse canto histórico. Dá-se conta de uma unidade que não pode ser afirmada sob o signo das hierarquias sindicais machistas internas. A força do movimento dentro dos sindicatos denuncia, de fato, que essa unidade que subordinava as trabalhadoras era uma unidade consagrada à força de obediência. Por outro, ao ampliar a noção de trabalhadoras — porque trabalhadoras somos todas —, essa unidade se torna força de *transversalidade*: se compõe com tarefas e trabalhos que historicamente não eram reconhecidos pelos sindicatos como trabalho.

Materialismo de assembleia

As assembleias são o *fazer-se* da greve: seu caldeirão, para voltar à artilharia das bruxas. Demitidas de empresas ferroviárias, de instituições públicas como a Casa da Moeda e o Instituto Nacional de Tecnologia Industrial, de oficinas de costura, de fábricas de alimentos, de hospitais, de gráficas, de supermercados, em conexão *transversal*, mais uma vez, com trabalhadoras da economia popular, com docentes em luta, com trabalhadoras sexuais e travestis, com produtoras agropecuárias em crise, com donas de casa desesperadas pelo ajuste cujos efeitos tentam amenizar à custa de destrezas cotidianas para poupar e esticar o orçamento.

Proponho uma quarta tese, relacionada ao *materialismo* da assembleia. A assembleia é esse lugar concreto onde as palavras não podem se descolar do corpo. Onde colocar a voz é gesticular, respirar, transpirar e sentir que as palavras resvalam e se travam no corpo das outras. Contra a ideia de que uma greve só se organiza de modo virtual ou convocada pelas redes, a trama da assembleia, sua reiteração obstinada e em distintas escalas, volta a pôr em cena o trabalhoso corpo a corpo, o desacordo permanente, o encontro à viva voz das experiências divergentes e as dissidências concretas e irredutíveis. O modo de compartilhar um espaço, de escutar pacientemente as intervenções e, finalmente, de sustentar essa tensão — que é pensante sem ser necessariamente produtora de consensos — evidencia que a heterogeneidade não é só uma questão discursiva nem de relatos.

Estar reunidas em assembleia, como um modo laborioso de estar umas com as outras, nos retira de uma relação passiva ou cínica com a crueldade reiterada pelas violências machistas a ponto de se tornarem paisagem cotidiana; e nos desloca do modo vitimista de sofrer os ajustes que precarizam as existências, que as querem tornar austeras e miseráveis e encerrá-las no gueto de gênero que codifica os padecimentos e as reparações. Porque o processo da greve afirma: precisamos sair da vitimização e do estado de luto permanente ao qual querem nos submeter.

O que ocorre na assembleia é uma elaboração paciente e difícil. Nesse esforço, porém, se reativa a cotidianidade de muitas organizações (sindicais, políticas, educativas, de bairro, comunitárias, culturais). As assembleias estão produzindo novas imagens de contrapoder, de uma soberania popular que desafia a fé estatal como monopólio da política, de insurgências que renovaram as dinâmicas de decisão e autonomia, de cuidado e reprodução, de autodefesa e saber coletivo.

São momentos intermitentes e frágeis, mas na medida em que são persistentes e capazes de produzir novas formas de "acorpamento" (*acuerpamiento*) e de poder, podemos dizer que *não é apenas um momento, mas um movimento*. Aqui tomo emprestada uma definição que se fez do movimento #BlackLivesMatter quando também queriam confiná-lo à sua breve duração e a seu modo intempestivo (Taylor, 2017a). Esses tipos de movimento colocam em prática uma pergunta que não está sendo formulada apenas pela filosofia: o que significa atuar juntos quando as condições para fazê-lo estão devastadas?

Soberania da assembleia

Quero sintetizar, então, que em distintos lugares e em distintas escalas (nisso a assembleia é um dispositivo mais do que flexível, embora sempre consistente) as assembleias produzem um modo de inteligência coletiva em três atos: a imaginação de uma ação comum, a avaliação da força para convocar, e a capacidade prática de operacionalizar uma decisão coletiva.

Mas, para isso, a assembleia também *se produz, se prepara*. Arma-se em conversas para transmitir a notícia; cresce através de um rumor que toma corpo em uma reunião; e prolifera em um debate que faz do questionamento da greve uma pergunta entre muitas. Funciona porque abre um sulco na ordem do dia do sindicato; como um comentário no bate-papo na escola e na fila do mercado; se amplia em uma atividade programada em um colégio e no murmúrio em uma redação. Há um *chamamento* necessário para a assembleia.

E é um chamamento a *dar-nos tempo*, porque é na assembleia onde *se produz tempo político* para pensar também nossos usos do tempo e revisar a partilha de horas de trabalho que equilibramos como malabares; porque aí podemos queixar-nos dos abusos e da falta de oportunidades que se reivindicam como igualitárias, e também dedicar-nos a detalhar nossos esforços e estratégias. Apropriar-nos de tempo é antecipar um modo de parar para pensar, de parar para imaginar; suspender a rotina para abrir outra temporalidade que não queremos que seja apenas excepcional e momentânea, e que sustente efeitos de *duração* ao sair da assembleia. Por isso, a assembleia não é evanescente: não só dura o que dura, embora também seja assim, mas se prolonga em como os efeitos do que ali intuímos, pensamos, desejamos e decidimos *se fazem corpo e põem em marcha* todo um conjunto de percepções, ações, debates e mais convocatórias.

A assembleia, em suas diversas versões, *nos transforma* porque funciona como espaço de processamento coletivo dos padecimentos do ajuste e da crise, das injustiças históricas e das mais recentes. Desse modo, a narrativa de uma afetação particular ganha imediato estado público. Consegue-se, assim, evitar suas declinações puramente cínicas ou paternalistas: duas abordagens com que se costuma traduzir os diagnósticos mais realistas e até mesmo lúcidos do presente.

A assembleia é uma máquina de decisão política que instala outra *força soberana*: produz condições de escuta cada vez mais escassas em tempos de hipermidiatização, e produz também *decisão política* ao fazer da escuta um processo de elaboração coletiva. Além disso, gera um modo de *contabilidade da força* que nos permite operacionalizar a decisão, em vez de ficar limitadas à declamação de desejos. *Poder de avaliação* e *potência de ação* são duas chaves práticas dos saberes subalternos, dos saberes de assembleia.

A forma da assembleia encontra através da organização da greve uma revitalização através da qual o movimento feminista em toda sua multiplicidade delibera, pensa e organiza formas coletivas de decisão, de passagem ao ato; e o faz com a determinação de tomar as ruas. Esse horizonte de rua permite ao movimento extravasar cada situação particular e, ao mesmo tempo, evidenciar que a força vem de sua composição multitudinária.

Saber como ritmo coletivo

Conhecer é uma prática política. Uma forma própria do saber feminista é confiar na inteligência coletiva, que é algo mais que a soma de indivíduos e também algo mais que um consenso. Inteligência coletiva é a que se experimenta em uma assembleia, em uma marcha ou em uma greve, quando nos sentimos parte de um movimento do pensar que é saber prático, encarnado pelos corpos reunidos. Essa inteligência é treinada em uma zona que se move entre saber e não saber o que fazer. Ou, em outras palavras: *quando não se sabe o que fazer, se convoca uma assembleia*. Uma assembleia não é convocada para legitimar um "que fazer" prévio. Em todo caso, essa é sempre uma batalha da assembleia: que não se transforme em uma mímica, em uma cena de esvaziamento. Claro que há um rito, e um conjunto de gestos que, ao serem repetidos, *fazem* a assembleia, mas o desafio está em como essas são as condições de possibilidade para que algo aconteça — e não a simulação burocrática de um procedimento.

Nesse sentido, a produção da assembleia como encontro de conflituosidades diversas difere da assembleia como contraposição de opiniões e posições preexistentes. Aqui também se observa o *desordenamento* de um cânone masculino/patriarcal na forma de fazer as coisas.

Então, novamente sobre o saber de assembleia: o "não saber o que fazer" é o motor que desencadeia uma inteligência coletiva. Isso não significa que não exista um acumulado de experiências, repertórios de ação, vocabulários disponíveis. Mas a situação de não saber o que fazer abre espaço para um pensamento comum e, insisto, leva a esses três atos: avaliação de forças, capacidade de decisão política e poder para operacionalizar as decisões.

Esse modo do saber, como inteligência coletiva, supõe um *ritmo*. Silvia Rivera Cusicanqui traz duas imagens preciosas: a greve de fome e a caminhada da marcha. "A prática da greve de fome e da caminhada durante dias em uma marcha multitudinária tem o valor do silêncio e a geração de um ritmo e uma respiração coletiva que atuam como verdadeira performance", diz, recordando as longas manifestações em defesa do Tipnis, em 2011. E agrega: "Há, então, nesses espaços do não dito, um conjunto de sons, gestos, movimentos que portam as marcas vivas do colonialismo, e que resistem à racionalização, porque sua racionalização incomoda, te faz acordar do sonho cômodo da sociedade liberal".

O ponto assinalado por Rivera Cusicanqui sobre a desconfiança desses saberes é fundamental. É o desprezo histórico por gestos considerados não políticos. Temos memória de como os movimentos são caracterizados como pré-políticos quando supostamente não podem articular suas reivindicações em uma determinada gramática. Trata-se de um exercício clássico de poder: assinalar que não se entende o que um coletivo ou movimento quer, busca ou tenta conquistar, se não o expressa segundo as regras de enunciação impostas pelo poder. Declarar que determinadas pautas não são inteligíveis porque não conseguem exibir certa ordem do discurso é a regra para desacreditá-las. É também um modo predileto de infantilização, de assinalar aqueles que não alcançaram a "maturidade" da linguagem verbal, da consigna ou da proclamação entendida sob certos cânones. No caso do movimento de mulheres, lésbicas, trans e travestis, vimos essa tentativa levada ao paroxismo: "não se sabe o que querem", "não se entende quais são suas demandas", "como se poderia saber se estão avançando se não está claro o que reivindicam?" etc.[49]

Talvez haja distintas estratégias possíveis diante dessa incompreensão. Uma é reivindicar o fracasso, como o faz a teórica hindu Gayatri Chakravorty Spivak (2008) quando fala do "fracasso cognoscitivo" como uma política e um método. Dedicada a ler os textos que inauguraram uma nova forma de contar a história dos sujeitos subalternos, sempre desvalorizados, a autora produz um gesto político e metodológico: ressalta a historiografia da subalternidade na medida em que consegue exibir relações de fracasso e ler nelas uma potência de radicalidade e diferença.

A proposta de Spivak supõe uma noção de história em que não há transições ou progressos no sentido linear, mas deslocamentos "tramados como confrontações". Nas revoltas que ela analisa, esses deslocamentos conseguem trocar sentidos: do religioso ao militante, do crime à insurreição, do servo aos trabalhadores. Em uma leitura a contrapelo das formas como as revoltas são menosprezadas como irracionais (religiosas, criminais ou de servos), se denuncia como essa maneira estreita de qualificá-las bloqueia sua compreensão em termos militantes, insurrecionais, de uma nova classe proletária (não europeia).

---

[49]. Há um modo de resolução puramente linguístico dessa suposta menoridade dos enunciados das lutas através da manobra do significante vazio, que funciona como autoridade superior que busca lhes emprestar ordem e racionalidade (em uma equivalência que se requer igualitária, mas está sempre subordinada ao código da falta). Refiro-me à teoria de Ernesto Laclau (2005).

O ponto fundamental que permite realizar e visualizar esses deslocamentos é que a iniciativa ocorre em uma perspectiva insurgente, subalterna. Daí surge a força do deslocamento, sua capacidade epistêmica e política. Não se trata de uma aparente racionalidade imposta pela transição progressiva que faria os sujeitos "evoluírem". Aí entramos em contato com mais uma torção: se se assume (Spivak fala dos historiadores) o fracasso na hora de acessar a consciência subalterna — as narrativas históricas sempre o fazem pelos documentos da elite, é seu argumento —, o que se nota é uma marca lateral, oblíqua: não há acesso completo, literal, a essas práticas e memórias rebeldes. Elas são sempre reconhecidas de um modo "não primário".

Spivak desenvolve assim uma teoria geral da consciência, a qual acessa sempre por traços e retalhos. Contra o iluminismo progressista da tomada de consciência definitiva, se vê outra aposta: não há nada a ser "tomado". Claro que o questionamento à "acessibilidade" definitiva de uma consciência subalterna não se detém apenas na impossibilidade. Pelo contrário, provê uma ideia de consciência que se localiza efetivamente como "diferença", e não como identidade.

E isso é retomado pela resposta negativa, fracassada, que envolve sua famosa pergunta: "Pode o/a subalterno/a falar?". Ao responder que não, se expõe a marca lateral, oblíqua, da consciência e da língua. Esse "não" é a marca do desacato com relação ao regime de enunciação que torna audível apenas uma certa gramática e uma certa voz como sendo política. Mas também evidencia que o regime expressivo em termos de consciência está sempre "sujeito" a uma catexia por parte da elite.

"Eu gosto da palavra 'subalterno', por uma razão. É verdadeiramente situacional. 'Subalterno' começou como descrição de certa patente militar. Depois foi usada, para superar a censura, por Gramsci: ele chamou o marxismo de monismo e foi obrigado a chamar o 'proletariado' de subalterno. A palavra, usada sob coação, se transformou em uma descrição de tudo aquilo que não cabe na estrita análise de classe. Gosto disso porque não possui um rigor teórico", disse Spivak em uma entrevista[50] prévia à sua chegada a Buenos Aires, em 2013.

Quero localizar novamente nessas "cenas" de tradução não linear e de indisciplina teórica, que são efetuadas de fato pelas formas de assembleia e pelas greves feministas, outra hipótese: é a apropriação situacional de certas categorias o que dota a assembleia de força de *deslocamento*. O "pouco rigor teórico" ou que as próprias palavras pareçam "estar em questão" é o que obriga a recorrer a outras "línguas", a reinventar os saberes e seus regimes expressivos que são ao mesmo tempo organizativos e políticos. Penso, por exemplo, em por que a organização dos trabalhadores imigrantes costureiros na Argentina, em sua maioria provenientes da Bolívia, fracassa constantemente em certas iniciativas "sindicais" e, ainda assim, não abandona esse campo, o tensiona e o disputa a partir de dentro. Ao mesmo tempo, essa experiência foi fundamental para o impulso que várias trabalhadoras imigrantes desse setor deram ao Coletivo NiUnaMigranteMenos [NemUmaMigranteMenos], compondo um acervo de lutas que aporta uma língua nova ancorada em uma experiência organizativa, comunitária e vital bastante "ilegível", por exemplo, pelas narrativas do trabalho escravo (e isso remete novamente à discussão do capítulo 2 sobre o que é invisibilizado pelas narrativas totalizantes do tráfico de pessoas).

Quando Spivak visitou a Bolívia, apesar de haver uma lista de tradutores oficiais à disposição, foi Silvia Rivera Cusicanqui quem se animou à simultaneidade, mas, sobretudo, a que pôs em cena a indisciplina do texto e da tradução linear. "Como

---

50. "¿Podemos oír al subalterno?", em *Clarín*, 5 nov. 2013.

traduzir ao castelhano o termo '*double bind*', próprio do esquizo que usa Spivak? Em aimará há uma palavra exata para isso e que não existe em castelhano: '*pä chuyma*', que significa ter a alma dividida por dois mandatos impossíveis de cumprir." Esses exercícios de tradução, diz Rivera Cusicanqui, revelam que hoje todas as palavras estão em xeque: "Isso é signo de Pachakutik, de um tempo de mudança".[51] Aí nos situamos.

Agrego mais uma cena a essa genealogia de desacatos linguísticos: a tradução dos Estudos Subalternos da Índia que se fez no fim da década de 1980 na Bolívia. Silvia Rivera Cusicanqui e Rossana Barragán (1997) editaram uma compilação que foi parte de uma estratégia teórica para ampliar os argumentos contra um multiculturalismo neoliberal, que se impunha como política estatal e que se propunha oficialmente como solução aos problemas de colonialismo interno. A mexicana Raquel Gutiérrez Aguilar também se inscreve como tradutora[52] nessa linhagem de língua querelante e estratégica. Raquel fez esse trabalho enquanto estava presa na penitenciária de Obrajes, em La Paz, por sua atividade no Exército Guerrilheiro Tupak Katari. É a determinação dessa situação de tradução que, por exemplo, faz com que traduzir um artigo como "La prosa da contrainsurgencia" [A prosa da contrainsurgência], de Ranajit Guha, lhe forneça instrumentos para interpretar seu próprio expediente judicial.[53] Com isso, ressalto duas questões: uma polêmica com a apropriação academicista do "decolonial" e uma vertente subterrânea do fracasso como epistemologia política que acumula outro tipo de força.

---

51. "Contra el colonialismo interno", em *Anfibia*.
52. As outras foram Alison Spedding, Ana Rebeca Prada e Rivera Cusicanqui.
53. "La lengua subalterna I — Raquel Gutiérrez Aguilar", em YouTube, 9 set. 2013.

Realpolitik revolucionária

No capítulo 1, com a noção de um "realismo de assembleia", me referia ao que desenvolvo aqui para dar conta da assembleia como dispositivo que produz inteligência coletiva, como âmbito de avaliação de forças, como prática estratégica para intervir em um processo histórico. Quero agora agregar mais um argumento nessa disputa de um *realismo político* que pode ser praticado a partir do feminismo.

Nas assembleias, consegue-se compor uma forma de fazer política que desloca a clássica alternativa "reforma ou revolução". Foi assim que Rosa Luxemburgo, em 1899, durante uma discussão com o dirigente da socialdemocracia alemã Eduard Bernstein, sintetizou uma polêmica histórica do marxismo. A esse deslocamento *das assembleias para além da disjunção* (do "ou") também podemos chamar *realismo de assembleia*. Como pode emergir outra forma política que evite esse binarismo entre reforma ou revolução?

Uma composição particular é alcançada nas assembleias. Não se subestimam as reivindicações concretas — que surgem de investigações situadas de distintos coletivos — sobre orçamentos, leis, modificações necessárias em instituições ou reivindicações específicas que implicam todo um ativismo institucional e parlamentar. Ao mesmo tempo, essa agenda de reivindicações é inscrita e extrapolada pela desconfiança de que esse seja o horizonte último do que está sendo impulsionado como movimento feminista. A revolução nos corpos, nas camas e nas casas vem situar e projetar o alcance expresso pela palavra de ordem: queremos transformar tudo! O desejo de revolução, vivido a partir do *realismo* de um tremor das relações sociais alteradas em *todos* os espaços pelas formas de questionamento e insubordinação, afirma que o tempo da revolução é agora (e não um longínquo objetivo final).

Por isso, os dois planos não se experimentam como contrapostos: reforma ou revolução não são coordenadas que dividem a ação. Existem temporalidades simultâneas que não funcionam em disjunção. Na dinâmica parlamentar que se desenvolveu a propósito do projeto de lei da descriminalização do aborto na Argentina, como analisei no capítulo 3, essa capacidade de ação nos dois planos ficou magistralmente demonstrada.

Gostaria de destacar essa dupla temporalidade porque, na medida em que é simultânea e não sequencial-progressiva, permite uma crítica radical ao neoliberalismo. Isso porque se trata de um rechaço concreto e contundente aos despojos múltiplos e às novas formas de exploração com as quais o capital avança sobre nossas vidas, enfrentando a batalha em cada fronteira onde hoje estamos em disputa corpo a corpo com o capital. Nesse sentido, abre uma discussão sobre as formas em que organizamos a provisão de cuidados, recursos comuns e infraestruturas para a reprodução cotidiana e também sobre os modos como há uma luta em curso em cada espaço de trabalho e de vida. O movimento feminista, quando se converte em feminismo de massas, é uma resposta à filantropia e ao paternalismo com os quais se pretende corrigir a precariedade, impondo formas conservadoras e reacionárias de subjetivação azeitadas pelo medo.

Agora, volto a um conceito lançado por Rosa Luxemburgo que desestabiliza sua própria distinção entre reforma e revolução. Trata-se da ideia de uma *"realpolitik revolucionária"*, sobre a qual ela falou em 1903, no vigésimo aniversário de morte de Karl Marx: "Só depois de Marx e por causa dele é que existe uma *política socialista dos trabalhadores* que, ao mesmo tempo e no pleno sentido das palavras, é *realpolitik revolucionária*" (citada em Haug, 2013). Luxemburgo unifica assim dois termos que em princípio se contrapõem na linha de "reforma ou revolução".

O termo "*realpolitik*" é geralmente usado para aqueles que pensam e atuam no plano do reformismo possível, em contraposição àqueles que têm uma expectativa revolucionária. Mas Rosa Luxemburgo, em determinado momento, começa a pensar a combinação da luta parlamentar e extraparlamentar: um modo de enlaçar as transformações cotidianas com o horizonte de transformação radical, em um movimento *aqui e agora*, de mútua imbricação. Ela acaba conectando reforma *e* revolução como manifesto político de sua própria forma de estar na social-democracia alemã. Uma de suas analistas mais lúcidas, Frigga Haug, diz: "A chave para compreender esse paradoxo está na ideia que Luxemburgo tem da política, pois a concebe como uma política 'desde baixo'" (Haug, 2013). Assim, a teleologia do "objetivo final" se desloca, mas não porque deixe de existir ou termine debilitada (essa era a crítica ao reformismo de Bernstein), mas porque entra em outra relação temporal com a política cotidiana, impregnando de dinâmica revolucionária cada ação concreta e pontual. A oposição se torna, assim, complementariedade em termos de radicalização de uma política concreta.

Mais ainda: cria uma temporalidade *estratégica* que é o desenrolar no tempo presente do movimento. Consegue trabalhar nas contradições existentes *sem esperar* a aparição de sujeitos absolutamente liberados ou condições ideais de luta; tampouco confia em um único espaço que totalize a transformação social. Nesse sentido, apela à potência de ruptura de cada ação, e não limita a ruptura a um momento final espetacular de uma acumulação estritamente evolutiva.

Essa política permite fazer política revolucionária *nos* sindicatos, por exemplo, e, ao mesmo tempo, ir contra a divisão entre lutas econômicas e lutas políticas. A "arte da política" de Luxemburgo, para citar o título do belo livro de Haug, retoma o pensamento de Marx acerca da crise e das rupturas, e o projeta sobre uma política da experiência cotidiana, sobre como a orientação de cada crise se determina a partir de práticas concretas; nessa chave, nos dá uma pista preciosa para a política feminista: uma política que não pode estar aquém de uma prática vitalista, desejosa de revolucionar tudo e, por isso mesmo, com capacidade de reinventar o realismo. Uma *realpolitik* revolucionária.

Há um romance que parece conter uma imagem inspiradora para a própria Haug. Foi escrito pela feminista Irmtraud Morgner, cujo título é *Amanda, ein Hexenroman* [Amanda, um romance de bruxa] (1983). Nele, dois grupos de bruxas dividem tarefas. Umas fazem *realpolitik* e estão o dia todo ocupadas em reformas, enquanto outras alentam rumo aos distúrbios revolucionários. À noite se encontram na "montanha das bruxas" e contam umas às outras sobre seus êxitos. "Dessa maneira, ambos os grupos estão sempre no nível do realmente possível por ambos os lados, que se transforma diariamente graças àquilo que foi feito pelos dois grupos. A possibilidade de as duas vias se equacionarem não significaria, por acaso, em si mesmo, um objetivo político?" (Haug, 2013). As assembleias funcionam, em seus melhores momentos, como essa montanha de bruxas.

Assembleias situadas

O que é o feminismo expansivo, que se nomeia a partir de suas situações concretas: popular, comunitário, periférico, negro, indígena, camponês, de Abya Yala? Foi através dessa composição que pôde atravessar as fronteiras de uma linguagem acessível a poucas mulheres, que se tornou uma noção comum, que consegue expressar o mal-estar e os desejos de muitas, que faz jus a histórias muito diferentes. Nova tese: é a composição dessa diversidade de feminismos (com suas diferenças, tensões, desacordos) que está dando ao movimento a capacidade de ser *massivo, inclusivo e radicalizado*. Nas assembleias que se realizam em vários lugares *se dramatiza* essa composição.

Mas se trata de uma inclusão particular em sua combinação com a massividade: é uma *inclusão pela radicalização*. Há um argumento político persistente que diz que, para chegar a mais gente, um movimento deve moderar e suavizar suas palavras de ordem, suas demandas e suas formulações. O movimento feminista atual está fazendo o contrário: inclui diversas lutas, narrativas, dinâmicas e conflitos que, *porque* se conectam, se ampliam; e, *porque* se ampliam, a partir de cada *conflito* conseguem mapear as violências e o diagnóstico da crise. Ao compor-se *a partir dos conflitos e ao traçar suas conexões*, o que se acentua é a radicalidade como método de inclusão ou composição. Radicalidade em um sentido muito preciso: coloca-se em jogo uma conflituosidade que é também cada conflito pontual, e, ao mesmo tempo, se elabora uma crítica *concreta e geral* às formas de exploração e extração de valor que hoje requerem níveis cada vez maiores de violência.

No caso da Argentina, continuamos a greve, para além do 8 de março, nas *assembleias situadas*. Menciono muito rapidamente duas experiências. A primeira com as trabalhadoras despedidas da transnacional Pepsico, que no inverno de 2017 instalaram uma barraca em frente ao Congresso, em Buenos Aires, e impulsionaram a consigna "*Ni una* Trabajadora *Menos*" [Nem uma trabalhadora a menos]. Depois, na cidade de El Bolsón, na Patagônia, com organizações feministas e companheiras das comunidades mapuche, contra a criminalização do protesto indígena pela recuperação de seus territórios, em setembro de 2017. Ali, a consigna foi "*Nuestros cuerpos.*

Nuestros Territorios. Donde está Santiago Maldonado?" [Nossos corpos. Nossos territórios. Onde está Santiago Maldonado?], em referência ao militante à época desaparecido após repressão estatal.[54]

As assembleias situadas *conseguem cartografar os conflitos em uma dinâmica que é ao mesmo tempo de deslocamento e situação.*

Uma das maneiras como a violência é abordada, trabalhada e diagnosticada pelo feminismo atual se faz a partir da produção de um vínculo com a conflituosidade social. O que significa *ligar-se* à conflituosidade?

Isso supõe vários desafios. Primeiro, produzir uma *proximidade* com os conflitos, porque a relação entre os conflitos não é evidente nem natural. Portanto, essa ligação não é automática nem espontânea. É necessário, ao contrário, um *deslocamento que produza proximidade*. Não se trata da clássica ideia de "ir" a um conflito determinado, como se se tratasse simplesmente de "levar" solidariedade ou de correr rapidamente para tirar uma foto. Essas fórmulas mantém o "feminismo" como exterioridade, como rubrica que não intervém na própria definição do conflito. O desafio político é outro: abrir a pergunta sobre como o feminismo produz alianças a partir de conflitos concretos que dão a esse mesmo conflito novas ferramentas e novas formas de ser definido e, sobretudo, de ser conectado com outros conflitos.

Ao dizer *deslocamento por conflitos* como prática feminista, me refiro ao fato de que o próprio conflito se converte

---

[54]. O corpo de Santiago Maldonado foi encontrado no Rio Chubut, na localidade de Cushamen, em 17 de outubro de 2017. O jovem de 28 anos ficou desaparecido durante 77 dias após uma operação da Gendarmería Nacional Argentina (força de natureza militar que cumpre funções de segurança interna e defesa nacional) contra o fechamento de uma estrada realizado pela comunidade mapuche da região, do qual participou. [N.E.]

em uma situação a partir da qual se pode reagrupar e avaliar as forças com que se conta, diagnosticar o que chamamos de conflito em termos feministas, narrá-lo (contra a paralisia e o cinismo que costumam acompanhar muitas formas de análise do conflito) e, sobretudo, determinar o que significa torná-lo um campo de batalha no qual podemos nos mover.

As *assembleias situadas* foram, em nossa prática, um modo desse deslocamento. À primeira vista pode soar contraditório: como convivem ao mesmo tempo as ideias de estar situada e de se deslocar?

O conflito é o que produz situação, a assembleia é o dispositivo de inteligência coletiva que o diagnostica e o projeta, e o deslocamento é o que permite cartografar isso que chamamos de forças em disputa e tramar proximidade.

Deslocar-se implica construir o pertencimento a um conflito que, na medida em que se abre, habilita seu enfrentamento, porque *transborda* o limite de sua definição e o de quem afeta. A assembleia, na medida em que se torna artefato itinerante, impulsionada por conflitos, exige um trabalho corpo a corpo imprescindível para a tarefa de desenvolvimento dessa inteligência coletiva que fala muitas línguas (a da demanda e a de insurgência; a da insubmissão cotidiana e a da reformulação do espaço público; a da sabotagem e a do luto; a do território e a da rua).

O horizonte dessa conflituosidade que encontra no feminismo um novo espaço de elaboração política é o de perseverar em tecer "alianças insólitas" (na definição das Mujeres Creando), incômodas e irreverentes, e não querer ser confinado a questões definidas por uma ideia estreita de gênero. O deslocamento implica também um tipo de convocatória que se coproduz e que exibe o feminismo como caixa de ressonância de todas as lutas. É essa capacidade de funcionar como vetor de radicalização o que constrói sua capacidade imanente aos conflitos; isto é, sua possibilidade de atuar desde dentro como força de definição mesma do conflito.

Em seu livro *Living a Feminist Life* [Vivendo uma vida feminista], Sara Ahmed (2017) define estrutura como uma assembleia: "Uma estrutura é um acordo, uma ordem, uma construção; uma assembleia". Pensar as assembleias como estruturação móvel de um processo político protagonizado por uma multiplicidade de subjetividades que atravessam conflitos (nas casas, nas camas, nas ruas, nos lugares de estudo e de trabalho) permite uma composição que não é apenas *identitária*.

Vincular a questão identitária à conflituosidade, em todo caso, possibilita outro deslocamento interessante: evitar a mescla entre certas políticas identitárias que apenas cultivam uma enunciação vitimista e, portanto, uma escala de padecimentos. Muitas vezes, a enunciação nessa perspectiva organiza uma hierarquia de vítimas que dá poder de chantagem e culpabilização a uns sobre outros. Assim também se restringe a conceitualização da violência que o movimento vem complexificando, para acomodá-la sobre compartimentos de classificação desconectados entre si.

O desafio é como são estruturados os reconhecimentos dessas diferentes violências, das desigualdades e das hierarquias históricas sem que sejam congeladas em uma economia da vitimização ou tampouco anuladas em nome de uma falsa igualdade. As assembleias alcançam, em alguns momentos, uma eficácia de outro tipo. Compor a partir das lutas e dos conflitos permite estruturar um plano comum que, sem aplanar as diferenças, tampouco encena um testemunhalismo vitimista — lugar em que o patriarcado adora nos colocar.

DIGRESSÃO
Assembleias: teoria performativa e liderança coletiva

Dois livros recentes levam a palavra "assembleia" no título. *Notes Toward a Performative Theory of Assembly*, de Judith Butler (2015),[55] e *Assembly*, de Michael Hardt e Antonio Negri (2017).[56] Gostaria de extrair uma pergunta de cada um deles.

A questão formulada por Hardt e Negri é a duração das dinâmicas políticas, isto é, o clássico problema da organização — se se considera que é necessário ir além do protesto, da marcha ou de uma ação pontual. Dito de outra maneira: como fazer com que a permanência não necessariamente se encarne nos dispositivos clássicos, seja o partido ou a liderança concentrada em uma única pessoa? Como fazer com que a crítica a estruturas alheias não nos encerre em uma temporalidade imediatista da política? As críticas válidas à liderança não podem se confundir integralmente com a pergunta pela duração, dizem os teóricos do agora clássico *Empire* (2000).[57] Eles buscam descolar a tradicional figura do líder das "funções políticas" da liderança. O objetivo, então, é encontrar outros métodos para cumprir essas funções, que eles caracterizam como principais: a tomada de decisão e a assembleia. Desacoplá-las da liderança "centralizada" supõe desconstruir a oposição entre um movimento social horizontal *versus* uma liderança vertical e com capacidade de decisão. Claro, esse deslocamento implica outra relação entre liderança e democracia.

---

55. Publicado no Brasil em 2018 pela Civilização Brasileira como *Corpos em aliança e a política das ruas: notas sobre uma teoria performativa de assembleia*. [N.E.]
56. Publicado no Brasil em 2018 pela Politeia como *Assembly: a organização multitudinária do comum*. [N.E.]
57. Publicado no Brasil em 2001 pela Record como *Império*. [N.E.]

Hardt e Negri deixam claro que não querem fazer uma teoria da assembleia nem analisar qualquer dinâmica de assembleia em particular. Usam o conceito para percorrer possibilidades políticas em práticas distintas — e, sobretudo, para argumentar por que a forma política da assembleia "corresponde" a ou expressa enorme afinidade com os circuitos de produção e reprodução que hoje nutrem a cooperação social. Para isso, explicam a ambivalência do que chamam "empreendedorismo da multidão": uma forma expandida que vai tomando principalmente o trabalho afetivo, cognitivo, digital e comunicativo, que delineia um novo modo de produção que o capitalismo neoliberal explora de maneira contínua. A conversão "empreendedora" — isto é, neoliberal — de modalidades comunitárias, autogeridas e cooperativas do fazer põe em xeque a possibilidade de converter essas forças (do *comum*) em dinâmicas de auto-organização e autogoverno.

Nessa linha, uma "ontologia plural do social" requer formas políticas que não reduzam tal pluralidade, mas modalidades de articulação do multitudinário na hora de tomar decisões. "O que começa como uma coalizão deve, através de processos de articulação e tradução, sofrer uma mudança enorme e ensamblar-se como uma multidão de poderosas novas subjetividades", concluem.

Em uma perspectiva menos abstrata, Judith Butler usa a figura da assembleia para pôr em primeiro plano a vulnerabilidade dos corpos: o que se expõe quando esses se revelam em sua "interdependência". É justamente o que o neoliberalismo queria combater sob o "imperativo contraditório" de mostrar-nos autônomos enquanto se destroem socialmente as possibilidades dessa autonomia, estendendo a precarização como condição existencial generalizada. A interdependência, nesse argumento, antagoniza com a moral da responsabilização individual pelo risco e o fracasso. Trata-se, sem dúvidas, de outra via de entrada à crítica do "empreendedorismo" neoliberal como mandato de privatização generalizada das existências, mas também de redefinir a interdependência a partir do prisma da vulnerabilidade. Isso implica considerar a vulnerabilidade como parte da capacidade de resistência, porque na medida em que formos afetados por algo é que temos capacidade de resposta: "O ponto de resistência não é superar a vulnerabilidade para ser parte de um sujeito--massa (o que é uma ideia muito masculina). Creio que temos que ser capazes de seguir sentindo esses afetos para poder enfrentá-los", disse, em uma conferência em Buenos Aires. Butler propõe assim desacoplar vulnerabilidade de vitimização. Pôr o corpo na reta, na barreira,[58] na linha de frente, não é incompatível com afirmar a vulnerabilidade: é preciso apenas deixar de lado o paternalismo masculino que opõe poder e vulnerabilidade.

Mas, onde é que essa interdependência que Butler posiciona como plano de produção da trama comum encontra possibilidades de ser visibilizada? Para a filósofa, a interdependência se concretiza em um espaço que tensiona a distinção entre esfera privada e esfera pública: a assembleia de corpos. Seria esse o lugar onde os corpos funcionam como "força referencial" e a situação que permite a aliança a partir do ato de assumir a precariedade como condição comum e imposta politicamente. O "direito à aparição" produzido pela assembleia, sustenta Butler em diálogo com Hannah Arendt, lhe permite propor uma teoria política ao redor da assembleia — uma forma de assembleia que, no entanto, já não é a da *polis* grega, da qual ficavam excluídos mulheres e escravos.

---

58. *"Valla"*, no original. A autora refere-se a estruturas de ferro usadas pelas forças de segurança para neutralizar o avanço dos manifestantes em protestos de rua. [N.T.]

A assembleia se produz ao ocupar um espaço em termos corporais, de modo que permita mostrar que a performatividade política não é só discursiva ou pré-discursiva. Pode ser uma marcha, uma vigília, a ocupação de uma praça ou de um edifício, um luto público ou uma greve de fome, diz a autora para referir-se à assembleia como conexão de corpos. O que importa é a materialidade do corpo que se enraíza e se exibe com outros. É isso o que, propriamente, *diz*. Para além dos enunciados linguísticos, surge uma enunciação de outro tipo. Pôr o corpo é dizer, mas dizer de outro modo. Performar, então, significa atuar como força comum — e também usá-la politicamente.

Essa forma de pôr o corpo em primeiro plano permite a Butler, por um lado, dar conta da corporificação implicada no gênero, ou seja, situar a experiência daqueles que não vivem seu gênero de modo "compreensível para os demais", como um conector com as lutas da precarização; por outro lado, essa seria a maneira de realizar ou viver a autonomia de forma distinta daquela exigida pela moral neoliberal. Ambas as experiências permitem que as políticas dos gêneros teçam aliança com outras populações afetadas pela precariedade. Trata-se, creio eu, ao mesmo tempo, de uma "política não contratual" e de uma articulação que não é meramente linguística.

Desse modo, destacamos um giro na própria teoria de Butler: passa-se de uma teoria política dos atos de fala a uma teoria performativa do gênero, e de uma teoria performativa do gênero a uma teoria política da aliança transversal de corpos que assumem a precariedade na assembleia. Resta a pergunta: podemos praticar e pensar a *transversalidade* das conexões de assembleia enquanto potência?

CAPÍTULO 6
#*LaInternacional Feminista*

Começo por destacar uma das novidades mais importantes do movimento feminista nos últimos anos: o fato de ter se convertido em um fenômeno mundial que emerge do Sul. Sua força está enraizada na América Latina (chamada, aqui e acolá, outra vez, de Abya Yala), em múltiplas camadas de histórias, lutas, movimentos, organizações. A partir daí nutriu um *internacionalismo* que desestabiliza as escalas, os alcances e as formas de coordenação de um movimento que, por estar situado, cresce sem perder força.

Um *internacionalismo* que desafia tanto a imaginação geográfica quanto organizativa: está impregnado de circuitos transfronteiriços e não possui uma estrutura partidária nem centralizada. Um *internacionalismo* que dá ao movimento feminista atual uma projeção de massas. Um *internacionalismo* que encontra inspiração nas lutas autônomas de Rojava e nas lutas comunitárias da Guatemala, nas estudantes chilenas, nas faveladas do Brasil, nas camponesas do Paraguai e nas afro-colombianas. Um *internacionalismo* que exibe a força das imigrantes latino-americanas nos Estados Unidos e que se nutre da politização do território doméstico que constroem com seus trânsitos.

Um *internacionalismo* que exige alianças em cada lugar: entre as *temporeras* do morango — marroquinas que trabalham na época da colheita no sul da Espanha — e os sindicatos camponeses e coletivos ativistas das cidades; entre as imigrantes demitidas das fábricas têxteis e as estudantes contra a dívida contraída pelos gastos em educação; entre as indígenas em rebeldia e as organizadoras comunitárias nas periferias da Colômbia e da Guatemala. Por isso, a característica *própria* desse movimento feminista é que está territorializado em lutas específicas e, *a partir daí*, produz *vínculos*. Reverbera em cada lugar, nutre-se da dimensão concreta.

O *internacionalismo* se torna transnacionalismo porque se faz de alianças que desconfinam a geometria nacional-estatal, mas também porque são dissidentes dos enquadramentos de uma noção abstrata de classe (em que supostamente há interesses objetivos compartilhados) ou de povo (em que supostamente há um amálgama de afetividade nacional homogênea).

Nesse sentido, é necessário afirmar que estamos falando de um *transnacionalismo* já existente. Não é algo futuro, a ser desenhado e construído como passo evolutivo do movimento. Comprovamos isso quando lançamos a terceira greve internacional, em 2019: o movimento foi organizado mais uma vez em cada lugar, o que faz emergir o tecido regional, global, plurinacional. Porque o transnacionalismo também se expande em seus sentidos, e agora se imbrica com a questão plurinacional, como foi impulsionado em nosso continente pelas diversas lutas pelo corpo-território em alerta.

A dimensão internacionalista se torna, também, método — o que ficou claro no último encontro plurinacional de mulheres, lésbicas, trans e travestis na cidade de Trelew, na Patagônia argentina. Ali se praticou um modo de conectar os conflitos contra a megamineração e outros empreendimentos neoextrativistas que expropriam terras comunais, com um mapeamento também regional das lutas hoje criminalizadas, que vão da militarização das favelas à repressão na Nicarágua, dos saqueios de terra pelas transnacionais ao uso extensivo dos agrotóxicos, do avanço das igrejas na moralização de nossas vidas ao empobrecimento generalizado causado pelo ajuste. A perspectiva dos feminismos sem fronteiras se trama com um diagnóstico da contraofensiva (de toda a série de respostas reativas à massiva rebeldia feminista) que complexifica e excede os marcos estatal-nacionais, porque inclui desde o Vaticano até as corporações midiáticas, desde as transnacionais que impulsionaram tratados de livre-comércio até o avanço do narcotráfico, desde a militarização estatal e paraestatal até o Women 20 [Mulheres 20] do G-20.[59]

Então, como se expressa o transnacionalismo no movimento feminista?

A dimensão transnacionalista não é uma exigência de abstração das lutas a favor de uma unidade programática ou por concessão a uma estrutura. O transnacionalismo que estamos praticando *qualifica* cada situação concreta: a torna mais rica e complexa, sem que ela tenha de abandonar sua raiz; a torna mais cosmopolita, sem que ela pague o preço da abstração. Amplia nossa imaginação política ao mesmo tempo que cria uma ubiquidade prática, essa sensação que se grita quando se diz: estamos em todos os lugares!

A *ubiquidade* do movimento é sua verdadeira força, que imprime uma dinâmica organizativa em cada espaço que repercute nos outros, conectando escalas que vão de pequenas reuniões de cinco pessoas a manifestações massivas, de

---

59. Também conhecida como W20, é uma instância formada em 2014 no âmbito do G-20 (grupo que reúne as dezenove maiores economias do mundo, mais a União Europeia, em que se incluem Brasil, México e Argentina) para discutir temas como "participação econômica e social plena da mulher", "inclusão financeira e educação das mulheres", "redução em 25% da brecha nas taxas de participação entre homens e mulheres nos países do G-20" e "levar mais de cem milhões de mulheres ao mercado de trabalho". [N.E.]

assembleias de bairro de número variável a coletivos que se juntam para uma ação pontual. O *transnacional*, agora conectado ao *plurinacional*, se torna adjetivo; não tem como substantivo o Estado, mas o encontro das lutas. E, por isso mesmo, não se trata de uma integração progressiva de demandas, mas de uma dinâmica que se expande na organização das greves internacionais: uma radicalização na maneira de nomear que não responde a uma lista de identidades ou a um puro gesto retórico, mas a uma constelação de lutas que se encontram e se tramam, potencializando-se.

Nesse sentido, a organização da greve foi fundamental para desenvolver uma política do lugar que não fosse "localista". O movimento se amplifica por *conexão* de conflitos e experiências, por fazer da greve um pretexto de reunião em cada lugar. Trata-se de um transnacionalismo *a partir* dos territórios em luta. E, insisto, é isso que permite que o transnacionalismo se amplie também em direção à dimensão plurinacional das lutas como perspectiva antirracista e anticolonial. Na ótica do 8 de março, parece tratar-se de um internacionalismo intermitente. No entanto, na medida em que não se restringe apenas a essa data, continua cultivando-se como enlaces múltiplos. De fato, como ilustra Raquel Gutiérrez Aguilar (2018), é "reverberação sincrônica" e "efeito-terremoto". É como o sentimos: *a terra treme*.

Por isso, essa última greve de 2019 foi feminista, internacional e plurinacional, compondo denominações, espacialidades e localizações que fazem dessa ubiquidade uma composição verdadeiramente heterogênea e comum. O *transnacionalismo* feminista atual não tem estrutura; tem corpos e corpos-território implicados em conflitos concretos. Quais são os territórios do internacionalismo? Gostaria de propor três — e ressaltar sua dimensão transnacionalista como novidade destacada pelas lutas feministas.

Em primeiro lugar, os *territórios domésticos*. Historicamente encerrados entre quatro paredes, são hoje espaços de transnacionalismo prático, onde se conectam as cadeias globais de cuidado, e onde se discutem os modos de invisibilização do trabalho reprodutivo e a falta de infraestruturas públicas que faz com que o trabalho reprodutivo assuma o custo do ajuste. A "cena" doméstica torna-se assim território de um *internacionalismo forçoso*:[60] em primeiro lugar, pela composição imigrante das trabalhadoras domésticas na maioria dos lares; depois, porque é a partir de sua experiência que se tramam redes de alianças para fazer desse internacionalismo uma força de denúncia, conexão e luta. É como explicam as companheiras do coletivo Territorio Doméstico (Ye, 2019), em Madri, por meio de uma "passarela internacional" que constroem como desfile-performance e como ferramenta para intervir na rua. Fantasiadas, parodiam figuras-chave como "a transnacional", "a *sin papeles*" [imigrante em situação irregular], "a trabalhadora-polvo" etc., desfilando assim as condições que as "*top models*" carregam em seus corpos quando limpam os hotéis, cuidam das crianças, habitam a precariedade de estar com status de residência não legal, se desdobram no cuidado de seus familiares em seu país de origem, à distância, e no lar em que trabalham, e, ao mesmo tempo, se organizam com outras para reivindicar moradia. Ao tomar o internacionalismo forçoso como ponto de partida e análise de sua própria situação concreta, elas propõem o "trabalho de se encontrar" com outras companheiras e compor um internacionalismo prático. O mesmo vimos na Argentina com a denúncia das trabalhadoras domésticas do complexo de

---

60. Usei essa imagem em *A razão neoliberal* (2018) para dar conta da composição multinacional do corpo de delegados em uma favela de Buenos Aires. Aqui, com outro matiz, a desloco para o "interior" doméstico.

condomínios fechados Nordelta. Elas ouviram que cheiram mal, que falam muito; exigiram-lhes que não usassem os mesmos meios de transporte que os patrões e os "proprietários", que limpassem as casas em troca de salários miseráveis e que sofressem os abusos em silêncio. Essa rebelião doméstica exibe a articulação entre racismo, classismo e patriarcado, convertendo-a em denúncia pública. Por isso, o internacionalismo feminista surge, hoje, em primeiro lugar, de um lugar historicamente considerado o mais fechado e confinado: surge dos territórios domésticos em rebeldia.

Em segundo lugar, os *territórios indígenas e comunitários*. Historicamente expropriados e considerados economias fechadas e "atrasadas", são hoje espaços de alianças sem fronteiras, de "acorpamento" (*acuerpamiento*) comunitário, onde se denunciam os megaprojetos extrativistas e o agronegócio. A partir dos territórios indígenas e comunitários se desenha um diagrama global das dinâmicas extrativistas do capital às quais se opõem alianças, lutas e redes para resistir a esses avanços neocoloniais e expulsá-los. A partir desses territórios se produz uma reapropriação de recursos e memórias, e se atualiza também a dimensão anticolonial do internacionalismo feminista. Assume-se, assim, o antirracismo e as perguntas em busca de práticas descolonizadoras, convertendo-as em um componente concreto, um elemento prático, que estrutura a conflituosidade.

E, em terceiro lugar, os *territórios da precarização*. Historicamente considerados "não organizados", são hoje formas de experimentação de novas dinâmicas sindicais, de acampamentos e ocupações nas oficinas, nas fábricas e nas plataformas virtuais, de reivindicações criativas e de denúncias que explicitam de que maneira abuso sexual, discriminação aos imigrantes e exploração trabalhista caminham sempre lado a lado. Nos Estados Unidos, as trabalhadoras de restaurantes — em sua maioria, imigrantes ou filhas de imigrantes — explicam que, uma vez que seu salário se complementa com a gorjeta, o "assédio sexual" assimilou-se como meio que a possibilita. Também as mulheres que limpam hotéis e escritórios à noite se organizaram para confrontar violações às quais são submetidas em troca de que seu status migratório não seja denunciado.

Na Argentina, desde as ferramentas associativas vinculadas à economia popular até o primeiro sindicato latino--americano a aglutinar trabalhadores e trabalhadoras de aplicativos digitais como Uber e Rappi, estão se reinventando formas sindicais no interior de dinâmicas de trabalho que se enlaçam diretamente com o capitalismo de plataforma global e seus modos de extrativismo financeiro. Esses trabalhos "menos reconhecidos" são os mais explorados pela estrutura global, agora condensada em algoritmos. Mas são também, atualmente, os que melhor exibem a brutalidade dessa aparente valorização "imaterial".

Por sua vez, esses territórios se entrelaçam de múltiplas formas. Não são compartimentos estanques ou espaços desvinculados. É precisamente essa maneira de ampliar as demandas, de fazer crescer as linguagens e de enredar geografias o que exige a cada espaço ser cada vez mais amplo em como se enunciam os problemas, as querelas, os conflitos e também as estratégias, as alianças e as maneiras de ir, novamente, *acumulando* força comum. Saber que estamos entrelaçadas, compartilhar pistas e hipóteses, tramar resistências e invenções aqui e ali faz dessa "geografia aquática" da greve (como a nomeia Rosa Luxemburgo, ver capítulo 1) uma composição de ritmos, afluentes, velocidades e caudais.

Quero ressaltar dois pontos com relação a essa forma internacionalista. Primeiro, a capacidade de uma análise que estabelece novos *parâmetros, medidas e categorias para pensar, visibilizar e sentir as opressões* a partir da tomada da palavra política coletiva que combina escalas bem diversas. E, segundo, a capacidade do movimento feminista de *produzir ubiquidade sem homogeneidade*. Ou seja: de estar em todos os lados, com múltiplas expressões, sem a necessidade de coerentizar-se sob alguma autoridade ideológica ou às ordens de alguma estrutura de autoridade hierárquica.

Ambas as características trazem as perguntas clássicas: que tipo de acumulação política é alcançada por esse internacionalismo? Como se traduz e expressa sua força? Que horizonte organizativo continua abrindo? Para respondê-las, talvez sirva deslocar a própria imagem de acumulação; ou desacoplá-la de uma lógica linear, sem abandoná-la.

O *transnacionalismo* atual se expressa não como acatamento de uma estrutura (representativa), mas como uma força situada em cada luta com capacidade de reverberação. Daí sua potência inovadora: conseguir traduzir-se como presença concreta em cada conflito. Ao contrário de um processo de universalização que necessita abstrair as condições concretas de uma situação para encaixar-se e moldar-se a um parâmetro homogêneo que lhe proveja reconhecimento, trata-se, ao contrário, da capacidade de que esse plano internacional apareça como expansão do horizonte de conexões possíveis e como força imediata em cada luta. Então, esse internacionalismo feminista que estamos desenvolvendo tem corpo comum, antes que uma estrutura. E esse corpo que se vivencia como corpo comum é o que permite gerar ubiquidade por conexão, sem necessidade de síntese unitária.

Ubiquidade: capacidade de estar em muitos lugares ao mesmo tempo. Às vésperas do 8 de março de 2019, as companheiras da Espanha desenharam um mapa no qual elencaram "mil" motivos para ir à greve, para continuar com assembleias e eventos, e até para realizar uma "operação aranha" no metrô de Madri, inspiradas por uma ação semelhante feita em Buenos Aires, em 2018. Enquanto isso, ocorriam manifestações *#NiUnaMenos* no México. Milhares de mulheres, lésbicas, trans e travestis denunciavam o feminicídio como crime de Estado, e a ameaça permanente representada pelas tentativas de sequestro ocorridas no metrô — e que o governo quis solucionar apenas com "mais polícia". Mas é no México também onde assistimos a uma grande sequência de protestos e greves por parte das trabalhadoras das *maquilas* no estado de Tamaulipas. E, em Chiapas, as mulheres zapatistas lançaram uma carta explicando por que no 8 de março não farão um encontro em seu território, denunciando a ameaça militar que está por trás do avanço dos megaprojetos turísticos e neoextrativistas do novo governo. Nessa cena tripla vemos, de novo, condensar-se o cenário desencadeado pelo horizonte organizativo da greve internacional: conectar lutas e, a partir dessa conexão, afirmar como as lutas contra a precarização e o abuso trabalhista são indissociáveis dos feminicídios, dos assédios e das formas de exploração do território pelas empresas transnacionais.

Simultaneamente, na Itália, as companheiras do Coletivo NonUnaDiMeno lançavam a "contagem regressiva" para a greve feminista internacional com uma série de cartazes que também "narram" as cenas que justificam a greve. Contra os ex-maridos que não pagam a pensão alimentícia, contra os abusos dos patrões, contra o uso dos subsídios estatais como gestão da pobreza em vez de se construir possibilidades de autodeterminação.

Enquanto isso, a coordenação do 8 de março no Chile não para de crescer, depois das enormes mobilizações pela educação não sexista e o fervoroso encontro plurinacional de mulheres que fazem uma manifestação no metrô, na qual rebatizam cada estação com nomes da memória feminista.

Elas gritam: "*¡La huelga feminista va!*" [A greve feminista vai!], para ir assinalando como se constrói a greve em movimento.[61] Ao mesmo tempo, no Brasil, companheiras do Nordeste diziam que o fascismo "não passará" e os feminismos negros se preparavam para marchar pedindo justiça por Marielle Franco e todas as que sustentam as economias populares e das favelas contra a criminalização de seus afazeres. Na Bolívia, se preparava o *#Bloqueo8M* [#Bloqueio8deMarço], denunciando os feminicídios registrados logo no início do ano, mas também acompanhando a resistência de mulheres da Reserva de Tariquía, em Tarija, que impedem as obras da Petrobras. Sucediam-se ainda assembleias no Uruguai, com uma coordenação feminista cada vez mais nutrida em redes. E, no Equador, se debatia greve e levante como ferramentas das histórias múltiplas de luta. Também na Colômbia e no Peru se sustentavam reuniões semanais com vistas ao 8 de março.

Finalmente: outra força do internacionalismo feminista é fazer um diagnóstico comum — e em tempo real — sobre as táticas de contrainsurgência com as quais pretendem nos enfraquecer e dividir (voltarei a isso no capítulo seguinte). Enxergamos o mesmo avanço simultaneamente em vários países, com estratégias similares e planos de fragmentação. Uma questão é clara: querem arremeter contra a potência subversiva das alianças transversais e diversas, antibiologicistas e antirracistas que foram construídas através da organização internacional e plurinacional das greves feministas.

---

61. No final de novembro de 2019, durante manifestações no Chile contra a violência contra as mulheres — e após as multitudinárias jornadas de protesto que paralisaram o país por melhores condições de vida —, integrantes de um coletivo feminista chamado Lastesis realizaram uma performance nas ruas de Santiago chamada "Un violador en tu camino" [Um estuprador em seu caminho]. Registrada em vídeo e publicada na internet, a ação viralizou mundialmente. [N.E.]

Lógica da conexão

A experiência que pode ser considerada precursora desse novo modo internacionalista é o levante zapatista. E não é casual que o 8 de março de 2018 tenha sido convocado também em Chiapas, demonstrando a capacidade do zapatismo de tomar parte em novas ressonâncias internacionalistas. Mas é preciso apontar algumas questões sobre suas diferenças.

Como se deu essa forma transnacional expansiva *a partir do feminismo*? Como vimos discutindo, a fórmula da greve foi essencial para produzir um diagnóstico das violências capaz de superar a instância da vitimização que se pretende como única reação frente às violências machistas e, em particular, ao feminicídio. A greve deixou de representar apenas uma história eurocêntrica de uma classe operária masculina, assalariada e branca; assim como já havia ocorrido outras vezes na história, a greve foi o modo de trazer à tona outras formas de bloqueio, sabotagem, subtração, e também de conexão dos trabalhos reprodutivo, comunitário e de imigrantes dos corpos feminizados — historicamente negados.

Da "greve geral" dos escravos negros retratada por W.E.B. Du Bois (1935) contra o sistema escravista das *plantations* no sul dos Estados Unidos — e que determina seu papel protagonista na Guerra de Secessão — à greve nos cortiços de Buenos Aires, em 1907, passando pelas greves dos peões rurais da "Patagônia Rebelde", nos anos 1920, à greve das mulheres da Islândia, em 1975, e, mais recentemente, da greve de fome das imigrantes centro-americanas na caravana para os Estados Unidos (enquanto se expande a greve docente em distintos estados desse país) à greve camponesa na Índia, podemos reconstruir marcos de um mapa internacionalista da greve *deslocada* de seu cânone exclusivamente operário e assalariado, com a fábrica como espaço cênico principal e legítimo.

Podemos, de fato, historicizar a dimensão reprodutiva e o protagonismo das mulheres nas formas diversas da greve — como o faz Cristina Vega (2018) — para multiplicar a greve "por dentro" de sua própria história. Mas isso se radicalizou nos últimos anos, porque a greve feminista desprendeu-se de sua própria história e inaugurou um tempo novo. A partir de 2016, a greve feminista condensou seu deslocamento ao terreno da reprodução para visibilizar e, inclusive, propor a abstenção de tarefas — não só para permanecer aí, mas para convocar de um modo inédito os espaços de produção reinterpretados por uma perspectiva diferente, uma vez que são "observados" a partir de sua intersecção com as tarefas de reprodução. Desse modo, não se trata apenas da extensão de uma analítica do trabalho que busca "laboralizar" as tarefas de cuidado, afeto e reprodução social: a perspectiva que surge desses trabalhos reclassifica a própria noção de trabalho em um sentido geral. Isso implica que consegue ampliar o terreno de reconhecimento dos lugares de produção de valor, e que ressalta os componentes da dimensão reprodutiva como chaves de reconceitualização do trabalho considerado historicamente como tal. Para dizê-lo em termos mais concretos: a dimensão gratuita, não reconhecida, subordinada, intermitente e, ao mesmo tempo, permanente do trabalho reprodutivo serve hoje para compreender os componentes da precarização como um processo transversal; as formas de exploração intensiva das infraestruturas afetivas e, simultaneamente, de ampliação extensiva da jornada de trabalho no espaço doméstico servem para entender as formas de trabalho imigrante e as novas hierarquias no setor de serviços: a superposição de tarefas e a disponibilidade como recurso subjetivo primordial imposto pela criação dos filhos nos permitem enxergar os requisitos dos empregos de serviço.

Por isso, a partir desse movimento, conseguiu-se reconhecer os circuitos globais do trabalho, de suas novas formas de exploração e das também novas geografias extrativistas. Portanto, a greve feminista não é apenas de cuidados e de tarefas reprodutivas, como se, com ela, a greve finalmente tivesse chegado a espaços que antes permaneciam intocados. O movimento é distinto: uma vez que inclui uma espacialidade heterogênea, permite também *parar* circuitos inteiros de trabalho que hoje interligam e integram de um modo novo as tarefas reprodutivas e as tarefas denominadas produtivas. E permite também compreender melhor a especificidade do que está sendo explorado e capturado pelo capital hoje em dia.

Por isso, a greve feminista permitiu repensar, requalificar e relançar outro sentido da greve *geral*. A tese seria, portanto, que *a greve geral se torna realmente geral quando feminista*. Porque assim, pela primeira vez, alcança todos os espaços, tarefas e formas de trabalho, conseguindo arraigar-se e territorializar-se sem deixar nada fora, produzindo então *generalidade*. Abarca cada refúgio do trabalho não remunerado e não reconhecido. Traz à luz cada tarefa invisibilizada e não contabilizada como trabalho, e, enquanto as afirma como *espaços de produção de valor*, as *conecta* em sua relação subordinada a outras formas de trabalho. Torna-se visível, portanto, a cadeia de esforços que traça um *continuum* entre a casa, o emprego, a rua e a comunidade. A contrapelo do confinamento a que se quer reduzir os feminismos — a um setor, a uma demanda, a uma minoria —, assumir que a greve é geral *só porque é feminista* é uma vitória e uma revanche histórica. É uma vitória porque dissemos que, se nós paramos, o mundo para — e isso finalmente evidencia que não há produção sem reprodução; e é uma revanche com relação às formas de greve nas quais o "geral" era sinônimo de uma parcialidade dominante: trabalho assalariado, masculino, sindicalizado, nacional, que excluía sistematicamente o trabalho não reconhecido pelo salário (e sua ordem colonial-patriarcal).

A *greve geral feminista* é a aprendizagem que construímos nesses anos de greves internacionais, levando a multiplicidade existencial e laboral de nossa época para dentro da insurreição. Multiplicidade não é dispersão, mas a forma de estar à altura da heterogeneidade de tarefas que realizamos e de imperativos que passamos a desobedecer quando decidimos parar. A greve só alcança generalidade — e, portanto, se torna real e efetiva — quando se amplia. Por isso, repetimos: *a greve só é geral quando é feminista*.

É necessário, porém, abordar mais uma nuance: generalidade e transnacionalismo estão intimamente ligados. Com a greve feminista, *ampliamos* mais uma vez a paralisação: a fazemos saltar fronteiras e lhe inventamos novas geografias. Redefinimos assim os lugares onde se trabalha e se produz valor. O mapeamento feminista redefine a espacialidade do trabalho — o que entendemos por "lugar" de trabalho, e que não é nem mais nem menos do que onde se produz valor. Nessa prática de redimensionar os espaços é que se traça também o *transnacionalismo*.

Vamos ao mapa. As mulheres na Polônia pararam contra a criminalização do aborto no dia 3 de outubro de 2016. Na Argentina, a maré grevista começa com a greve de 19 de outubro de 2016 em resposta ao feminicídio de Lucía Pérez. Em apenas uma semana, a ação deixa de ser nacional e passa a ser impulsionada em 22 países. Com a greve, como dissemos, nos encarregamos de traçar um mapa global que não nos é distante nem alheio, e que consiste em *politizar as violências contra as mulheres deslocando a enunciação vitimista*. A greve habilita uma conexão *internacionalista porque* estabelece um horizonte comum: uma ação concreta que nos situa como protagonistas políticas frente à tentativa sistemática de reduzir nossas dores à posição de vítima a ser reparada (em geral, pelo Estado). Mas a greve também habilita uma conexão *internacionalista porque* abre uma pergunta de investigação em cada vida e em cada território.

Em 25 de novembro de 2016 ocorrem mobilizações em vários lugares do mundo, relançando essa data do calendário internacional como dia contra a violência contra as mulheres. Para esse dia lançamos, pelo Coletivo NiUnaMenos, um texto intitulado *#LaInternacionalFeminista*. Nessa data, aparece publicamente na Itália a consigna *#NonUnaDiMeno*. A expansão global para mais de cinquenta países ocorre com a convocação à Greve Internacional das Mulheres para o dia 8 de março de 2017, revitalizando uma data histórica e, como já mencionamos, carregada de memórias de lutas operárias.

Eu diria que a construção desse novo internacionalismo tem dois momentos. O primeiro, que chamarei de "ressonâncias", isto é, o modo como se dá uma espécie de efeito de difusão, de ecos que repercutem e produzem, como efeitos sonoros, amplificações do próprio corpo. A ressonância é uma imagem que condensa uma ideia-força que pode ser uma palavra de ordem mesmo que não pretenda resumir uma consistência ideológica. É a capacidade de abrir um sentido compartilhado a partir de uma afetação. Mas não se trata de uma afetação em termos passivos: "os afetados por", como se costuma nomear aqueles que padecem catástrofes ou efeitos colaterais de algum fenômeno. A afetação tem a ver com uma capacidade de comoção, e não simplesmente com a *recepção* de um efeito.

A potência de ressonância dos protestos — as convocatórias — e, em particular, o chamado à greve têm a ver com a capacidade de conexão à distância e com a mobilização de sentidos provocada pela circulação de imagens, palavras de ordem, ações e gestos. A greve, ao ser ampliada, abre espaço para novas enunciações a serem inventadas. Mas essa capacidade de ressonância tem a ver com o deslocamento subjetivo de que vimos falando: uma ação concreta que performa, põe em ato, o abandono da posição de vítima, ao mesmo tempo que se declina como pergunta-investigação em cada lugar: o que é parar em cada território? O que significa greve em cada situação de trabalho e de vida? Contra o que paramos? Quem perceberá que paramos? Contra quais patrões ocultos fazemos greve?

Depois dessas ressonâncias, se desenvolveram formas de coordenação que combinam fóruns virtuais e espaços materiais de encontro corpo a corpo, inaugurando circuitos e reutilizando outros já existentes. Criaram-se redes, intercâmbios, reuniões e contatos entre diversas experiências, coletivos e países.

Ressonância e coordenação vão tecendo pistas para a investigação coletiva dos feminismos, vão marcando diferenças e divergências, vão acumulando uma linguagem comum elaborada a partir das práticas.

Da solidariedade à interseccionalidade

O que há de novo em #LaInternacionalFeminista? As imagens que são evocadas quando se fala de uma "internacional" aludem em parte à tradição operária e à conformação da Primeira Internacional no século xix e, mais tarde, depois de sua ruptura, da Segunda Internacional. A organização proletária na Europa era o eixo de um projeto de organização de classe com capacidade de ação coordenada. A greve como instrumento de luta foi uma de suas iniciativas. A coroação da Revolução Russa condensa de modo "exitoso" a aspiração revolucionária construída a partir daquelas iniciativas, desafiando geograficamente, porém, como se sabe, as predições sobre a ocorrência da revolução ao realizar-se fora da Europa (uma revolução *contra O capital*, como a nomeou Gramsci). Nos anos 1960 e 1970, um poderoso internacionalismo terceiro-mundista, tramado por lutas de descolonização, guerrilhas e diversos movimentos insurrecionais, volta a pôr em jogo o signo de uma época-mundo *a partir do Sul*. O extravasamento do confim europeu e branco e a abertura a questões que não se limitavam apenas à "classe" são uma ampliação dos efeitos revolucionários daquele internacionalismo. Com o levante zapatista de 1994 e sua conexão com um ciclo de lutas indígenas no continente — mas, sobretudo, por sua capacidade de interpelar lutas do mundo inteiro —, volta-se a falar de uma rede internacional ("intergaláctica", diziam os zapatistas em seus encontros) capaz de denunciar as injustiças e tecer resistências. No início do século XXI, o chamado movimento "antiglobalização" também impulsionou um contraplano para a dimensão global do capital, conectando, em seu calendário de encontros, lutas que se organizavam justamente contra a organização do capital.

O que se poderia pensar de um novo *internacionalismo*?

Como assinala Roediger (2017, p. 170), o princípio básico lançado por Marx para a Internacional operária era a "solidariedade", ainda que tal conceito não figurasse no projeto teórico marxiano, em que o problema da "unidade" estava apoiado sobre a lógica do capital. A solidariedade aparece como arma contra a divisão permanente imposta pelo capital sobre a classe trabalhadora, diz Roediger, citando os trabalhos do economista Michael Lebowitz. Mas essa unidade dos trabalhadores e das trabalhadoras se torna um problema central quando o capital necessita produzir e explorar a "diferença".

Com isso se poderia dizer que é muito mais simples uma política de solidariedade entre trabalhadores que se percebem como semelhantes do que entre aqueles que estão constrangidos a diferenciar-se permanentemente para fazer valer sua singularidade como mão de obra no precarizado mercado de trabalho. Mas, agreguemos algo: há uma forma de solidariedade que não apela à semelhança, mas à diferença, só que no sentido de fazer equivaler diferença e "exterioridade". Escutamos muitas vezes fórmulas da solidariedade com lutas diversas que, no entanto, nos mantêm isentas, preservando as distâncias e a evidência de que nos solidarizamos com algo que não é "nosso".

O internacionalismo nos coloca o problema de pensar o que produz conexão entre trajetórias, experiências e lutas que se desenvolvem em lugares distintos. Perguntar pela conexão mais do que pela unidade leva a avaliações diversas sobre a força e, portanto, conduz à questão sobre como "acumular" forças.

Como se condensa, se sintetiza e se inscreve uma acumulação de forças?

A noção de "interseccionalidade" que vem sendo discutida no feminismo nos serve para pensar esse traçado capaz de funcionar como lógica de conexão que mapeia, a contrapelo, o modo global de aterrissagem do capital a partir da imbricação de opressões. Ainda que tenha sido sistematizada por Kimberlé Krenshaw em 1989, parece-me importante destacar outra genealogia política de seu surgimento, tal como assinala Keeanga-Yamahtta Taylor (2017b). Esse conceito pode ser rastreado, segundo a teórica e ativista estadunidense, na prática do coletivo de lésbicas negras chamado Combahee River entre 1974 e 1980, mesmo que não tivesse a mesma denominação. Esse importante coletivo — cujo nome homenageia uma ação que libertou mais de 750 escravizados e escravizadas em 1863, na única campanha militar da história dos Estados Unidos planejada e dirigida por uma mulher — escreveu um manifesto em 1977 que se tornou mítico porque "articulou a análise que dá vida ao significado de interseccionalidade: a ideia de que múltiplas opressões se reforçam umas às outras para criar novas categorias de sofrimento" (2017, p. 4). Essa forma de interconectar as opressões e de mostrar como elas se superpõem e atuam simultaneamente foi fundamental, continua Taylor, como intervenção política no movimento feminista com as lésbicas negras e para generalizar uma análise que abriu todo um mundo de radicalização política para uma nova geração de feministas.

A interseccionalidade se converte na chave para compor as opressões de sexo, raça e classe, não como uma soma de variáveis, mas justamente na perspectiva de sua mútua afetação. A introdução da diferença na análise das opressões consegue assim uma projeção política particular: é capaz de desentranhar as diferenças sem por isso deixar de problematizar a convergência de lutas. O feminismo negro, nesse sentido, foi pioneiro em propor outra ideia de totalidade a partir da diferença, reconectando a libertação das opressões com uma libertação que se projeta a todas e todos.

Nesse sentido, as formas de lutas *transversais* adotam a interseccionalidade como princípio político e metodológico, materializando um princípio de composição e tradução para novas formas de solidariedade transnacional.

Selma James — feminista e ativista estadunidense, também cofundadora da Wages for Housework, nos anos 1970 — disse depois da primeira greve internacional do 8 de março de 2017 que, na América Latina, a consigna *"Ni una menos, vivas nos queremos"* funcionava como o equivalente feminista de *#BlackLivesMatter* [#VidasNegrasImportam] nos Estados Unidos e do slogan feminista *All Women Count* [Todas as mulheres importam]. Interessa-me ressaltar os modos pelos quais essas conexões prosperam, nos relacionam na perspectiva das lutas e o fazem de uma maneira que não se equipara a simples equivalências linguísticas. A interseccionalidade é a promessa em ato do feminismo "contra os perniciosos poderes da violência estatal", disse Angela Davis em discurso durante a Women's March [Marcha das mulheres] de 2017. Um feminismo "inclusivo e interseccional" que "nos convoca à resistência ao racismo, à islamofobia, ao antissemitismo, à misoginia, à exploração capitalista".

O feminismo se torna mais inclusivo ao assumir-se como crítica prática anticapitalista. É a partir daí que uma multiplicidade de vozes pode ser ouvida, e que se pode tramar aqui e agora esse internacionalismo prático que já existe.

DIGRESSÃO
O diagnóstico do neoliberalismo como componente do internacionalismo

A caracterização do neoliberalismo desempenha um papel central nos feminismos atuais e, portanto, é também *um elemento de seu internacionalismo*. Primeiro porque é uma chave concreta para estabelecer certas coordenadas dos conflitos. Depois, porque permite pensar as possibilidades de inscrição de conquistas e demandas no nível institucional com relação precisamente a como o neoliberalismo consegue gerir a "diferença", tentando incluí-la de maneira subordinada. Em nossa região, isso leva a uma conceitualização também necessária dos governos progressistas ou populistas da última década — e de seu vínculo com o neoliberalismo. Por último, nos permite debater e diagnosticar a reação conservadora que se desatou contra a força transnacional do feminismo. Quero concentrar-me em duas intervenções importantes: as das estadunidenses Wendy Brown e Nancy Fraser, porque são ao mesmo tempo intervenções filosóficas, políticas e epistêmicas que trazem uma definição sobre o neoliberalismo e se vinculam a problemas do feminismo. Tentarei travar uma discussão com elas — que, entre si, são muito distintas — a partir do debate latino-americano e, sobretudo, a partir de suas contribuições ao pensamento da mobilização e das lutas em nosso continente, para, finalmente, fazer uma crítica ao populismo em uma perspectiva feminista. A hipótese de fundo que gostaria de deixar formulada é a seguinte: as lutas feministas possibilitam um ponto de vista antineoliberal com capacidade de ir além da articulação política populista.

No livro *Undoing the Demos: Neoliberalism's Stealth Revolution* [Desfazendo o 'demo': a revolução furtiva do neoliberalismo] (2015), Wendy Brown, a partir de uma leitura do curso de 1979 de Michel Foucault, propõe introduzir um questionamento à noção de neoliberalismo que parece tudo conter. Sua proposta consiste em aprofundar "a antinomia entre cidadania e neoliberalismo" e polemizar com o modelo de governança neoliberal entendido como processo de "desdemocratização da democracia". Em seu argumento, o neoliberalismo restringe os espaços democráticos não só em nível macroestrutural, mas no plano da organização das relações sociais, na medida em que a competição se torna norma de todo vínculo. Ela sublinha esse processo como uma *economização* da vida social que altera a própria natureza do que chamamos "política", reforçando o contraste entre as figuras do *Homo economicus* e do *Homo politicus*. Quero assinalar que a torção com Foucault é clara: para o filósofo francês, o neoliberalismo não é apenas uma *economização* total da sociedade que clausura a política, mas uma nova maneira de pensar a política, que amplia a ideia de governo e amplia a ideia de economia.

Brown destaca que, no neoliberalismo, a cidadania não é somente um conjunto de direitos, mas uma sorte de ativismo contínuo ao qual estamos obrigados para nos autovalorizar. A penetração da racionalidade neoliberal em instituições modernas, como a cidadania, descaracteriza a própria noção de democracia, segundo a autora, que se queixa de que nas genealogias de Foucault "não existem cidadãos". Embora a crítica de Brown ao neoliberalismo como neutralização do conflito seja importante e sua análise, afiada, não deixa de se ater a um esquema *politicista*: a expansão que nos permite pensar o neoliberalismo como governamentalidade volta a se restringir ao postular a razão neoliberal como sinônimo da desaparição da política. Recria-se assim a distinção (fundante do capitalismo) entre economia e política, de modo a preservar uma "autonomia do político" como um campo que agora está colonizado, mas que deve ser defendido. Em uma perspectiva claramente arendtiana, faz-se do "reino da regra" o espaço privilegiado para o desenvolvimento democrático do *Homo politicus*.

Nessa linha de argumentação, a explicação de Brown (2017) sobre o triunfo eleitoral de Donald Trump nos Estados Unidos, referindo-se a um "populismo apocalíptico", seria a consumação desse sequestro da política por parte do neoliberalismo: "Se a reprovação da política é um fio importante para o assalto à democracia do neoliberalismo, igualmente importante para gerar apoio para o autoritarismo plutocrático é o que chamo de economização de tudo, incluindo valores democráticos, instituições, expectativas e saberes. O significado e a prática da democracia não podem render-se à semiótica do mercado e sobreviver. A liberdade fica reduzida a promover mercados, manter o que se obtém, legitimando, portanto, o crescimento da inequidade e a indiferença a todos seus efeitos sociais. A exclusão se legitima como fortalecimento da competividade, e o segredo, mais do que a transparência ou a responsabilidade, é o bom sentido do negócio".

Para Brown, o que se esvazia, do ponto de vista da economização da vida, é a cidadania como forma de "soberania popular". A autora assinala também que a privatização de bens públicos e da educação superior contribui para debilitar a cultura democrática, e a noção de "justiça social" se consolida como aquilo que restringe as liberdades privadas. Em resumo: "Conjuntamente, o aberto desprezo neoliberal pela política; o assalto às instituições democráticas, aos valores e aos imaginários; e o ataque neoliberal aos bens públicos, à vida pública, à justiça social e à cidadania educada geram uma nova formação política antidemocrática, anti-igualitária, libertária e autoritária". Essa forma economicizada da política produz, na perspectiva de Brown, um tipo de subjetividade que se contrapõe à estabilidade e à segurança dos cidadãos: "Essa formação agora se inflama com o combustível de três energias que consideramos antes: medo e ansiedade, status socioeconômico declinante e branquitude rancorosa ferida". Medo e ansiedade, precariedade e branquitude rancorosa são as *afecções* que terminam *liberadas* quando os confins da cidadania não produzem nem regulam a subjetividade democrática. Para Brown, a equação, então, fica assim: *aumentam-se as liberdades na medida em que se reduz a política; energias perniciosas são liberadas na medida em que não há contenção cidadã*. O resultado é uma política que não é antiestatal, como no caso de Trump, mas que aponta para a gestão empresarial do Estado.

Em que ponto de vista se pode criticar o politicismo dessa visão? Essa perspectiva tem três problemas. Por um lado, o que se desprende do voto de direita — considerado em sentidos muito amplos — não é um espírito puramente antidemocrático. Quero esclarecer que estou pensando simultaneamente no chamado "giro à direita" na América Latina, já que, na medida em que coincidiu com a vitória de Trump, impulsionou justamente uma busca de "explicações" sobre tal "deslocamento" nas preferências eleitorais. Algo que, dito de maneira muito simples, seria assim: explicar o triunfo de Trump depois de oito anos de governo de Barack Obama permite uma analogia com o problema de como se explica, na Argentina, que Mauricio Macri seja eleito depois dos Kirchner. Voltemos à hipótese. Se não estamos diante de um abrupto giro à direita das massas, do que se trata? Para mim, isso é, antes, um "realismo" relativo ao caráter não democrático da democracia (liberal e progressista) que os governos de direita, para dizê-lo tomando as palavras da direita vernácula, "assumem" por meio de um materialismo cínico. Com isso, quero afirmar que, no argumento de Brown, funciona uma dupla *idealização da democracia*, e essa é a fonte de seu politicismo. Em primeiro lugar, porque essa visão apaga as violências tramadas pelo neoliberalismo em suas origens (como os golpes de Estado e o terrorismo de Estado na América Latina, mas também as formas de racismo legitimadas pela democracia), e que são violências que as democracias pós-ditatoriais prolongam de maneira diversa, porém constitutiva. Em segundo lugar, a concepção da democracia como "reino da regra" e sua projeção cidadã nos impedem de ver suas violências repressivas, sobretudo no que se refere aos termos como essas violências estruturam, hoje, as conflituosidades sociais que percebem que a política como um campo de regras é um privilégio discursivo das elites diante da liberdade como oportunidade de assumir que essas regras não funcionam para todos — o que, por exemplo, se explicita no movimento *#BlackLivesMatter* (Taylor, 2017a) e nos assassinatos de jovens pobres nas metrópoles latino-americanas.

O segundo ponto a se discutir é como esse tipo de análise torna a psique das massas unilateralmente reacionária. Isso se funda na compreensão das energias "psíquicas" mobilizadas por esses regimes (que retomam traços das análises de Theodor W. Adorno sobre a personalidade autoritária de diversos modos) e que apontam para o caráter "apocalíptico" do populismo, no caso estadunidense. O populismo, então, volta a estar do lado do não racional, já que sua deriva só pode ser explicada nos termos do desejo neoliberal inconsciente que seriam expressos pelas maiorias. Em contraponto, creio que é preciso pensar essa dinâmica psíquica e afetiva porque é uma materialidade incontornável, mas considero que é mais produtivo fazê-lo em termos de sentimentos que são qualidades próprias — novamente "realistas" — da força de trabalho contemporânea, como argumenta há tempos Paolo Virno (2003), mais do que meras degradações diante do desmoronamento do *habitus* cidadão.

No caso das derrotas políticas dos progressismos na América Latina, as discussões envolvem uma série de problemas sobre a subjetividade política expressa nas urnas que podem ser resumidos pelo desconcerto do próprio progressismo frente à "traição" do povo favorecido por suas políticas. Já discuti essa argumentação com relação à teoria de Ernesto Laclau (2005), que funciona como amálgama de sentido para essa narrativa da derrota (Gago, 2017). Mas gostaria de voltar à questão das energias psíquicas, já que sua canalização contemporânea também remete a um tema "frankfurtiano": o consumo de massas. Eis um elemento fundamental do progressismo regional, que, no entanto, teve uma singularidade: trata-se de um consumo já "desprendido" de sua relação com o emprego, o que faz com que seja viabilizado pelas dívidas. O populismo progressista é impensável fora da articulação entre neoliberalismo e neodesenvolvimentismo que ele mesmo construiu, sob o comando das finanças (como abordei no capítulo 4).

Por último, considero que a crítica ao neoliberalismo se enfraquece quando o considera como não político. Porque, sob essa ideia de política, ficam anulados os momentos propriamente políticos do neoliberalismo e, em particular, se desconhecem as "operações do capital" em sua eficácia imediatamente política: ou seja, enquanto construção de normatividade e espacialidade e enquanto produção de subjetividade. Parece-me fundamental, pois, pensar nas práticas políticas capazes de questionar o neoliberalismo sem considerá-lo como "o outro" da política. Se o neoliberalismo é desafiante e complexo, isso se deve a sua constituição já ser diretamente política, e, enquanto tal, podemos entendê-lo como campo de batalha.

Se Brown enxerga traços apocalípticos no populismo de Trump e sua perversa continuidade com o caráter desdemocratizante do neoliberalismo, Nancy Fraser (2017a) referiu-se ao triunfo de Trump como um "motim eleitoral" contra a hegemonia neoliberal — mais especificamente, como "uma revolta contra as finanças globais". Nesse contexto posicionava também o referendo que aprovou a saída da Grã-Bretanha da União Europeia — o Brexit —, a primeira campanha de Bernie Sanders para a concorrer à presidência dos Estados Unidos pelo Partido Democrata, a popularidade do Front National [atualmente chamado Rassemblement National], na França, e o rechaço às reformas de Matteo Renzi, na Itália. Fraser enxergava nesses eventos diversos uma mesma vontade de rechaço ao "capitalismo financeirizado". A essa leitura se acopla sua ideia de que o que está em crise é o "neoliberalismo progressista": "Na sua forma norte-americana, o neoliberalismo progressista é uma aliança da corrente principal dos novos movimentos sociais (feminismo, antirracismo, multiculturalismo e direitos LGBTQ), por um lado; e altos setores empresariais 'simbólicos' e de serviços (Wall Street, Vale do Silício e Hollywood), por outro. Nesta aliança, as forças progressistas estão efetivamente unidas às forças do capitalismo cognitivo, especialmente a financeirização. No entanto, involuntariamente, os primeiros emprestam seu carisma a este último. Ideais como a diversidade e o 'empoderamento', que, em princípio, poderiam servir para fins diferentes, agora lustram políticas que devastaram a indústria e o que antes era vida de classe média", escreveu, em princípios de 2017.

Esse argumento já estava presente em seu texto "Contradictions of Capital and Care" [Contradições entre capital e cuidado] (2016), em que comentava o modo como o imaginário de gênero alimenta um individualismo liberal em que a privatização e a mercantilização da proteção social conseguem adquirir uma "aura feminina". Isso supõe apresentar as tarefas reprodutivas simplesmente como um obstáculo na carreira individual e profissional das mulheres: tarefas das quais, por sorte, o neoliberalismo, por meio do mercado, permite que nos libertemos. A emancipação recupera assim um caráter reacionário, argumenta Fraser, operando justamente sobre a reformulação da divisão reprodução/produção, normalizando o campo em que hoje se situam as contradições mais profundas do capital. Nesse sentido, o "neoliberalismo progressista" seria a contrarrevolução das proposições feministas segundo as quais a emancipação se produz tanto porque somos empurradas para o mercado de trabalho — instaurando o modelo da "dupla fonte de renda por lar" como metabolização perversa da crítica feminista ao salário familiar —, quanto porque essa situação se sustenta sobre uma maior hierarquização classista e racista da divisão global do trabalho, em que as mulheres imigrantes pobres do Sul preenchem a "brecha de cuidados" das mulheres do Norte dedicadas a suas carreiras profissionais.

Nessa perspectiva, o "neoliberalismo progressista" é a resposta a uma série de lutas contra a hegemonia disciplinar do trabalho assalariado e masculino que convergiram com movimentos sociais que politizaram as hierarquias sexistas e racistas. A força do neoliberalismo, pensado como reação e contrarrevolução, estaria em conseguir converter essas lutas em uma sorte de cosmética multicultural e *freelancer* para as políticas de ajuste, desemprego e desinvestimento social, enquanto as traduz à língua dos direitos das minorias. Melinda Cooper (2017), nesse sentido, adverte sobre o risco da argumentação de Fraser: "Em seu trabalho mais recente, Fraser acusa o feminismo da segunda onda de ter colaborado com o neoliberalismo em seus esforços por destruir o salário familiar. 'Foi mera coincidência o fato de o feminismo da segunda onda e o neoliberalismo terem prosperado em dupla? Ou havia alguma afinidade eletiva perversa, subterrânea, entre ambos?'". A suspeita que Cooper deixa formulada em relação às perguntas de Fraser é relevante para uma crítica que não seja nostálgica nem restauradora da família (mesmo que em modos mais igualitários) em nome de uma segurança perdida. Voltaremos a isso no próximo capítulo.

A passagem de um neoliberalismo duro (*à la* Margaret Tatcher ou Ronald Reagan) a um neoliberalismo progressista (*à la* Tony Blair ou Barack Obama) é uma derrota de lutas de diferentes intensidades cujas respostas se medem em relação a essas radicalidades contestadas: isso funciona como princípio político e metodológico para observar, a partir da revolta, a racionalidade neoliberal. Como dilema, resta saber como essa interessante leitura não se converte em introjeção de uma racionalidade sempre antecipada da derrota, ou, em outras palavras, como não supomos — em um *a priori* lógico que se ratifica em um *a posteriori* analítico — a capacidade do neoliberalismo de metabolizar e neutralizar toda prática e toda crítica, garantindo de antemão seu êxito.

Finalmente, um último ponto de discussão com Fraser: o momento da articulação. Para Fraser, o tipo de "articulação" realizada por esse neoliberalismo progressista é superficial e contraproducente: "O neoliberalismo progressista articula superficialmente imigrantes, não brancos, muçulmanos, LGTBQ como o 'nós' e converte o homem branco em um 'eles'. Isso é uma forma horrível de nos dividir, uma forma que só beneficia o capital". Tal articulação "superficial" seria a que tentava discutir Bernie Sanders, segundo Fraser: "Para Sanders, a ideia era mesclar uma 'política de reconhecimento' antirracista, antissexista e a favor dos imigrantes junto com uma 'política distributiva' anti-Wall Street e a favor da classe trabalhadora".

O ponto que eu gostaria de discutir é o modo como Fraser considera que o populismo de Laclau propõe um tipo de articulação diferente — "Sinto-me muito mais próxima de alguém como Ernesto Laclau, que via o populismo como uma lógica que podia ser articulada de muitas formas distintas" —, e gostaria de fazê-lo levando a sério um problema formulado pela própria Fraser para pensar a esquerda radical: como se conjuga uma "crítica efetiva da financeirização" e uma "visão antirracista, antissexista e anti-hierárquica da emancipação"?

E isso por duas questões. Primeiro, em *A razão populista*, Laclau despreza todo efeito "destituinte" proveniente da dinâmica social popular que não permaneça circunscrita a "demandas" aceitáveis pelo sistema político,[62] desacreditando toda força de transbordamento que obrigue a reformular (como ocorre com frequência) o jogo da instituição política em termos de comum-múltiplo.[63] Segundo, porque a crítica efetiva da financeirização foi negada pelos populismos progressistas. Em ambas as dimensões opera, mais uma vez, uma divisão e uma hierarquização entre o chamado "social" e o "político", em que a instância de representação do sistema

---

62. Para citar uma opinião de Laclau que evidencia a hierarquia da articulação: "As demandas dos povos originários não foram respondidas pontualmente, mas tampouco são centrais para a estruturação da política". Ver "La real izquierda es el kirchnerismo", em *Página 12*, 2 out. 2011.

63. Denomino "comum-múltiplo" a capacidade produtiva do social para além da posição de demanda que Laclau parece exigir à dinâmica populista da democracia que teoriza.

político funciona como momento de "verdade" para lutas que supostamente não obtiveram politicidade própria e que são assim permanentemente infantilizadas.

Essa discussão sobre a articulação populista feita por Fraser se torna fundamental hoje para entender o tipo de pressuposto que está em tensão, creio, no interior da formulação coletiva do chamado "feminismo dos 99%", realizada nos Estados Unidos. Por um lado, essa consigna é muito interessante porque se opõe de maneira direta ao feminismo corporativo (*lean-in*); por outro, duas linhas estão inscritas problematicamente em seu interior: uma articulação populista e uma interseccionalidade das lutas, abrindo uma discussão sobre a prática política com relação a como se produz um feminismo de maiorias.

Se há uma possibilidade de repensar a categoria de "soberania popular" (para retomar o termo de Wendy Brown), ela efetivamente está na perspectiva feminista: isto é, a partir da distinção entre popular e populismo. Desse ponto de vista também podemos interpretar a tensão do feminismo dos 99%, tal como discute Fraser (2017b).

O feminismo de massas praticado e teorizado na Argentina trabalha com um conceito bem distinto ao do povo abstrato do populismo. Primeiro, porque não faz equivalência entre o desejo político e a liderança pessoal condensada em uma figura de autoridade (condensação da teoria laclausiana). Segundo, porque se preocupa em modificar as condições de vida materiais das maiorias onde as dinâmicas de despojo e financeirização desestabilizaram de modo transversal os limites de violência das relações sociais. Terceiro, porque, ao dar espaço à composição política a partir de um diagnóstico feminista da crise, propõe um internacionalismo prático, desafiando o nacionalismo metodológico do populismo. E, por último (ao menos nesse quesito), porque se encarrega de modo concreto de produzir uma nova dinâmica soberana não confinada à retórica do Estado-nação: me refiro à criação e sustentação de espaços de produção de decisão política e maneiras de levar adiante as condições para operacionalizar essa decisão. Falo da dinâmica de assembleia que converteu a greve internacional feminista em um processo, em um horizonte organizativo e em plano comum.

O feminismo de massas compartilha com a formulação do feminismo dos 99% a constatação de que o feminismo que está emergindo é inovadoramente expansivo. Nesse ponto, as mobilizações na Argentina — e o crescimento da greve ano a ano com relação à trama internacionalista na qual o movimento se desenvolve — conjuga de modo inédito o vínculo entre massividade e vetores de lutas minoritárias. Com isso, quero dizer que operamos um deslocamento da linguagem neoliberal de reconhecimento das minorias para submergir os vetores (e não as identidades) de lutas em uma escala de massas que foram durante muito tempo qualificadas como minoritárias, para dar conta do protagonismo de sua "diferença".

Agora, essa massividade desloca para o primeiro plano a pergunta pela *transversalidade* da composição política para que tenha eficácia seu caráter antineoliberal. Aqui não há ingenuidade, mas tampouco reposição do caráter despolitizado do "social" como etapa infantilizada da representação política. A massividade, então, se inscreve em um horizonte popular — e, inclusive, popular-comunitário —, porque é o que permite ao feminismo sua conexão com a conflituosidade social (em contraponto com sua abstração populista) e porque permite compreender a trama de violências relacionadas à persistência neoliberal.

CAPÍTULO 7
Contraofensiva: o espectro do feminismo

Vivemos um momento de contraofensiva, isto é, de reação à força demonstrada pelos feminismos na América Latina. É importante destacar esta sequência: a contraofensiva *responde* a uma ofensiva, a um movimento *anterior*. Isso supõe localizar a emergência dos feminismos com relação ao posterior giro fascista na região e em nível global. Daí se desdobram duas considerações. Em termos metodológicos: localizar a força dos feminismos, *em primeiro lugar, como força constituinte*. Em termos políticos: afirmar que os feminismos ameaçam e ativam uma dinâmica de desobediências aos poderes estabelecidos, que passam então a tentar contê-los com formas de repressão, disciplinamento e controle em várias escalas. A contraofensiva é um chamado à ordem, e sua agressividade se mede pela percepção da ameaça a que a contraofensiva acredita estar respondendo. Por isso, a feroz reação aos feminismos nos fornece uma leitura a contrapelo, contrária, da força de insubordinação que foi percebida pelo conservadorismo em pleno desenvolvimento das ideias feministas e, ao mesmo tempo, nos revela possibilidades de radicalização.

Vejamos as linhas da contraofensiva para depois voltar aos contornos da caracterização do que é que se delineia como "ameaça", já que isso nos permitirá entender por que é que estamos presenciando a construção do feminismo como "novo inimigo interno", ou por que o feminismo funciona como espectro que distintos poderes pretendem conjurar.

A contraofensiva eclesiástica

Através do conceito de "ideologia de gênero", hoje se sintetiza uma autêntica cruzada encabeçada pela Igreja católica contra a "desestabilização" feminista. "A ideologia de gênero é uma estratégia discursiva ideada pelo Vaticano e adotada por numerosos intelectuais e ativistas católicos e cristãos para contra-atacar a retórica da igualdade de direitos para mulheres e pessoas LGBTQ+", argumenta Mara Viveros Vigoya (2016).

Eric Fassin (2011) assinala que a investida aberta contra o termo "gênero" iniciou-se em meados dos anos 1990, tendo sido impulsionada por grupos católicos direitistas estadunidenses em resposta à Conferência Internacional sobre População e Desenvolvimento das Nações Unidas, realizada no Cairo, Egito, em 1994, e às reuniões que tiveram lugar em Nova York como preparação para a IV Conferência Mundial sobre a Mulher: Igualdade, Desenvolvimento e Paz, realizada em Pequim, em 1995. Várias crônicas assinalam Dale O'Leary como a lobista mais ativa do Vaticano, uma jornalista católica conservadora estadunidense que plasmou essa discussão no livro *The Gender Agenda* [A agenda do gênero], cujo argumento principal é que o gênero se apresentava como "ferramenta neocolonial de uma conspiração feminista internacional".

Segundo Mary Anne Case (2019), o ataque surge primeiro contra leis e políticas e, depois, se concentra na teoria, assinalando Judith Butler como a "papisa do gênero" (Bracke & Paternotte, 2016).

É necessário estabelecer como precedente o ataque doutrinário que Joseph Ratzinger faz em seu livro de 1997, *O sal da terra*, em que ressalta questões sobre as quais vinha teorizando desde os anos 1980, quando passou a encabeçar a Congregação para a Doutrina da Fé, um dos órgãos da Santa Sé. Os argumentos do futuro papa são repercutidos por uma série de publicações e documentos eclesiásticos que a partir de 2003 tematizam sistematicamente a questão de gênero — e que o próprio Ratzinger levará ao topo do Vaticano ao ser nomeado chefe da Igreja em 2005. São textos que sustentam campanhas impulsionadas a partir de cima, como argumenta Sonia Corrêa em entrevista a María Alicia Gutiérrez (2018): "Não foram gestadas na base de nossas sociedades, mas sim nas altas esferas das negociações internacionais e da elucubração teológica".

Um dos textos mais emblemáticos da "cruzada" é o *Lexicon: termos ambíguos e discutidos sobre família, vida e questões éticas*, editado primeiro em italiano, em 2003. No prólogo ao livro, o cardeal Alfonso López Trujillo, presidente do Pontifício Conselho para a Família, expressa o temor pela ambiguidade da linguagem contemporânea, recordando a relação entre linguagem, autenticidade e verdade em Martin Heidegger, afirmando, assim, a necessidade desse *Lexicon* que lista 78 termos, enfatizando particularmente o perigo do deslize, o alarme do sem-sentido e a escorregadia "ambiguidade", que precisam ser combatidos; enfim, trata-se de uma lista de palavras que devem ser retificadas. O cardeal se refere especialmente ao uso do termo "gênero" como conceito instalado a partir da conferência de Pequim: "A família e a vida estão sendo literalmente bombardeadas por uma linguagem enganosa que não promove, e sim complica, o diálogo entre as pessoas". Trujillo também denuncia as atividades do Committee on the Elimination of Discrimination Against Women [Comitê para a eliminação da discriminação contra as mulheres] e os debates sobre aborto, amor livre, direitos etc.

O verbete "gênero" publicado no *Lexicon* foi escrito por Jutta Burggraf, teóloga católica alemã que traça as coordenadas da discussão, apontando Judith Butler como a responsável por desacoplar o sexo biológico da categoria "cultural" de gênero e por habilitar sua proliferação indiscriminada. Como também se constata em outros tantos textos eclesiásticos, Burggraf demonstra preocupação com a recepção da palavra "gênero" em organismos internacionais, como a ONU, e pela via de recursos que essas instâncias implicam. Mas o que mais me interessa destacar — para depois seguir o fio da argumentação — é a afinidade que Burggraf traça entre a ideologia de gênero e uma "antropologia individualista do neoliberalismo radical".

Antes de Butler, a linhagem teórica que se descreve nessas publicações de estirpe variada remonta a Friedrich Engels e Simone de Beauvoir. De maneira particular, no entanto, a ênfase do antecedente da "ideologia de gênero" se traça com as teorizações da Escola de Frankfurt nos anos 1930 e, em particular, com o modo como seus conceitos se disseminaram nos movimentos radicais após as revoltas dos anos 1960. O "marxismo cultural" da Escola de Frankfurt seria o inimigo da cristandade ocidental. É claro que essas diatribes nos soam familiares na América Latina: são as mesmas que foram mobilizadas pelas ditaduras contra a radicalização política dos anos 1970, dirigidas então particularmente à guerrilha, mas de modo mais amplo a toda expressão contracultural. Agora, a conversão do vocábulo "gênero" em um anátema, uma maldição, recria e atualiza toda a fábula da ameaça à civilização cristã e ocidental, mas com um adicional: destacando sua capacidade de "transversalidade" ideológica e, portanto, sua força de propagação para além da reconhecida "esquerda". "Durante o mesmo meio século, o Vaticano e aqueles que operam sob sua influência começaram a ver a palavra 'gênero' como um anátema e a associá-la ao termo 'ideologia de gênero', vinculando o feminismo e os direitos gays a um esforço planetário para redefinir não só as leis seculares que governam os sexos, as sexualidades, a reprodução e a família, mas a natureza humana em si", argumenta Case (2019, p. 156).

A disputa é enorme. Segundo a Igreja católica, o que está em jogo é a natureza humana, porque se está questionando o binarismo de gênero que constitui a base da reprodução heteronormativa — isto é, a família. Por isso, nessa cruzada ganharão também progressiva relevância as identidades e corporalidades trans e as tecnologias dedicadas à reprodução. Ambas as "questões" são representadas como uma etapa posterior da ideologia de gênero, a consagração do desacoplamento entre sexo e gênero e, portanto, uma ameaça à teoria antropológica-teológica cristã da complementaridade entre o masculino e o feminino. Para resumi-lo nas palavras de Sarah Bracke e David Paternotte (2016, p. 146): "O Vaticano considera a noção analítica de gênero uma ameaça à criação divina". A noção de gênero, então, usurpa — e, por isso, ameaça — o poder divino da criação. Segundo a Igreja, criar gêneros diversos (ou colocar o "gênero em disputa", para usar o título mais famoso de Butler) é entrar em um enfrentamento direto com Deus.

O que chama a atenção é que, seguindo esse mesmo raciocínio, alguns argumentos falam em defender a "diferença sexual" — claro que com relação ao marco preciso do binarismo. Entendida assim, a "diferença sexual" ficaria anulada devido a uma espécie de extremismo da igualdade que tornaria maleáveis e intercambiáveis os papéis, as identidades e, inclusive, as naturezas. A questão da diferença, subtraída ao mandato binário, entendido como mandato "divino", abre a potência de variação do gênero como atribuição humana.

Mas, por que caracterizá-la como "ideologia"? Segundo alguns textos desse *corpus*, a questão do gênero tem a capacidade de impregnar todos os âmbitos sociais e uma astúcia particular de "encobrimento", com maior eficácia para os objetivos de dissolução social. Isso é o que defende Juan Varela, autor de um documento da Alianza Evangélica Española intitulado "Origen y desarrollo de la ideología de género, fundamentos teológicos del matrimonio y la familia" [Origem e desenvolvimento da ideologia de gênero, fundamentos teológicos do matrimônio e da família]:

> Destacamos dentro dessa confabulação de fatores a astuta conversão da ideologia de gênero em uma reivindicação de tons marxistas, privando-se de sua origem como ideologia comunista, fantasiando-se para converter-se em uma questão transversal, de forma que, aparentemente sem ostentar uma ideologia politicamente definida, abarque e atravesse todos os espectros e cores políticas, impulsionada ademais pela vitimização da mulher, a defesa dos direitos humanos, a liberdade de expressão e a inclusão dos grupos mais desfavorecidos socialmente, aspectos com os quais todos os partidos, se querem ser "politicamente corretos", devem preocupar-se.

Por essa caracterização, a campanha contra a "ideologia de gênero" necessitou expandir seus porta-vozes para além de pessoas vestidas com túnicas e batinas. É necessário recordar, por exemplo, o ex-presidente do Equador, Rafael Correa, alertando sobre a ameaça da ideologia de gênero em seus programas públicos de televisão.

Em 2017, os pesquisadores David Paternotte e Roman Kuhar compilaram o volume *Anti-Gender Campaigns in Europe: Mobilizing Against Equality* [Campanhas antigênero na Europa: mobilizando contra a equidade], em que se colocam uma pergunta fundamental: como se produziu a tradução de um conceito teórico aos discursos religiosos e, especialmente, como esses discursos passam a convocar mobilizações em nível global? A hipótese, no contexto europeu, passa pela sua interseção com o nacionalismo e os populismos de direita. Com a mesma preocupação por sua articulação política com a direita, Agnieszka Graff e Elzbieta Korolczuk (2017) ressaltam — a partir da análise do caso polonês, mas depois se estendendo à Europa — que o ataque antigênero identifica aqueles que propagam essa "ideologia" como liberais, membros da elite, enquanto a cruzada religiosa estaria defendendo as classes trabalhadoras, que portariam uma espécie de conservadorismo que emana da condição de serem as "vítimas" da globalização: aqueles que reivindicam o "gênero" são vistos como elites globais bem financiadas e bem conectadas; já as pessoas comuns estariam pagando os custos da globalização. A associação entre neoliberalismo e gênero é reforçada por várias vias, preparando-se assim o terreno para argumentar — como veremos com relação ao debate argentino — que o antineoliberalismo só pode vir junto com uma defesa dos "valores familiares" e da disciplina do trabalho à qual estão intimamente associados.

Para o caso da Argentina, os pesquisadores Pecheny, Jones e Ariza (2016) dizem que até 2016 o uso da expressão "ideologia de gênero" não estava difundido:

> Em suma, a expressão "ideologia de gênero" ocupa um lugar relativamente marginal no campo discursivo, moldado por atores religiosos que se opõem aos direitos sexuais e reprodutivos. São em geral vozes isoladas, vindas principalmente de intelectuais que são parte de uma minoria ultraconservadora que converge em direção à Igreja católica argentina, e cujas intervenções públicas não têm grandes repercussões nos discursos públicos da hierarquia eclesiástica, ou em debates sociais mais amplos.

Um de seus porta-vozes argentinos, no entanto, se orgulha de estar na vanguarda dessa teorização. Jorge Scala, um advogado católico, publicou em 2010 o livro *La ideología de género o el género como herramienta de poder*, que supostamente ganhou mais de dez edições na Espanha. Seu principal argumento é caracterizar a "ideologia de gênero" como um "totalitarismo": "A ideologia de gênero busca impor-se de forma totalitária, mediante o exercício do poder absoluto, em especial em nível supranacional — e a partir daí enraizar-se em distintos povos e nações —, mediante o controle dos meios de propaganda e de elaboração cultural", sintetiza. Scala diz detectar três vias de propagação da "ideologia de gênero": o sistema educativo formal, os meios de comunicação e os direitos humanos. O totalitário seria a característica própria de um sistema fechado, de uma "lavagem cerebral global": "Uma ideologia é um corpo doutrinário coerente e fechado sobre si mesmo — ao estilo das matemáticas —, de modo que quem ingressou ao sistema de pensamento dele não pode sair", esclarece. Em 2012, o livro foi traduzido e publicado no Brasil como *Ideologia de gênero: o neototalitarismo e a morte da família*. Em março de 2013, com a eleição de Jorge Mario Bergoglio como papa Francisco, Scala escreveu: "Há uma coincidência que me parece particularmente significativa: em 13 de março de 2012, a Corte Suprema de Justiça da Argentina ditou uma sentença iníqua pretendendo legalizar o aborto à petição em dita nação. Exatamente um ano depois, 13 de março de 2013, o Colégio dos Cardeais eleva à Sede de Pedro o cardeal primaz da Argentina. É como uma carícia do Espírito Santo".[64]

Para Mary Anne Case (2019), Bento XVI e Francisco encarnaram "a guerra do Vaticano contra a ideologia de gênero". Suas respectivas origens alemã e argentina chamam a atenção da autora:

> De maneiras não previamente analisadas, Ratzinger parece ter estado reagindo diretamente aos acontecimentos então recentes na Alemanha, incluídos, por um lado, a presença de livros feministas que sublinham a construção social dos papéis de gênero

---

64. "El cardenal Bergoglio y su visión de la familia y la vida humana", em *Zenit*, 15 mar. 2013.

(e.g. Scheu, 1977; Beauvoir & Schwarzer, 1983)[65] nas listas de *best-sellers* locais e, por outro lado, o mandato constitucional da legislação federal alemã garantindo aos indivíduos a oportunidade legal de mudar de sexo. As reivindicações dos direitos trans foram, junto com as demandas feministas, um componente fundacional — e não adendo recente — à esfera de preocupações do Vaticano sobre o "gênero" ao focar tal preocupação no desenvolvimento das leis seculares. Assim como Joseph Ratzinger pode ter levado a Roma sua memória dos acontecimentos na Alemanha, o mesmo teria ocorrido com Jorge Mario Bergoglio, que em 2013 se converteu em papa Francisco, deixando para trás uma Argentina que um ano antes havia aprovado — com a oposição de Bergoglio, mas sem nenhuma oposição legislativa — uma lei sobre identidade de gênero que está entre as mais generosas do mundo com relação às pessoas que desejam legalmente mudar de sexo.

Segundo a pesquisadora, no entanto, Francisco representa um giro tático ao combate: a ideologia de gênero passa a ser associada pelo papa argentino a uma "ideologia colonizadora", especialmente impulsionada por ONGs e organismos internacionais. Desse modo, o papa que vem do "Terceiro Mundo" mobiliza uma retórica pseudoanti-imperialista para empreender a batalha contra os direitos de mulheres e LGBTQ+.

Case atribui a Francisco uma segunda conquista: ter conseguido unificar distintos credos (especialmente evangélicos e mórmons) na cruzada contra a ideologia de gênero, irmanados pela expansão da "ameaça". Assim, a proliferação

---

65. Referência aos livros de Ursula Scheu, *Wir werden nicht als Mädchen geboren: wir werden dazu gemacht* [Não nascemos meninas: somos feitas para tal], e de Alice Schwarzer, *Simone de Beauvoir Today: Conversations, 1972-1982*, que ganhou uma edição brasileira, *Simone de Beauvoir hoje*, pela Rocco, em 1995. [N.E.]

evangélica não está em competição com a Igreja católica; antes, se reforçam e alcançam "unidade" frente a um inimigo comum.

Nos últimos anos, a doutrina eclesiástica tornou-se uma *hashtag* multiuso e ferramenta de mobilização que saiu a disputar as ruas: *#NoALaIdeologíaDeGénero* [#NãoÀIdeologiaDeGênero]. Nela se inscrevem, por exemplo, as manifestações realizadas desde 2017 no Peru pelo Coletivo "Con mis hijos no te metas" [Não se meta com meus filhos]. Para esses manifestantes, a "ideologia de gênero" seria o conteúdo de um novo currículo escolar que, ao incorporar noções como "igualdade de gênero" e "identidade de gênero", promoveria "a homossexualidade e a libertinagem nas escolas". Na Argentina, a Lei Nacional 26.150 — que cria o direito a receber educação sexual integral desde o início da escolarização — ganhou a oposição ferrenha de organizações que popularizaram a consigna "A educação é uma causa feminista", enquanto o monsenhor Aguer, arcebispo de La Plata, declarava que "o aumento dos feminicídios tem a ver com o desaparecimento do matrimônio" (*La Nación*, 3 jan. 2017). O mesmo Aguer já havia dito, em 2009, a propósito da educação sexual integral: "Há um pensamento hegemônico feminista". Na Colômbia, a chamada "ideologia de gênero" teve um papel-chave na campanha que mobilizou a "ameaça de gênero" em favor do "não" aos acordos de paz de Havana, em 2016.[66] Em entrevista a Sonia Correa, María Alicia Gutiérrez (2018, p. 110) sintetiza mais ainda o mapa latino-americano:

---

66. Em 2 de outubro de 2016, os colombianos foram chamados às urnas para votar "sim" ou "não" aos acordos de paz assinados pelo governo do presidente Juan Manuel Santos com a cúpula das Farc após anos de negociações em Havana, Cuba. O referendo buscava colocar um fim definitivo à guerra civil que assolava o país desde meados dos anos 1960. O "não" venceu por 50,2%, contra 49,8% do "sim". Em 30 de novembro de 2016, os acordos foram aprovados pelo Congresso colombiano e começaram a ser aplicados imediatamente. [N.E.]

No começo de 2017, as campanhas antigênero explodiram no contexto da Reforma Constitucional do Distrito Federal, no México, e, pouco depois, um ônibus "antigênero" começou a circular por todo o país. Após dois meses, o mesmo ônibus estava viajando ao Chile, justamente antes da votação final da reforma da lei que deixou para trás a proibição da interrupção da gravidez promulgada pelo regime pinochetista nos anos 1980. Levaram a cabo também uma campanha contra a "ideologia de gênero" no âmbito dos estudos da educação pública no Uruguai, um país conhecido por seu laicismo. No Equador, uma disposição legal que tentava limitar a violência de gênero foi atacada por grupos conservadores religiosos antigênero. A Corte Constitucional boliviana derrubou a lei de identidade de gênero recentemente aprovada, argumentando que a dignidade da pessoa tem sua raiz no binarismo sexual do ser humano.

O ano de 2019 começou com a cerimônia de posse do extremista de direita Jair Bolsonaro, no Brasil, cujo primeiro discurso presidencial referiu-se ao combate à "ideologia de gênero".[67] Algumas semanas depois, o jovem empresário Nayib Bukele ascendeu ao poder de El Salvador com a mesma bandeira.

A batalha do século XXI se expressa, portanto, em diversas contendas. Mas cabe ressaltar o que é que se torna contenda política em cada situação local e como essa contenda se relaciona a conjunturas bem diversas, construindo uma paisagem do giro neofascista na região. É impossível entender esse devir-consigna de mobilização da cruzada religiosa fundamentalista — isto é, a fabricação de seu "movimento

---

67. Especialmente lúcidas são as análises de Helena Silvestre para entender o fenômeno Bolsonaro. Ver "Helena Silvestre: buscando las raíces del fenómeno Bolsonaro", em YouTube, 25 out. 2018.

social" — sem levar em conta o auge da massividade e radicalidade dos feminismos de que vínhamos falando.

Na Argentina há um ponto de ruptura: é a "maré verde" a favor da legalização do aborto que, ao longo de 2018, inundou as ruas e difundiu mundialmente seu impacto relançando uma "história de desobediência" (Bellucci, 2014). Como argumentei no capítulo 3, a ampliação do debate sobre o aborto em termos de soberania, autonomia e classe, sua radicalização militante pelas novas gerações e a projeção política de suas demandas na atmosfera feminista desataram uma renovada virulência da contraofensiva eclesiástica. Vimos o lançamento às ruas do movimento "celeste" [que se manifestaram contra o aborto usando as cores nacionais argentinas], as frases em defesa das "duas vidas" e chamamentos ao ódio em escolas religiosas e púlpitos; mas, sobretudo, uma militância inflamada contra o aborto em hospitais, tribunais e meios de comunicação — chegando à aberração, durante 2019, com os casos de meninas de doze e onze anos estupradas em Jujuy e Tucumán, e a reivindicação da maternidade forçada das menores por um editorial do jornal *La Nación*.[68]

Espiritualidade política[69]

Como movimento múltiplo, o feminismo põe em cena a disputa pela soberania dos corpos e — obviamente — dos corpos feminizados em termos de sua hierarquia diferenciada; desses corpos que historicamente foram declarados não soberanos e

---

68. "Niñas madres com mayúsculas", em *La Nación*, 1º fev. 2019.
69. Esse conceito é usado por Foucault em sua entrevista inédita a Farés Sassine, publicada no livro *Sublevarse* [Traficantes de Sueños, 2019]. "Por causa de um acidente, Foucault passa longas semanas em repouso no verão anterior à revolução iraniana de 1978, lendo *O princípio esperança*, de Ernst Bloch, e suas descrições de uma esperança teológica como motor de transformações sociais e políticas na Europa dos séculos XVI

não cidadãos (Ciriza, 2007), sentenciados como não aptos para decidir por si mesmos. Ou seja: dos corpos tutelados. Mas o feminismo fala dos corpos ao mesmo tempo que disputa uma espiritualidade política — que é política justamente porque não separa o corpo do espírito, nem a carne das fantasias, nem a pele das ideias. O feminismo, como movimento múltiplo, possui uma mística. Trabalha a partir dos afetos e das paixões. Abre esse campo espinhoso do desejo, das relações amorosas, das tramas eróticas do ritual e da festa, e dos desejos, para além de seus limiares permitidos. O feminismo, à diferença de outras políticas que se consideram de esquerda, não despoja os corpos de sua indeterminação, de seu não saber, de seu *sonhar* encarnado, de sua potência obscura. Por isso, trabalha no plano plástico, frágil e, ao mesmo tempo, mobilizador da espiritualidade. O feminismo não acredita que exista um ópio dos povos: acredita, pelo contrário, que a espiritualidade é uma força de sublevação; que o gesto de se rebelar é inexplicável e, simultaneamente, é a única racionalidade que nos liberta — e que nos liberta sem nos tornar sujeitos puros, heroicos ou bons.

A Igreja entendeu isso desde sempre. Podemos nos referir mais uma vez ao livro *Calibã e a bruxa*, de Silvia Federici, para recordar por que a queima de bruxas, hereges e curandeiras

---

e xvii. A possibilidade de que a esperança orientada por uma teologia própria de certa espiritualidade, por um lado, e a sublevação como forma de transformação social e política de uma situação presente, por outro, compartilhem certa potência política — tal é a aposta teórica e ('anti') estratégica que Foucault crê escutar nos discursos dos diferentes iranianos que conhece em suas viagens. Rastrear a envergadura dessa 'espiritualidade política' foi o foco de seu interesse que, como é detalhado nesse livro, o levou não tanto a posicionar-se favoravelmente à revolução iraniana — na entrevista, ele afirma todo o seu ceticismo —, mas a suspeitar de uma leitura ocidental e em particular francesa que descartava toda potencialidade de uma espiritualidade política em ação" (Bardet & Gago, 2019). [Ver *O enigma da revolta: entrevistas inéditas sobre a revolução iraniana* (N-1 Edições, 2019) — N.E.]

foi a estratégia predileta para desprestigiar o saber feminino sobre os corpos e aterrorizar sua efervescência e sua força enquanto tecnologia de amizade entre mulheres. Ou ao mais clássico ainda *Witches, Midwives and Nurses: A History of Women Healers* [Bruxas, parteiras e enfermeiras: uma história das curandeiras], de Bárbara Ehrenreich e Deirdre English, em que, por exemplo, se analisa o princípio que guiava a queima de bruxas do século xv, que assegurava, citando o *Malleus Maleficarum*, que "nada causa mais dano à Igreja católica que as parteiras" — as quais, claro, são também as aborteiras.

Hoje, vemos nas ruas, nas casas, nas camas e nas escolas uma batalha pela espiritualidade política (que, em seu movimento massivo, na Argentina, tinge tudo de verde, como um princípio-esperança). E por isso, novamente, a Igreja católica, por meio de seus representantes e porta-vozes masculinos, sente que tem uma missão a cumprir, uma tarefa de salvação de almas, que se traduz em uma guerra pelo monopólio da tutela sobre os corpos. Há um ponto fundamental na atualidade dessa cruzada: o papel do papa Francisco, especialmente por sua conexão com vários movimentos sociais argentinos.

A igreja dos "pobres"[70]

Essa disputa pelos corpos se dá particularmente quando se trata da tutela de mulheres "pobres". E ocorre justamente no momento em que o feminismo se fortalece nos bairros, entre as gerações jovens — e, ao mesmo tempo, como nova aliança

---

[70]. Um argumento que não se pode desenvolver aqui, mas que tem tudo a ver, é a diferença entre a Teologia da Libertação e a Teologia do Povo, que remonta aos anos 1970, e que opõe uma libertação social a uma noção do popular ligada estritamente à pobreza. Um de seus teóricos, Juan Carlos Scanonne, diz que uma das características da Teologia do Povo que hoje é continuada pelo papa Francisco é "a crítica

entre mães e filhas, e onde há um debate classista sobre os riscos do aborto. É como disse, no Congresso argentino, uma jovem da organização de moradores da Villa 21-24 e Zavaleta: "Em nossos bairros, instituições como as igrejas se encarregam de moralizar nossos corpos, nossas decisões, e agem para que as mulheres não tenhamos acesso ao aborto legal. Sem direitos sobre nossos corpos e nossas vidas, estamos condenadas à vulnerabilidade".

Dias antes dessa intervenção no parlamento, um conhecido padre *villero* havia insistido em dizer que o aborto não é uma reivindicação popular, e argumentou que "FMI é aborto" (título com que circulou midiaticamente seu discurso). Com isso, a Igreja pretende instalar a ideia de que a autodeterminação das mulheres — o direito a decidir sobre o próprio corpo — é uma questão neoliberal. Desconhecem e falseiam tanto as lutas históricas pelo aborto quanto a atualidade do movimento feminista, em que essa demanda está associada a uma reivindicação de vida digna e contra o ajuste neoliberal, e em cujo bojo se fizeram *pañuelazos* em muitos bairros e favelas.

Em sua pretensão de se mostrarem como os únicos antiliberais, os porta-vozes da Igreja dirigem essa argumentação especialmente às "mulheres pobres", das quais retiram a capacidade de decisão em nome de sua condição social, e as quais só visibilizam como resistentes se são mães. Desse modo, a armadilha que preparam parece ser "classista", mas na verdade é justamente o contrário: tentam traçar uma distinção de classe que justificaria que às mulheres pobres não lhes resta

---

às ideologias", tanto de cunho liberal quanto marxista, e sua busca por categorias hermenêuticas a partir da realidade latino-americana, sobretudo, dos pobres" ("El papa Francisco y la teología del Pueblo", em *Razón y Fe*, v. 271, n. 1395, 2014, pp. 31-50). Outra diferença que é preciso ter em conta se observa entre os padres *villeros* (que são nodais na estrutura de Bergoglio) e a doutrina denominada "opção preferencial pelos pobres", que se formou nos anos 1980.

mais opção do que ser católicas e conservadoras, porque só têm a maternidade como alternativa. Desse modo, tenta-se reduzir a ação de abortar (isto é, decidir sobre o próprio desejo, a própria maternidade e a própria vida) a um gesto excêntrico das classes média e alta (que, é claro, podem contar com recursos econômicos diferentes). O direito de decidir, para a Igreja, deve permanecer, assim, afastado dos bairros populares. Como já dissemos, essa cruzada por infantilizar as mulheres "pobres" é a ponta de lança da estratégia católica, porque, se se desarma, a própria Igreja fica sem "fiéis". O mais brutal é que, para sustentar isso, deve-se tapar os ouvidos — desconhecer e negar — para o que dizem as próprias mulheres das favelas e as organizações que trabalham com elas, que estão repetindo por todos os cantos: "Deixem de falar por nós".

Fica claro que a Igreja, por meio de seus representantes masculinos, não quer deixar de legislar sobre o corpo das mulheres, e que enxerga no movimento feminista uma ameaça direta a seu poder, edificado sobre o controle dos corpos e das espiritualidades feminizadas. Porque é o controle da vida e dos modos de vida (toda uma guerra se desenvolve sobre o vocábulo "vida") que está em jogo para fazer da espiritualidade um sinônimo de obediência e de renovadas formas de tutela.

Voltemos ao argumento que se renova e reforça: querer associar feminismo e neoliberalismo. O aborto, como sinônimo de "cultura do descarte", propalado pela Igreja, tem esse propósito. Mas é justamente um feminismo antineoliberal que veio se fortalecendo nos últimos anos e que põe em xeque essa falaciosa argumentação da instituição eclesiástica.

A contraofensiva moral e econômica

Vimos dizendo que há uma disputa pela definição de neoliberalismo e, em particular, do que seria um antineoliberalismo. Eis o coração do debate. A ideologia de gênero propõe que é preciso combater o neoliberalismo por meio de um retorno à família, ao trabalho disciplinado como único provedor de dignidade, e à maternidade obrigatória como o lugar por excelência da mulher.

Desta forma, o neoliberalismo se define como uma política e um modo de subjetivação da pura desagregação da ordem familiar e trabalhista, isto é, patriarcal. O fato de que essa ordem seja patriarcal obviamente não é problematizado. Chegamos a uma espécie de contradição lógica: poderia o antineoliberalismo se sustentar em uma ordem patriarcal, cuja estrutura biologicista e colonial é indisfarçável? Isso é justamente o que deixaram claro os feminismos em sua radicalização massiva: não há capitalismo neoliberal sem ordem patriarcal e colonial.

O argumento da doutrina de Francisco é que a "ideologia de gênero" é "colonial" e "liberal". Parece paradoxal que a instituição cujos alicerces em nosso continente estão apoiados sobre a colonização mais crua esgrima um discurso "anticolonial". Parece paradoxal que, num momento em que a hierarquia da Igreja católica se vê contestada por denúncias de abuso sexual de menores, surja em sua cúpula a bandeira de um antineoliberalismo miserabilista e patriarcal que aponta o feminismo como inimigo interno. Parece paradoxal que, num momento em que o "inconsciente colonial" (nas palavras de Suely Rolnik) ou as "práticas descolonizadoras" (a que se refere Silvia Rivera Cusicanqui) tenham nos feminismos um enorme espaço de problematização e ressonância, seja a Igreja Católica Apostólica Romana a que queira se apresentar como anticolonial.

Vejamos como a contraofensiva eclesiástica se articula com a contraofensiva econômica. O ajuste econômico dos últimos anos, que se traduz em inflação e aumento de tarifas básicas, em demissões e em cortes de serviços públicos, tem especial impacto sobre as mulheres e, de modo mais geral, sobre as economias feminizadas.

Muitas mulheres de organizações sociais relatam que já estão renunciando a uma das refeições diárias como estratégia de autoausteridade para poder repartir melhor entre os filhos a pouca comida que conseguem comprar. Tecnicamente, isso se denomina "insegurança alimentar" e, politicamente, evidencia como as mulheres colocam o corpo de maneira diferenciada para fazer frente à crise. Tal situação se vê reforçada pela bancarização dos alimentos por meio de cartões "alimentares" (parte da bancarização compulsiva dos programas sociais da última década) que são aceitos apenas em alguns estabelecimentos e que estão "atados" à especulação de alguns supermercados na hora de fixar preço. O fantasma do "saqueio" aos comércios de alimentos é usado como ameaça de repressão, incentivando a perseguição aos protestos em nome da "segurança".

Confinamento, dívida e biologia

Com a contraofensiva econômica, vemos um traço fundamental do neoliberalismo atual: o aprofundamento da crise de reprodução social, sustentada pelo crescimento do trabalho feminizado que substitui as infraestruturas públicas em dinâmicas de superexploração. A privatização de serviços públicos ou a restrição de seu alcance se traduz no fato de que essas tarefas (saúde, cuidado, alimentação etc.) devem ser supridas pelas mulheres e pelos corpos feminizados como tarefa não remunerada e obrigatória.

Várias autoras destacaram o *aproveitamento moralizador* que se conecta a essa mesma crise reprodutiva. Aqui surge uma chave fundamental: *as bases de convergência entre neoliberalismo e conservadorismo*.

Como sustenta Melinda Cooper (2017, p. 22), necessitamos situar em que momento o neoliberalismo, para justificar suas políticas de ajuste, passa a reviver a tradição da responsabilidade familiar privada — utilizando, para isso, o idioma da "dívida doméstica". Endividar os lares é parte do chamado neoliberal à responsabilização, mas ao mesmo tempo condensa o propósito conservador de limitar a reprodução social aos confins do lar cis-heteropatriarcal.

Confinamento, dívida e biologia: eis a fórmula da aliança neoliberal-conservadora. A reinvenção estratégica da responsabilidade familiar diante do despojo da infraestrutura pública permite uma convergência muito profunda entre neoliberais e conservadores.

Vemos isso claramente ao analisar como a contraofensiva econômica é também uma contraofensiva moralizadora, e como tira sua força do empobrecimento acelerado, que tem como espaço de expansão a financeirização das economias familiares, que faz com que os setores mais pobres (e agora já não apenas esses setores) se endividem para pagar alimentos e medicamentos e para financiar em parcelas com juros descomunais o pagamento de serviços básicos. Se a subsistência cotidiana por si mesma gera dívida, o que vemos é uma forma intensiva e extensiva de exploração que, como analisamos no capítulo 4, encontra nas economias populares feminizadas seu laboratório.

Mas a torção conservadora é um aspecto fundamental que, por um lado, tenta reforçar a obrigação de contrapartidas à ajuda social com exigências familiaristas como lógica de cuidado e responsabilidade; e, por outro, faz com que as igrejas sejam hoje canais privilegiados para a redistribuição de recursos.

Vemos consolidar-se, assim, uma estrutura de obediência sobre o dia a dia e sobre o tempo do porvir que obriga a assumir de maneira individual e privada os custos do ajuste e a receber condicionantes morais em troca dos recursos escassos.

Portanto, caracterizamos a contraofensiva econômica como terror financeiro (Cavallero & Gago, 2019), pois se desenvolve como "contrarrevolução" cotidiana, em dois sentidos: porque nos quer fazer desejar a estabilidade a qualquer custo e porque opera sobre o tecido do dia a dia — o mesmo que os feminismos põem em questão, porque é ali que se estrutura micropoliticamente toda forma de obediência.

Não é casual, então, que militâncias políticas próximas ao Vaticano queiram construir um falso antagonismo: *feminismo vs. fome*. Novamente, vemos uma tentativa de infantilizar o feminismo, considerando-o como política trivial, de classe média, frente à urgência popular da fome. Contudo, não há oposição entre a urgência da fome (causada pela crise) e a política feminista. É o movimento feminista, em toda a sua diversidade, que politizou de maneira nova e radical a crise da reprodução social como crise civilizatória e, ao mesmo tempo, como crise da estrutura patriarcal da sociedade. A isso se contrapõe uma assistência social focalizada (forma predileta da intervenção estatal neoliberal) que busca reforçar uma hierarquia de merecimentos com relação à obrigação das mulheres segundo seus papéis na família patriarcal: ter filhos, cuidar deles, escolarizá-los, vaciná-los.

O que a contraofensiva religiosa não suporta é que o enfrentamento da fome desafie também o mandato patriarcal da reprodução da norma familiar, do confinamento doméstico e da obrigação de parir. O que a contraofensiva religiosa busca na contraofensiva econômica é uma oportunidade para repor uma imagem do "popular" como "conservador", e do "conservador" como "genuíno", porque, novamente, mobiliza uma ideia do "antineoliberal" que não faz mais do que ocultar a aliança entre neoliberalismo e conservadorismo que vemos hoje no giro neofascista regional e global.

O movimento feminista cresce no interior de organizações diversas, e por isso está presente nas lutas mais desafiadoras do presente — e é a partir daí que realiza os diagnósticos não fascistas da crise de reprodução social. A fome não é uma definição biologicista. As donas de casa botam as panelas e seus corpos na rua para denunciar o ajuste, a inflação e a dívida. As mulheres jovens em situação de rua discutem as violências das economias ilegais. As detentas denunciam a máquina carcerária como lugar privilegiado de humilhação. É necessário, porém, desconhecer esses potentes lugares de enunciação para poder sustentar o falso antagonismo *fome vs. feminismo*.

Mas, desenvolvamos um pouco mais o vínculo atual entre neoliberalismo e conservadorismo. Por que esse vínculo se amalgama em economias da obediência impulsionadas pela moral religiosa e pela moral financeira? Por que esse vínculo encontra nas economias ilegais (como argumentei no capítulo 4) um fluxo paralelo e ao mesmo tempo explorável de armas e dinheiro?

Podemos ir a uma pergunta anterior, que desenvolvemos para fazer uma leitura feminista da dívida (Cavallero & Gago, 2019): o que acontece quando a moralidade dos trabalhadores e das trabalhadoras não se produz na fábrica e através dos hábitos disciplinares advindos de um trabalho mecânico competitivo? Que tipo de dispositivo de moralização é a dívida em substituição a essa disciplina fabril? Como opera a moralização sobre uma força de trabalho flexível, precarizada e, de certo ponto de vista, indisciplinada? O que tem a ver a dívida como economia de obediência com a crise da família heteropatriarcal? Que tipo de educação moral é necessária para os jovens e as jovens endividadas e precarizadas?

Como descrevemos: não nos parece casual que [na Argentina] se queira impulsionar uma educação financeira nas escolas ao mesmo tempo que se rechaça a implementação da educação sexual integral, o que se traduz em recortes orçamentários, em sua terceirização a ONGs religiosas e em sua restrição a uma normativa preventiva. A educação sexual integral é limitada e redirecionada para tolher a capacidade de abrir imaginários e legitimar práticas de outros vínculos e desejos, para além da família heteronormativa. Combatê-la em nome do *#ConMisHijosNoTeMetas* é uma "cruzada" pela remoralização dos jovens, enquanto se quer complementá-la com "uma educação financeira" prematura.

A resposta eclesiástica à contraofensiva econômica vem com a reposição familiarista da reprodução, o reforço da obediência em troca de recursos, a despolitização das redes feministas para enfrentar a fome, e a desestruturação das famílias como norma, além da tentativa de remoralizar o desejo. A resposta econômica à contraofensiva religiosa é unificar a moralidade devedora com a moralidade familiarista.

A contraofensiva militar

O assassinato de lideranças territoriais, a criminalização das lutas das comunidades indígenas e a perseguição judicial, assim como as formas de repressão seletivas nas manifestações, cresceram nos últimos anos. A execução da vereadora e líder comunitária Marielle Franco, no Rio de Janeiro, em 2018, condensa o homicídio de muitas outras mulheres e, em particular, aponta para as mulheres negras e as dissidências como novo "inimigo" e inimigo "principal".

Há outro dado que deve ser conectado ao anterior: o aumento do número de membros das forças de segurança envolvidos em feminicídios. O que se constata é justamente o cruzamento das violências feminicida, estatal e institucional, mas também suas ramificações em dinâmicas repressivas paraestatais que manejam armamento outrora pertencente ao Estado. Como explica a Coordinadora Contra la Represión Policial e Institucional [Coordenação contra a repressão policial e institucional] da Argentina, em um relatório de 2018:

> O notável crescimento dos casos de feminicídio e feminicídio relacionado cometido por membros das forças de segurança, especialmente nos últimos anos, nos levou a comparar nossos dados com as estatísticas gerais de feminicídios. Estimamos, tomando como base os registros existentes em nível nacional, que, até o fim de 2018, uma de cada cinco mulheres assassinadas em um contexto de violência de gênero é ao mesmo tempo vítima da violência estatal, encarnada geralmente na arma regulamentada. Mas, em 2019, esses 20% cresceram a quase 30%, já que, dos primeiros quinze feminicídios de janeiro, quatro foram cometidos por integrantes do aparato repressivo estatal. Isso dá conta de como se potencializam, quando se cruzam, a violência repressiva estatal com a violência machista e patriarcal.

Desregulação de armas e combate à ideologia de gênero (duas das principais bandeiras de Jair Bolsonaro, por exemplo) completam o quadro de disciplinamento que caminha lado a lado com o terror financeiro.

Como explicar, então, a aliança atual entre neoliberalismo e neofascismo?

O fascismo, hoje, é uma política que constrói um inimigo "interno" encarnado por aqueles que historicamente foram considerados estrangeiros no âmbito público da política: o movimento feminista em toda a sua diversidade e os imigrantes, como sujeitos também feminizados. O fascismo atual compreende nossa força de movimento feminista, antirracista, antibiologicista, antineoliberal e antipatriarcal.

A agressividade do fascismo atual, no entanto, não deve fazer com que percamos de vista algo fundamental: essa violência expressa uma tentativa de estabilizar a contínua crise de legitimidade política do neoliberalismo. Tal crise está sendo produzida como desenvolvimento de forças pelo movimento feminista internacionalista, plurinacional, que atualmente inventa uma política de massas radical justamente por sua capacidade de tramar alianças insólitas que põem em prática, de maneira concreta, seu caráter anticapitalista, anticolonial e antipatriarcal. As alianças, como tecido político construído pacientemente em temporalidades e espaços que não costumam ser reconhecidos como *estratégicos*, formulam uma nova estratégia de insurreição entre os historicamente considerados não cidadãos do mundo.

Gostaria de terminar com uma pergunta recentemente lançada por Judith Butler (2019), que nos permite situar ainda mais precisamente a investigação que nos resta pela frente: "Podemos perguntar-nos agora se o movimento da ideologia antigênero é parte do fascismo, ou se [ideologia antigênero e fascismo] compartilham alguns atributos, ou se o movimento antigênero contribui para os fascismos emergentes, ou, então, se é em algum sentido sintoma do novo fascismo".

CAPÍTULO 8
Oito teses sobre a revolução feminista

> Os Chicago Boys tremem,
> O movimento feminista resiste!
> — Grafite na Universidade Católica do Chile, 2018

Em que sentido o movimento feminista atual — na multiplicidade das lutas que hoje protagoniza — expressa uma dinâmica antineoliberal a partir das classes populares? Como inaugura formas políticas inovadoras e, ao mesmo tempo, inscritas em genealogias de temporalidades descontínuas? Gostaria de formular algumas teses que materializaram sua *novidade*.

i) A ferramenta da greve feminista permite o mapeamento de novas formas de exploração dos corpos e dos territórios em uma perspectiva simultânea de *visibilização* e *insubordinação*. A greve revela, em chave feminista, a composição heterogênea do trabalho, reconhecendo trabalhos historicamente desprezados, mostrando sua atual engrenagem com a precarização geral e apropriando-se de uma tradicional ferramenta de luta para extrapolá-la e reinventá-la.

A greve internacional ampliou a perspectiva feminista sobre o trabalho. Porque a perspectiva feminista reconhece o trabalho territorial, doméstico, reprodutivo e imigrante, dilatando a partir de baixo a própria noção de classe trabalhadora. Porque assume que 40% dos trabalhadores e trabalhadoras da Argentina se encontram em diversas modalidades da economia chamada informal e reivindicada como popular. Porque torna visível e valoriza o trabalho historicamente desconhecido e desvalorizado, e por isso podemos afirmar que *#TrabajadorasSomosTodas*.

De modo ainda mais radical: a greve feminista nos coloca em estado de investigação prática. O que podemos chamar de trabalho, de acordo com a experiência vital e laboral de mulheres, lésbicas, trans e travestis? Ao ritmo dos significados de "parar", vamos mapeando a multiplicidade de tarefas e jornadas intensivas e extensivas que não são remuneradas, que são mal remuneradas, ou que são remuneradas sob uma estrita hierarquia. Algumas dessas tarefas quase nem eram nomeadas, e outras eram referidas com palavras que as menosprezavam.

Além disso, a greve feminista se fortalece em sua *impossibilidade*: as mulheres que não podem parar, mas desejam fazê-lo; as que não podem deixar de trabalhar um dia sequer, mas querem rebelar-se contra esse esgotamento; as que acreditavam que sem a autorização da hierarquia do sindicato não havia forma de fazê-lo, e ainda assim convocaram a greve; as que imaginaram que a greve podia ser feita contra os agrotóxicos e as finanças. Todas e cada uma expandimos as fronteiras da greve. Da conjunção entre impossibilidade e desejo surge uma imaginação radical sobre a forma múltipla da greve feminista, que leva o ato de parar a lugares insuspeitos, que o desloca em sua capacidade de inclusão de experiências vitais, que o reinventa nos corpos desobedientes em relação ao que é reconhecido como trabalho.

Com a greve construímos uma economia da visibilidade para o *diferencial de exploração* que caracteriza o trabalho feminizado — ou seja, para a subordinação específica do trabalho comunitário, de bairro, imigrante, reprodutivo —, e entendemos no dia a dia como se relaciona sua *subordinação* com todas as formas de trabalho. Também assinalamos que há um *lugar concreto* em que esse diferencial se inicia: a reprodução da vida, em sua organização minuciosa e permanente que é explorada pelo capital à custa de sua obrigatoriedade, gratuidade ou baixa remuneração. Mas, fomos ainda mais longe: a partir da reprodução — historicamente negada, subordinada e ligada a processos de domesticação e colonização —, construímos as categorias para repensar os trabalhos assalariados, sindicalizados ou não, atravessados por níveis cada vez maiores de precarização.

Com essa forma de entrelaçar todos os modos de produção de valor (e sua exploração e extração), mapeamos também a imbricação concreta entre as violências patriarcais, coloniais e capitalistas. Com isso, se evidencia, mais uma vez, que o movimento feminista não é *alheio* à questão de classe, embora muitas vezes tentem apresentá-lo como tal. Tampouco à questão de raça. Não há possibilidade de "isolar" o feminismo dessas tramas, nas quais se situa o combate às formas renovadas de exploração, extração, opressão e domínio. O feminismo, como movimento, exibe a classe em seu caráter histórico marcado pelas exclusões sistemáticas de todos aqueles e aquelas não considerados trabalhadores assalariados brancos. E, portanto, não há classe sem pensar sua racialização inscrita em uma divisão internacional e sexual do trabalho. Dessa maneira, evidencia-se até que ponto a narrativa e as fórmulas organizativas do trabalho foram modos de subordinação sistemática do trabalho feminizado e imigrante, e, portanto, pedra angular da divisão do trabalho capitalista, patriarcal e colonial.

ii) Com a greve produzimos uma nova compreensão da violência: saímos do gueto da violência doméstica para conectá-la à violência econômica, trabalhista, institucional, policial, racista e colonial. Desse modo, evidenciamos a relação or-

gânica da violência machista e feminicida com a atual forma de acumulação do capital. É do estabelecimento e da difusão dessa compreensão de maneira prática que provém o caráter anticapitalista, anticolonial e antipatriarcal do movimento feminista em seu momento de massificação.

Com a greve, se produz um ponto de vista *simultâneo* sobre a resistência à expropriação, a *insubordinação* ao trabalho e a *desobediência* financeira.

Isso nos permite investigar o vínculo entre os conflitos nos territórios diante das iniciativas neoextrativistas e da violência sexual; o nexo entre assédio e relações de poder nos âmbitos do trabalho; o modo como se combina a exploração do trabalho imigrante e feminizado com a extração de valor a cargo das finanças; o despojo de infraestrutura pública nos bairros e a especulação imobiliária (formal e informal); a clandestinidade do aborto e a criminalização das comunidades indígenas e negras. Todas essas formas de violência tomam o corpo das mulheres e os corpos feminizados como butim. Essa conexão entre as violências dos despojos e dos abusos não é só analítica: ela é praticada como elaboração coletiva para entender as relações de poder nas quais os feminicídios se tornam *inteligíveis*, e para diagramar uma estratégia de organização de autodefesa. Nesse sentido, o movimento feminista pratica uma pedagogia popular com esse diagnóstico que relaciona violências e opressões, e o faz a partir do desacato. Nesse ponto, o afastamento da *vitimização* como narrativa totalizadora permite que o diagnóstico sobre as violências não se traduza em uma linguagem nem de pacificação, nem somente de luto ou lamento. Também repele as respostas institucionais que reforçam o gueto e que pretendem isolar e resolver o problema com a criação de uma secretaria ou um programa. Esses instrumentos não deixam de ser importantes, sempre e quando não sejam parte de uma tutela que codifica a vitimização e circunscreve a violência como sendo unicamente doméstica. O diagnóstico de interseccionalidade das violências se tornou possível através da greve, que é a partir de onde se constróem e se ampliam outro lugar de enunciação e outro horizonte organizativo do movimento. O mapeamento amplo viabilizado pela greve expande nossa visão e vai às raízes da conexão entre patriarcado, capitalismo e colonialismo, traduzindo-a como construção de um sentido comum compartilhado.

iii) O movimento feminista atual se caracteriza pela conjunção de duas dinâmicas singulares: massividade e radicalidade. E consegue conjugá-las porque constrói proximidade entre lutas muito diferentes. Dessa maneira, inventa e cultiva um modo de *transversalidade política*.

O feminismo atual explicita algo que não parece óbvio — que ninguém carece de um território — e, assim, desmente a ilusão metafísica do indivíduo isolado. Todos estamos situados e, também nesse sentido, o corpo começa a se perceber como um corpo-território. O feminismo, enquanto movimento, deixou de ser uma exterioridade que se relaciona com "outros" para ser tomado como chave no intuito de ler o conflito em cada território (doméstico, afetivo, laboral, imigrante, artístico, camponês, urbano, feirante, comunitário etc.). Isso faz com que se desenvolva um feminismo de massas intergeracional, porque apropriadopelas mulheres nos mais diversos espaços e experiências.

Essa composição, cuja característica é ser *transversal*, se produz a partir da conexão entre lutas. Mas a trama construída entre lutas diversas não é espontânea nem natural. Com relação ao feminismo, durante muito tempo, foi o contrário: o feminismo era entendido em sua variante institucional e/ou acadêmica, mas historicamente dissociada de processos de confluência popular. Há linhas genealógicas fundamentais que tornaram possível essa expansão atual. Marcamos quatro na Argentina: a história de luta pelos direitos humanos desde os anos 1970, protagonizada pelas Mães e Avós da Praça de Maio; as mais de três décadas do Encontro Nacional de Mulheres (agora plurinacional de mulheres, lésbicas, trans e travestis); a irrupção do movimento *piquetero*, de um protagonismo também feminizado na hora de enfrentar a crise social do começo do século XXI; e uma longa história do movimento de dissidências sexuais, que vai da herança da Frente de Libertação Homossexual dos anos 1970 à militância lésbica pelo acesso autônomo ao aborto, e ao ativismo trans, travesti, intersexual e transgênero, que revolucionou os corpos e as subjetividades do feminismo contra os limites biologicistas.

A transversalidade obtida pela organização da greve atualiza essas linhas históricas e as projeta em um feminismo de massas, enraizado nas lutas concretas das trabalhadoras da economia popular, nas imigrantes, nas cooperativas, nas defensoras de território, nas precarizadas, nas novas gerações de dissidências sexuais, nas donas de casa que renegam o confinamento, na luta pelo direito ao aborto que é a luta ampliada pela autonomia do corpo, nas estudantes mobilizadas, nas que denunciam os agrotóxicos, nas trabalhadoras sexuais. Oferece um horizonte comum em termos organizativos que funciona como catalisador prático.

O poderoso é que, ao integrar essa multiplicidade de conflitos, a dimensão de massas é redefinida a partir de práticas e lutas que foram historicamente consideradas "minoritárias". Com isso, a oposição entre minoritário e majoritário se desloca: o minoritário ganha escala massiva como vetor de radicalização no interior de uma composição que não para de se expandir. Desafia-se, assim, a maquinaria neoliberal de reconhecimento de minorias e de pacificação da diferença.

Essa transversalidade política se nutre nos diversos territórios em conflito, construindo uma afetação comum para problemas que tendem a ser vividos como individuais e um diagnóstico político para as violências que costumam ser encapsuladas como domésticas. Isso complexifica certa ideia de solidariedade que supõe um grau de exterioridade que ratifica a distância com relação aos outros. A transversalidade prioriza uma política de construção de proximidade e alianças sem desconhecer as diferenças de intensidade nos conflitos.

iv) O movimento feminista desdobra uma nova crítica à economia política. Inclui uma denúncia radical às condições contemporâneas de valorização do capital e, portanto, atualiza a noção de exploração. E o faz *ampliando* o que se entende usualmente por economia.

Na Argentina, em particular, há um cruzamento que dá sustentação a uma nova crítica da economia política. E isso se deve ao encontro prático entre economias populares e economia feminista. As economias populares como tramas reprodutivas e produtivas expressam um acúmulo de lutas que ampliou a imaginação da greve feminista. É por isso que na Argentina a greve feminista consegue desenvolver, problematizar e valorizar uma multiplicidade de trabalhos a partir de um mapeamento do trabalho em perspectiva feminista, na medida em que se vincula à genealogia *piquetera* e à sua problematização do trabalho assalariado e suas formas de "inclusão". São essas as experiências que estão na origem das economias populares e que persistem como elemento insurrecional que é novamente convocado pelos feminismos populares.

Com a dinâmica de organização das greves feministas, dois processos sucedem nas economias populares. Por um lado, a politização dos âmbitos reprodutivos para além dos lares funciona como espaço concreto para elaborar a *ampliação* dos trabalhos *valorizados* pela greve. Por outro, a perspectiva feminista sobre essas tarefas permite evidenciar o conjunto de mandatos patriarcais e coloniais que as *naturalizam*, e que, portanto, habilitam as lógicas de exploração e extração sobre elas.

A greve feminista, ao desencadear uma leitura a partir do desacato à inscrição dos trabalhos reprodutivos em termos familiaristas, desafia o suplemento moral permanente representado pelos subsídios sociais e provê um cruzamento entre economia feminista e economia popular que radicaliza ambas as experiências.

A partir da greve, ademais, o movimento feminista está produzindo figuras de subjetivação (trajetórias, formas de cooperação, modos de vida) que escapam do binarismo neoliberal que opõe vítimas e empresárias de si (inclusive na pseudolinguagem de gênero do "empoderamento" empreendedor). Nesse sentido, os feminismos são antiliberais porque se ocupam do problema da organização coletiva contra o sofrimento individual e denunciam a política sistemática de despojos.

O movimento feminista atual impulsiona uma caracterização mais precisa do neoliberalismo e, portanto, alarga o horizonte do que chamamos política antineoliberal. Pelo tipo de conflituosidade que mapeia, visibiliza e mobiliza, desenvolve-se uma noção complexa de neoliberalismo que não se reduz ao binômio de Estado *vs.* Mercado. Pelo contrário, a partir das lutas, assinala-se conexão entre a lógica extrativista do capital e sua imbricação com as políticas estatais, determinando as razões pelas quais se explora e se extrai valor de determinados corpos-territórios. A perspectiva de economia feminista que surge aqui é anticapitalista.

v) O movimento feminista toma as ruas e constrói em assembleias, tece o poder nos territórios e elabora diagnósticos de conjuntura: produz um contrapoder que articula uma

dinâmica de conquista de direitos com um horizonte de radicalidade. Desarma o binarismo entre reforma e revolução. Dissemos que, com a greve, o movimento feminista constrói uma força comum contra a precarização, o ajuste e as demissões, e as violências que eles implicam, destacando seu sentido *antineoliberal* (isto é, que impugna a racionalidade empresarial como ordem do mundo) e afirmando sua natureza *classista* (isto é, que não naturaliza nem minimiza a questão da exploração), *anticolonial* e *antipatriarcal* (porque denuncia e desacata a exploração específica do capitalismo contra as mulheres e os corpos feminizados e racializados). Essa dinâmica é fundamental, pois produz um cruzamento prático entre gênero, raça e classe, e gera outra *racionalidade* para compreender a conjuntura. Tanto nos debates parlamentares (em que se afirma que não há direito nem força de lei que não se formule primeiro no protesto social) quanto na radicalização da organização popular, os feminismos resistem a ser reduzidos a uma "cota" ou a uma "tematização".

Essa dinâmica do movimento é dupla: constrói institucionalidade própria (redes autônomas) e ao mesmo tempo interpela a institucionalidade existente. Cria, por sua vez, uma temporalidade estratégica que atua simultaneamente no presente, com o que existe, e com o que existe também nesse presente, mas ainda como virtualidade, como possibilidade ainda aberta e não realizada. O movimento feminista não esgota suas demandas nem suas lutas em um horizonte estatal: embora não desconheça esse marco de ação, decididamente não projeta o Estado como instância de resolução das violências. A dimensão utópica, no entanto, possui eficácia no presente e não na postergação de um objetivo final futuro e longínquo. Por isso, também a dimensão utópica consegue trabalhar nas contradições existentes sem esperar a aparição de sujeitos absolutamente liberados ou condições ideais de luta, confiando em um único espaço que totalize a transformação social. Nesse sentido, apela à potência de ruptura de cada ação, e não limita a ruptura a um momento final espetacular de uma acumulação estritamente evolutiva.

Isso, novamente, se conecta à potência da transversalidade, que cresce pelo fato de o ativismo feminista ter se convertido em uma força presente em diferentes espaços de luta e vida. E vai contra a "setorialização" da chamada agenda de gênero e contra a infantilização de suas práticas políticas. Ou seja, a transversalidade não é só uma coordenação, mas também uma capacidade de fazer do feminismo uma força própria em cada lugar, não limitada a uma lógica de demandas pontuais. Sustentá-la não é fácil, pois implica um trabalho cotidiano de tecido, conversa, traduções e ampliação de discussões, ensaios e erros. Mas o mais potente é que hoje essa transversalidade é sentida como necessidade e como desejo para abrir a temporalidade da revolução aqui e agora.

vi) O feminismo atual tece um novo internacionalismo. Não se trata de uma estrutura que abstraia e homogeneíze as lutas para levá-las a um plano "superior". Pelo contrário, esse internacionalismo é percebido como força concreta em cada lugar. Impulsiona uma dinâmica que se faz transnacional a partir dos corpos e das trajetórias situadas. Por isso, o movimento feminista se expressa como força coordenada de desestabilização global cuja potência está arraigada e emerge de maneira notável no Sul.

Trata-se de um internacionalismo que parte dos territórios em luta. Por isso se faz mais complexo e polifônico em sua construção, ao incluir cada vez mais territórios e línguas. Não está circunscrito ao Estado-nação — e, portanto, o termo "internacionalismo" acaba sendo superado. Esse internacionalismo feminista é, antes, transnacional e plurinacional. Porque reconhece outras geografias e traça outros mapas de aliança, encontro e convergência. Porque inclui uma crítica radical ao confinamento nacional com o qual se pretende delimitar as lutas, pois se conecta a partir de trajetórias imigrantes e aproxima paisagens que recombinam o urbano, o suburbano, o camponês, o indígena, o favelado, o comunitário — e portanto, sobrepõe temporalidades múltiplas.

O transnacionalismo feminista envolve uma crítica aos avanços neocoloniais contra os corpos-territórios. Denuncia os extrativismos e exibe sua conexão com o crescimento das violências machistas e as formas de exploração trabalhista que têm na *maquila* uma cena fundacional em nosso continente.

A greve feminista constrói uma trama transnacional irrefreável porque mapeia a contrapelo o mercado mundial que organiza a acumulação de capital. E, no entanto, esse enlace transnacional não se organiza seguindo o calendário dos encontros dos grandes organismos a serviço do capital. A partir da greve feminista, o movimento adota a forma de coordenadora, em um determinado lugar; de comissão, em outro; de encontro de lutas, em outro: são todas iniciativas que rompem fronteiras. Trata-se de um transnacionalismo impulsionado pela consigna global da greve, forjando assim uma articulação de novo tipo: "se nós paramos, o mundo para".

A força de desestabilização é global, portanto, porque primeiro existe em cada casa, em cada relação, em cada território, em cada assembleia, em cada universidade, em cada fábrica, em cada feira. Nesse sentido, é inversa a uma longa tradição internacionalista que organiza por cima, unificando e dando "coerência" às lutas a partir de sua adesão a um programa.

A dimensão transnacional compõe o coletivo como investigação: apresenta-se ao mesmo tempo como autoformação e como desejo de articulação com experiências que, em princípio, não estão próximas. Isso é bem diferente de tomar a coordenação coletiva como um *a priori* moral ou uma exigência abstrata. O feminismo nos bairros, nas camas e nas casas não é menos internacionalista que o feminismo nas ruas ou nos encontros regionais, e essa é sua potente política do lugar. Sua não disjunção, sua maneira de fazer transnacionalismo como política de enraizamento e como abertura dos territórios a suas conexões inesperadas, mundialmente extensas.

vii) **A resposta global à força transnacional feminista se organiza como tripla contraofensiva: militar, econômica e religiosa. Isso explica por que o neoliberalismo, hoje, precisa de políticas conservadoras para estabelecer seu modo de governo.**

O fascismo imbricado ao neoliberalismo, que estamos vendo como cenário regional e global, é uma leitura reacionária: uma resposta à força deflagrada pelo movimento feminista transnacional. Os feminismos que tomaram as ruas nos últimos anos — e que se capitalizaram como força concreta em todos os âmbitos e relações sociais — puseram em questão a subordinação do trabalho reprodutivo e feminizado, a perseguição das economias imigrantes, a naturalização dos abusos sexuais como disciplinamento da força de trabalho precarizada, a heteronormativa familiar como refúgio frente a essa mesma precariedade, o confinamento doméstico como lugar de submissão e invisibilidade, a criminalização do aborto e das práticas de soberania sobre os corpos, o envenenamento e despojo de comunidades nas mãos de corporações empresariais com a conivência dos Estados. Cada uma dessas práticas fez tremer a *normalidade* da obediência, sua reprodução cotidiana e rotineirizada.

A greve feminista tecida como processo político abriu uma temporalidade de revolta. Expandiu-se como desejo revolucionário. Não deixou um só lugar intocado pela maré de insubordinação e questionamento ao se tornar uma mobilização de longa duração.

O neoliberalismo necessita, agora, aliar-se com forças conservadoras retrógradas, porque a desestabilização das autoridades patriarcais põe em jogo a própria acumulação de capital. Diríamos assim: o capital é extremamente consciente de sua articulação orgânica com o colonialismo e o patriarcado para reproduzir-se como relação de obediência. Uma vez que a fábrica e a família heteropatriarcal não conseguem sustentar a disciplina, e uma vez que o controle securitário é desafiado por formas feministas de gerir a interdependência em épocas de precariedade existencial, a contraofensiva se redobra. E vemos muito claramente por que neoliberalismo e conservadorismo compartilham objetivos estratégicos de *normalização*.

Uma vez que o movimento feminista politiza de maneira nova e radical a crise da reprodução social como crise ao mesmo tempo civilizatória e da estrutura social patriarcal, o impulso fascista que lhe pretende fazer frente propõe economias da obediência para canalizar a crise. Seja pelo lado dos fundamentalismos religiosos ou pelo lado da construção paranoica de um novo inimigo interno, o que constatamos é a tentativa de aterrorizar as forças de desestabilização enraizadas em um feminismo que transpassou as fronteiras e é capaz de produzir código comum entre lutas diversas.

viii) O movimento feminista enfrenta hoje a imagem mais abstrata do capital: o capital financeiro, essa forma de domínio que parece ser impossível antagonizar. O movimento feminista, ao confrontar a financeirização da vida — isso que acontece quando o próprio ato de viver "produz" dívida —, trava uma disputa com novas formas de exploração e extração de valor.

O endividamento aparece como imagem "invertida" da própria produtividade de nossa força de trabalho, de nossa potência vital e da politização (valorização) das tarefas reprodutivas. A greve feminista que grita "Livres, vivas e desendividadas nos queremos!" busca visibilizar as finanças em termos de conflituosidade e, portanto, de autodefesa de nossas autonomias.

É necessário compreender o endividamento massivo aterrissado nas economias populares feminizadas e nas economias domésticas como uma "contrarrevolução" cotidiana: uma operação no próprio terreno em que tudo foi abalado pelos feminismos.

O movimento feminista, tornando as finanças um terreno de luta contra o empobrecimento generalizado, pratica uma contrapedagogia sobre sua violência e suas fórmulas abstratas de exploração dos corpos e dos territórios.

Agregar a dimensão financeira a nossas lutas permite mapear os fluxos de dívida e completar o mapa da exploração em suas formas mais dinâmicas, versáteis e aparentemente "invisíveis". Entender como a dívida extrai valor das economias domésticas, das economias não assalariadas, das economias consideradas historicamente não produtivas, permite captar os dispositivos financeiros como verdadeiros mecanismos de colonização da reprodução da vida. E, além disso, permite entender a dívida como dispositivo privilegiado de lavagem de fluxos ilícitos e, portanto, da conexão entre economias legais e ilegais como maneira de aumentar a violência direta contra os territórios. O que se busca, com isso, é uma "economia da obediência" que serve aos setores mais concentrados do capital e à caridade como despolitização do acesso aos recursos.

Tudo isso nos brinda, outra vez, com uma possibilidade mais ampla e complexa de entender o que diagnosticamos como as violências que consideram os corpos feminizados novos territórios de conquista. Daí a necessidade de um gesto feminista com relação à maquinaria da dívida, porque esse gesto vai também contra a maquinaria da culpabilização, sustentada pela moral heteropatriarcal e pela exploração de nossas forças vitais.

APÊNDICE

A *potência feminista*, livro de Verónica Gago: tão forte como o desejo[71]

A que se refere "a potência feminista"?

É uma maneira de denominar a força do processo protagonizado pelos feminismos nos últimos anos e de dar conta de tudo o que abriram, puseram em debate e alvoroçaram: nas relações sociais, nas formas de fazer alianças políticas, nas dinâmicas de rua, nas maneiras de contemplar o sofrimento e no modo de criar lutas transversais. "Potência feminista" quer dizer que experimentamos uma força concreta que desloca e modifica os limites do que acreditamos que podemos e somos capazes de fazer, de transformar e de desejar. E esta potência tem muito a ver com outra das caracterizações em que mais insisto no livro: a conjunção que os feminismos conseguiram construir entre massividade e radicalidade. Tal conjunção marca uma novidade histórica. Claro que sempre houve grupos, dinâmicas, debates feministas variados, fundamentais, radicais. Mas o fato de tudo isso tomar uma escala de massas e transnacional, como ocorreu nos últimos tempos, revirou

---

[71]. Trecho da entrevista concedida por Verónica Gago a Roxana Sandá, publicada originalmente como "'La potencia feminista', el libro de Verónica Gago: tan fuerte como el deseo", em *Página 12*, 22 nov. 2019. Traduzido por Antonio Martins como "No centro da revolta global, o feminismo", em *Outras Palavras*, 29 nov. 2019. [N.E.]

a cena. Esta expansividade do feminismo no interior de organizações, espaços e territórios existenciais dos mais diversos faz com que o movimento — que é intergeracional e pluralista — consiga fazer intervenções políticas conjunturais muito fortes, ao mesmo tempo que altera as vidas cotidianas. A simultaneidade do tremor nas camas, ruas, casas, territórios, lugares de trabalho (eles próprios redefinidos pelo feminismo) introduz uma transversalidade materialista que não deixa nada de fora. E uma questão que abraça todos esses planos é como se reconceitualiza, de maneira prática, a partir das instâncias coletivas, as violências domésticas (incluindo as financeiras), institucionais, racistas, trabalhistas. Isso permite um diagnóstico feminista do aumento das violências, um mapeamento e uma caracterização precisa das conflitividades sociais do presente.

E permite conectar os diferentes conflitos.

A potência feminista é uma capacidade de conectar lutas bem distintas, a partir de uma preocupação comum. O que está sendo expropriado da riqueza coletiva, de maneira que empobrece a nossa vida, nos rouba tempo e explora determinados corpos e territórios de maneira brutal? Nesta perspectiva, começam a ser tecidos os conflitos, as reivindicações e as lutas propostas por coletivos indígenas, trabalhadoras precarizadas, estudantes, trabalhadoras da terra, travestis e trans, aposentadas. E esta, insisto, é a materialidade concreta da transversalidade feminista que conquistamos. Por último, diria que a noção de potência é uma discussão em termos de teoria política: a partir de certa leitura de Spinoza pode-se dizer que a potência é uma capacidade de fazer, instituir, afetar e criar que se diferencia do poder — este, um grau mínimo de potência. Creio que isso é importante para discutir as tentativas de infantilização do feminismo, classificando-o como prática ingênua ou microscópica na transformação social.

Por que você propõe a greve feminista como uma espécie de lente para conceitualizar e politizar as violências?

A greve funciona como uma espécie de umbral, de prática de deslocamento diante da violência feminicida. Possibilita um lugar de enunciação que não aceita apenas a subjetividade das vítimas — a predileta da mídia e de certas instituições. Em vez disso, propõe uma subjetividade que se constitui na luta, no encontro com outros e outras. E a greve expressa um gesto de bloqueio diante do estado das coisas. O chamado à greve permitiu questionar o que chamamos de trabalho; qual é o valor que produzimos; de que maneira as violências machistas relacionam-se com a precarização generalizada. Mas, além disso, a greve como processo político, que começa em 2016, e que segue com a emergência internacional da greve do 8 de março nos últimos anos, tem como protagonistas aquelas pessoas que realizam trabalhos historicamente desvalorizados — ou as que foram marginalizadas, por muito tempo, nos sindicatos. Assim, a greve é impulsionada a partir das trabalhadoras sindicalizadas e das trabalhadoras da economia popular, a partir das professoras *ad honoren* e das estudantes, das jornalistas *freelancers* e das funcionárias públicas precarizadas, das agricultoras e das trabalhadoras migrantes, das que trabalham em casa e das desocupadas. A greve desencadeia, em termos práticos, uma perspectiva feminista que permite ler as formas de trabalho atuais, enxergar todos os trabalhos, que em sua maioria compartilham a condição de precariedade e de superexploração. Ou seja, a perspectiva feminista não apenas ilumina, visibiliza e valoriza o trabalho das mulheres e dos corpos feminizados, mas permite enxergar, a partir daí, a condição de precarização geral, a fragilização das relações e a necessidade de uma força coletiva para enfrentar o saqueio da vida. A greve feminista desacata o reconhecimento restrito da greve tradicional a respeito de quem são trabalhadores e trabalhadoras. Lança uma bela consigna: *#TrabajadorasSomosTodas*.

Ao mesmo tempo, evidencia que, hoje, o próprio "trabalho formal" torna-se cada vez mais intermitente, mais difícil. Mesmo para quem tem o "privilégio" do salário, a renda já quase não garante a reprodução da vida. Muito foi escrito e pensado sobre a divisão sexual do trabalho, sobre o matrimônio indissociável entre patriarcado, colonialismo e capitalismo. Mas a novidade é que a greve feminista atualiza esses debates em termos práticos, em uma perspectiva que abre espaço de insubordinação diante do mandato da "austeridade", da dívida e da precariedade.

O feminicídio de Lucía Pérez, em 2016, durante o Encontro Nacional de Mulheres de Rosário, na Argentina, foi um luto coletivo e um impulso para a primeira Greve Internacional Feminista.
Produziu-se, então, uma racionalidade de assembleia. E desta assembleia saiu a ideia-força da Primeira Greve de Mulheres, como foi chamada. O que sustento em *A potência feminista* é que as assembleias produzem um modo de inteligência coletiva em três atos: a imaginação de uma ação comum surgida aí mesmo, *in situ*; a avaliação da força que se tem; e, finalmente, a capacidade prática de realizar uma decisão coletiva. A assembleia é uma máquina de decisão política que instala outra força soberana, que surge ao produzir condições de escuta — cada vez mais escassas em tempos de hipermidiatização. O chamado a deixar as redes, a nos encontrarmos corpo a corpo, sempre é um chamado ao trabalhoso ato de estar juntas, e a sustentar os desencontros que aí se produzem como parte de uma prática de elaboração coletiva. É um exercício histórico do feminismo que, nos últimos anos, vimos ser multiplicado e massificado.

A partir das assembleias e das greves, e a partir dos territórios, o feminismo começou a tecer um novo processo transnacional e plurinacional que não pode ser detido.

O processo de transnacionalização ou internacionalismo feminista é das coisas mais interessantes, porque esta prática está sendo reinventada a partir do movimento feminista. Tem a ver com a capacidade de ressonância que as lutas vão adquirindo, com a maneira como se traduzem e se materializam os sentidos de uma consigna, de uma bandeira, de um lenço, de uma imagem. Quando houve o debate pelo aborto legal, seguro e gratuito, ou a greve feminista, não ocorreu apenas o esquema clássico de solidariedade entre as lutas. Ao contrário, o transnacionalismo expressa-se como uma força concreta em cada luta, e um horizonte comum que não achata as diferenças nem as coloca debaixo do tapete para encaixar tudo num mesmo esquema. Esta experiência de não estarmos sós, que sintetiza consignas como "¡Tocan a una, tocan a todas!", expressa uma repercussão, uma conexão e uma transversalidade que produz um corpo coletivo, alargado, e que permite coordenar iniciativas muito amplas, ao ponto de produzir um efeito oceânico de maré.

A partir do #NiUnaMenos, formulou-se uma frase avançada, quase senha de transformação, que é #NosMueveElDeseo. O que essa consigna expressa politicamente?

Eu gosto muito dessa consigna. Vejo nela muitos desdobramentos, e a tomei como guia no livro. Por um lado, significa que o desejo tem potência cognitiva, ou seja, produz conhecimento, percepção, sensibilidade. Dar esse status ao desejo implica assumir sua capacidade política de mobilização e de invenção de trajetórias vitais. Algo muito rico do movimento feminista é esta elaboração permanente de palavras de ordem, frases, slogans que vão tramando um saber coletivo e uma pedagogia feminista, conceituando, nomeando e tramando, compartilhando o que fazemos — o que pode ser sistematizado também como saber. O desejo não é o contrário do possível, como muitas vezes se diz. É o que abre outros possíveis. Nesse sentido, o fato de nos mover implica uma aposta na radicalidade do que significa fazer política feminista. Nela, nenhum aspecto da vida fica fora da política. Tal politização da existência nega a hierarquia entre o espaço que se chama usualmente "político" e o espaço "doméstico". Romper estas divisões tem a ver com o desejo de mudar tudo.

Para a ordem conservadora, produzir tais sentidos representa uma ameaça que precisa ser disciplinada, castigada — ou destruída, se necessário. Como você caracteriza a guerra *no* e *contra* o corpo das mulheres e os corpos feminizados, no cenário atual?

Em sua investigação histórica *Calibã e a bruxa: mulheres, corpo e acumulação primitiva*, Silvia Federici explica por que a caça às bruxas é uma cena fundante da guerra contra as mulheres que está oculta na origem do capitalismo. A pergunta que se faz é: por que o capital precisa dar combate às parteiras e aborteiras, às que vivem sós, às artesãs e chefas de associações, e situá-las todas como "bruxas"? Isso significa que elas eram portadoras de subjetividades heréticas e subversivas para o sistema. E supõe ao mesmo tempo a necessidade de desprestigiar seus conhecimentos, de tirar o poder social de suas atividades e de enclausurar as mulheres no "lar" — termo entendido como serviço doméstico obrigatório e gratuito. Há aqui uma questão: o que se quer encerrar, quando se enclausura esse poder e esse conhecimento? É a pergunta sobre por quê, em alguns momentos históricos, há certos corpos e certos territórios contra os quais se faz a guerra. O que se quer silenciar, explorar, dominar nestes corpos? É devido ao fato de mulheres, lésbicas, travestis e trans discutirem e confrontarem os modos históricos de subordinação e exploração diferenciados destes corpos que a resposta tornou-se cada vez mais violenta? A pergunta da guerra mantém-se atual porque estamos num momento em que a violência converteu-se na principal força produtiva.

Você diz também que o capital precisa incrementar as violências para sustentar formas de domínio e exploração que estão em crise.

Estão em crise porque há múltiplas lutas que questionam estas formas e as impugnam quando repudiam os modos de vida neoliberais, com sua dose insuportável de sofrimento, solidão e austeridade. Daí também a crueldade particular com as gerações mais jovens: a intenção de endividá-las, medicá-las, controlá-las. É preciso entender a obsessão atual de substituir educação sexual por educação financeira nas escolas. Parecem questões menores, mas tocam no ponto de como o capital já organiza formas de exploração e extração de valor no futuro; como tenta superar a crise de poder quando corpos e territórios declaram-se em rebeldia, quando dizem que perderam o medo e que estão dispostos a transformar tudo.

Como você caracteriza as violências explícitas desatadas contra a força que os feminismos desencadearam na região?

Como uma contraofensiva militar, financeira e religiosa para tentar "voltar" ao que o capital chama de "normalidade". Insisto, o retorno a essa "normalidade" é impossível sem ultrapassar um novo umbral de violência nestas três frentes ao mesmo tempo: financeira, através da dívida e do empobrecimento generalizado; militar, como estamos vendo, com repressão descarada; e religiosa, uma vez que os fundamentalistas religiosos estão em uma nova cruzada colonial e racista pelo domínio dos corpos, e o fazem com a Bíblia na mão.

No entanto, as violências ocorrem de diferentes modos com

mulheres, lésbicas, trans e travestis, com as garotas das favelas, com as mulheres migrantes e com suas próprias concepções de reprodução da vida.

A caracterização interseccional das violências e o enfrentamento às violências racistas, patriarcais, coloniais e capitalistas são uma linha vermelha entre os distintos feminismos: feminismo das periferias, transfeminismo, feminismo indígena-comunitário, feminismo negro, feminismo popular e muitos outros. A historicização das violências explicita feridas e opressões diferentes, e refletiu uma dimensão de classe que não pode ser ocultada. Situar e especificar o que significa a violência em cada uma das existências diversas é fundamental. Ao mesmo tempo, é necessário compor uma luta comum que não elimine nem banalize essas diferenças históricas. Esse plano comum é tecido a partir do que o Coletivo Mujeres Creando, da Bolívia, chamou de "alianças insólitas", capazes de criar composições com o que se tenta manter em classificações e caixinhas separadas.

Quando os feminismos se fazem fortes, como você diz, colocam no centro do debate os atos de despojo do neoliberalismo.
Um ponto fundamental é o caráter antineoliberal que os feminismos expressam hoje. Foram eles que puseram no centro do debate político a questão do extrativismo sobre corpos e territórios: desde o extrativismo de uma multinacional mineradora, que desaloja toda uma comunidade em nome do desenvolvimento, até o extrativismo financeiro da dívida, que extrai valor da precariedade. Mas também foram os feminismos que puseram em primeiro plano a questão de o que significam o despojo da infraestrutura pública e a privatização de serviços sociais, que acabam sendo substituídos com trabalho gratuito ou hiperbarato de mulheres, lésbicas, trans e travestis nos territórios — seres humanos que

o capital quer transformar em uma espécie de nova classe servil. Foram os feminismos que puseram em questão o que significa uma educação sexista que prepara a juventude para estágios baratos nas empresas. Os feminismos articularam a dimensão do ajuste estrutural das economias com a dimensão de um governo do desejo e da ordem político-sexual que implica ordenar o trabalho e a inclusão social num esquema heteronormativo. Tudo isso permitiu que, em países como os nossos, se tirasse do mapa o feminismo liberal, que só propõe igualdade de condições sob o ideal de nos convertermos em empresárias de nós mesmas.

Bibliografia

ACOSTA, Alberto; BRAND, Ulrich. *Salidas del laberinto capitalista: decrecimiento y postextractivismo*. Buenos Aires: Tinta Limón e Fundación Rosa Luxemburgo, 2017. [Ed. bras.: *Pós-extrativismo e decrescimento: saídas do labirinto capitalista*. Trad. Tadeu Breda. São Paulo: Elefante, 2018.]

AGAMBEN, Giorgio. *Homo Sacer: el poder soberano y la nuda vida*. Buenos Aires: Pre-Textos, 1995. [Ed. bras.: *Homo Sacer: o poder soberano e a vida nua I*. Trad. Bruno Ribeiro. Belo Horizonte: UFMG, 2002.]

AGUILAR, Raquel Gutiérrez. *¡A desordenar! Por una historia abierta de la lucha social*. Buenos Aires: Tinta Limón, 2016.

_____. *Horizontes comunitário-populares: producción de lo común más allá de las políticas estado-céntricas*. Madri: Traficantes de Sueños, 2017.

_____. "La lucha de las mujeres contra todas las violencias en México: reunir fragmentos para hallar sentido". In: GAGO, Verônica *et al*. *8M Constelación feminista: ¿Cuál es tu huelga? ¿Cuál es tu lucha?*. Buenos Aires: Tinta Limón, 2018, p. 25-48.

AHMED, Sara. *Living a Feminist Life*. Durham, NC: Duke University Press, 2017.

ALCOFF, Linda Martín *et al*. "We need a feminism for the 99%. That's why women will strike this year", *The Guardian*, 27 jan. 2018. Disponível em: https://www.theguardian.com/commentisfree/2018/jan/27/we-need-a-feminism-for-the-99-thats-why-women-will-strike-this-year.

ARRUZZA, Cinzia. *Las sin parte: matrimonios y divorcios entre feminismo y marxismo*. Barcelona: Editorial Sylone, 2015. [Ed. bras.: *Ligações perigosas: matrimônios e divórcios entre feminismo e marxismo*. Trad. Nina Jacomini. São Paulo: Usina Editorial, 2019.]

BALIBAR, Étienne. "Politics of the Debt", *Postmodern Culture*, v. 23, n. 3, 2013.

BÁRCENA, Alicia. *Panorama económico y social de América Latina y el Caribe*. Santiago: CEPAL, 2013.

BARDET, Marie; GAGO, Verónica: "Insurrecciones impuras y espiritualidad política", *LoboSuelto!*, 7 jan. 2019. Disponível em: http://lobosuelto.com/insurrecciones-impuras-y-espiritualidad-politica-marie-bardet-y-veronica-gago/.

BARRAGÁN, Rossana; CUSICANQUI, Silvia Rivera (Orgs.). *Debates Post Coloniales: Una Introducción a los Estudios de la Subalternidade*. La Paz: Sephis-Aruwiyiri, 1997.

BARRANCOS, Dora. *Mujeres, entre la casa y la plaza*. Buenos Aires: Sudamericana, 2008.

_____. "Historia propia de la sexualidad", entrevista com Verónica Gago, *Pagina 12*, 17 abr. 2015. Disponível em: https://www.pagina12.com.ar/diario/suplementos/las12/index-2015-04-17.html.

BARRANCOS, Dora; GUY, Donna; VALOBRA, Adriana (Eds.). *Moralidades y comportamientos sexuales: Argentina, 1880-2011*. Buenos Aires: Biblos, 2014.

BASUALDO, Victoria. "The Argentine Dictatorship and Labor (1976-1983): A Historiographical Essay", *International Labor and Working-Class History*, n. 93, p. 8-26, 2018.

BEAUVOIR, Simone de. *El segundo sexo*. Buenos Aires: Sudamericana, 1999. [Ed. bras.: *O segundo sexo*. Trad. Sérgio Milliet. 2ª ed. Rio de Janeiro: Nova Fronteira, 2009.]

BELLUCCI, Mabel. *Historia de una desobediencia: aborto y feminismo*. Buenos Aires: Capital Intelectual, 2014.

BHATTACHARYA, Tithi. "How Not to Skip Class: Social Reproduction of Labor and the Global Working Class". *In*: BHATTACHARYA, Tithi (Ed.).

Social Reproduction Theory: Remapping Class, Recentering Oppression. Londres: Pluto Press, 2017, p. 68-93.

BRACKE, Sarah; PATERNOTTE, David. "Unpacking the Sin of Gender", *Religion and Gender*, v. 6, n. 2, p. 143-54, 2016.

BROWN, Wendy. "Feminist Theory and the Frankfurt School: Introduction", *differences – A Journal of Feminist Cultural Studies*, v. 17, n. 1, p. 1-5, 2006.

_____. *Undoing the Demos: Neoliberalism's Stealth Revolution*. Nova York: Zone Books, 2015.

_____. "Apocalyptic populism", *Democracy Lecture 2017* (organizado por Blätter für deutsche und internationale Politik). *Eurozine*, Viena, 31 ago. 2017. Disponível em: http://www.eurozine.com/apocalyptic-populism/.

BUTLER, Judith. *Notes Toward a Performative Theory of Assembly*. Londres: Harvard University Press, 2015. [Ed. bras.: *Corpos em aliança e a política das ruas: notas para uma teoria performativa de assembleia*. Trad. Fernanda Siqueira Miguens. Rio de Janeiro: Civilização Brasileira, 2018.]

_____. "The New Fascism of the Anti-Gender Ideology Movement". In: BOTTICI, Chiara; KOMPOROZOS-ATHANASIOU, Aris (Orgs.). *New Fascism Mass Psychology & Financialization Workshop*. Nova York: The New School for Social Research, University College London e Public Seminar, 21 fev. 2019.

BUTLER, Judith; ATHANASIOU, Athena. *Desposesión: lo performativo en lo político*. Buenos Aires: Eterna Cadencia, 2017.

CABNAL, Lorena. "Defender un territorio de la minería sin defender a las mujeres de la violencia sexual es uma incoherencia", entrevista com Tamara de Gracia e Diego Jiménez, *Diagonal*, Madri, 23 maio 2013. Disponível em: https://www.diagonalperiodico.net/global/defender--territorio-la-mineria-sin-defender-cuerpos-mujeres-la-violencia-sexual-es.

CAFFENTZIS, George. *Los límites del capital: deuda, moneda y lucha de clases*. Buenos Aires: Tinta Limón e Fundación Rosa Luxemburgo, 2018.

CALENTANI, Francesca Gargallo. *Feminismos desde Abya Yala: ideas y proposiciones de las mujeres de 607 pueblos de nuestra América*. Bogotá: Desde Abajo, 2012.

CASE, Mary Anne. "Trans Formations in the Vatican's War on 'Gender Ideology'", *Signs: Journal of Women in Culture and Society*, v. 44, n. 3, p. 639-64, 2019.

CASTRO, Nazaret; MORENO, Aurora; VILLADIEGO, Laura. "De Colombia a Indonesia: estas mujeres están en pie contra el aceite de palma", *El Diario*, Madri, 20 jan. 2018. Disponível em: https://www.eldiario.es/desalambre/mujeres-defienden-territorio--frente-aceite_0_731077111.html.

CAVALLERO, Luci; GAGO, Verónica. *Una lectura feminista de la deuda. ¡Vivas, libres y desendeudadas nos queremos!* Buenos Aires: Fundación Rosa Luxemburgo, 2019.

CHÁVEZ, Marxa; LÓPEZ, Claudia. "Women Rebel in Tariquía: In Southern Bolivia, the Fight for the Dignity and Against Oil Interests Begins with Women", *Nacla – Report on the Americas*, v. 50, n. 4, p. 408-10, 2018.

CHENA, Pablo Ignacio; ROIG, Alexandre. "L'exploitation financière des secteurs populaires argentins", *Revue de la régulation - Capitalisme, institutions, pouvoirs*, Paris, v. 22 (Dossiê Financiarisation et classes sociales), jun./dez. 2017.

CIELO, Cristina; VEGA, Cristina. "Reproducción, mujeres y comunes: Leer a Silvia Federici desde el Ecuador actual", *Revista Nueva Sociedad*, n. 256, p. 132-44, 2015.

CIRIZA, Alejandra. "Notas sobre ciudadanía sexual: El derecho al aborto y la ciudadanía de las mujeres en el debate argentino", *Escenarios Alternativos*, p. 1-9, 2007.

COLECTIVO Situaciones; MTD Solano. *Hipótesis 891: Más allá de los piquetes*. Buenos Aires: Tinta Limón, 2003.

COLOTTI, Geraldina. "Lo sguardo di Selma James", *Il manifesto*, Roma, 22 mar. 2017. Disponível em: https://ilmanifesto.it/lo-sguardo-di-selma-james/.

COOPER, Melinda. *Family Values: Between Neoliberalism and the New Social Conservatism*. Nova York: Zone Books, 2017. (Série Near Futures).

CRENSHAW, Kimberlé. "Demarginalizing the Intersection of Race and Sex: A Black Feminist Critique of Antidiscrimination Doctrine, Feminist Theory and Antiracist Politics", *University of Chicago Legal Forum*, n.1, article 8, p. 139-67, 1989.

CUSICANQUI, Silvia Rivera. "La larga marcha por nuestra dignidad", *Cuestión Agraria*, v. 4, p. 7- 38, jul. 2018a.

_____. *Un mundo ch'ixi es posible: Ensayos desde un presente en crisis*. Buenos Aires: Tinta Limón, 2018b.

DAVIS, Angela. *Mujeres, raza y clase*. Madri: Akal, 2005. [Ed. bras.: *Mulheres, raça e classe*. Trad. Heci Regina Candiani. São Paulo: Boitempo, 2016.]

DELEUZE, Gilles. *Foucault*. Barcelona: Paidós, 1986. [Ed. bras.: *Foucault*. Trad. Claudia Sant'Anna Martins. São Paulo: Brasiliense, 1988.]

DELEUZE, Gilles; GUATTARI, Félix. *El anti-Edipo: capitalismo y esquizofrenia*. Barcelona: Paidos, 1985. [Ed. bras.: *O anti-Édipo: capitalismo e esquizofrenia I*. Trad. Luiz B. L. Orlandi. São Paulo: Ed. 34, 2010. (Coleção Trans)]

_____. *Mil mesetas: capitalismo y esquizofrenia*. Barcelona: Paidós, 1988. [Ed. bras.: *Mil platôs: capitalismo e esquizofrenia*. São Paulo: Ed. 34, 1995-1997. (Coleção Trans, 5 v.)]

DILLON, Marta. "Huellas rebeldes", *Pagina 12*, 25 mar. 2018. Disponível em: https://www.pagina12.com.ar/103765-huellas-rebeldes.

DOPAZO, Mariana. "No le permito ser más mi padre", entrevista com Alejandra Dandan, *Página 12*, Buenos Aires, 13 ago. 2017. Disponível em: https://www.pagina12.com.ar/56302-no-le-permito-mas-ser-mi-padre.

DRAPER, Susana. "El paro como proceso: construyendo poéticas de um nuevo feminismo". In: GAGO, Verônica *et al*. *8M Constelación femi-*

nista: ¿Cuál es tu huelga? ¿Cuál es tu lucha?. Buenos Aires: Tinta Limón, 2018. p. 49-72.

DU BOIS, W.E.B. "The General Strike". In: DU BOIS, W.E.B. *Black Reconstruction: An Essay toward a History of the Part which Black Folk Played in the Attempt to Reconstruct Democracy in America, 1860-1880*. Nova York: Harcourt, Brace and Company, 1935, p. 55-83.

EHRENREICH, Barbara; ENGLISH, Deirdre. *Witches, Midwives and Nurses: A History of Women Healers*. Nova York: The Feminist Press, 1973.

FASSIN, Eric. "A Double-Edged Sword: Sexual Democracy, Gender Norms and Racialized Rhetoric". *In*: BUTLER, Judith; WEED, Elizabeth (Eds.). *The Question of Gender: Joan W. Scott's Critical Feminism*. Bloomington: Indiana University Press, 2011, p. 143-58.

FEDERICI, Silvia. *Calibán y la bruja: Mujeres, cuerpo y acumulación originaria*. Buenos Aires: Tinta Limón, 2011. [Ed. bras.: *Calibã e a bruxa: mulheres, corpo e acumulação primitiva*. Trad. Coletivo Sycorax. São Paulo: Elefante, 2017.]

_____. *Revolución en punto cero*. Madri: Traficantes de Sueños, 2013. [Ed. bras.: *O ponto zero da revolução: reprodução, trabalho doméstico e luta feminista*. Trad. Coletivo Sycorax. São Paulo: Elefante, 2019.]

_____. "Vivimos una nueva caza de brujas", entrevista com Santxikorrota, *El salto Diario*, Madri, 30 set. 2017. Disponível em: https://www.elsaltodiario.com/feminismos/silvia-federici-entrevista-vivimos-una-nueva-caza-de-brujas.

_____. *El patriarcado del salario*. Buenos Aires: Tinta Limón, 2018.

FEDERICI, Silvia; AUSTIN, Arlen (Eds.). *Wages for Housework: The New York Committee 1972-1977: History, Theory, Documents*. Nova York: Autonomedia, 2018.

FERGUSON, James. *Global Shadows: Africa in the Neoliberal World Order*. Durham, NC: Duke University Press, 2006.

FOUCAULT, Michel. *Genealogía del racismo*. Buenos Aires: Altamira, 1992.

_____. *La sociedad punitiva*. Buenos Aires: Fondo de Cultura Económica, 2016. [Ed. bras.: *A sociedade punitiva*. Trad. Ivone C. Benedetti. São Paulo: Martins Fontes, 2015.]

FONTANA, Natalia. *Hijas y nietas de sus rebeldías*, 2018 (correspondência pessoal).

FRASER, Nancy. "Behind Marx's Hidden Abode. For an Expanded Conception of Capitalism", *New Left Review*, v. 86, p. 55-72, mar./abr. 2014. [Ed. bras.: "Por trás do laboratório secreto de Marx: por uma concepção expandida do capitalismo", *Direito e práxis*, v. 6, n. 10, 2015, p. 704-28. Disponível em: https://www.e-publicacoes.uerj.br/index.php/revistaceaju/article/view/15431/11726.]

_____. "Contradictions of Capital and Care", *New Left Review*, v. 100, p. 99-119, jul./ago. 2016.

_____. "The End of Progressive Neoliberalism", *Dissent Magazine*, 2 jan. 2017. Disponível em: https://www.dissentmagazine.org/online_articles/progressive-neoliberalism-reactionary-populism-nancy-fraser. [Ed. bras.: "O fim do neoliberalismo 'progressista'", *Brasil de Fato*, 27 jan. 2017a. Disponível em: https://www.brasildefato.com.br/2017/01/27/o-fim-do-neoliberalismo-progressista.]

_____. "What is the feminism for the 99%?", *YouTube*, 3 mar. 2017b. Disponível em: https://www.youtube.com/watch?v=BlLwkPcmYuI.

GAGO, Verónica. *La razón neoliberal: economías barrocas y pragmática popular*. Buenos Aires: Tinta Limón, 2014. [Ed. bras.: *A razão neoliberal: economias barrocas e pragmática popular*. Trad. Igor Peres. São Paulo: Elefante, 2018.]

_____. "Financialization of Popular Life and the Extractive Operations of Capital: A Perspective from Argentina", *The South Atlantic Quarterly*, v. 114, n. 1, p. 11-28, 2015.

_____. "Intelectuales, experiencia e investigación militante. Avatares de un vínculo tenso", *Nueva Sociedad*, v. 268, p. 65-76, 2017.

_____. "What Are Popular Economies? Some Reflections from Argentine", *Radical Philosophy*, n. 2.02, fev. 2018a.

_____. "The Strategy of Flight: Problematizing the Figure of Trafficking", *The South Atlantic Quarterly*, v. 117, n. 2, p. 333-56, 2018b.

GAGO, Verónica; AGUILAR, Raquel Gutiérrez. "Women Rising in Defense of Life: Tracing the Revolutionary Flows of Latin American Women's Many Uprisings", *Nacla – Report on the Americas*, v. 50, n. 4, p. 364-8, 2018.

GAGO, Verónica; MEZZADRA, Sandro. "A Critique of the Extractive Operations of Capital: Toward an Expanded Concept of Extractivism", *Rethinking Marxism*, v. 29, n. 4, p. 574-91, 2017.

GAGO, Verónica; ROIG, Alexandre. "Las finanzas y las cosas. Una etnografía del endeudamiento popular". *In*: CHENA, Pablo I.; BISCAY, Pedro M. (Orgs.). *El imperio de las finanzas: deuda y desigualdad*. Buenos Aires: Miño y Dávila, 2019. p. 219-34. (Coleção Nuevas Teorías Económicas).

GALEANO, Eduardo. *Las venas abiertas de América Latina*. Montevidéu: Editora de la Universidad de la República, 1971. [Ed. bras.: *As veias abertas da América Latina*. Trad. Galeno de Freitas. São Paulo: Paz e Terra, 1978. (Coleção Estudos Latino-Americanos, v. 12)]

GALINDO, María. *Las exiliadas del neoliberalismo: migrantes bolivianas en España*. La Paz: Mujeres Creando, 2004.

_____. *No se puede descolonizar sin despatriarcalizar: teoría y propuesta de la despatriarcalización*. La Paz: Mujeres Creando, 2013.

GARCIA, Paola Bolados; CUEVAS, Alejandra Sánchez. "Una ecología política feminista en construcción: El caso de las 'Mujeres de zonas de sacrificio en resistencia', Región de Valparaíso, Chile", *Psicoperspectivas*, Valparaiso, v. 16, n. 2, p. 33-42, 2017.

GIARDINI, Federica. "Dominio e sfruttamento. Un ritorno neomaterialista sull'economia politica". In: BERTOLLINI, Adriano; FINELLI, Roberto (Orgs.). *Soglie del linguaggio. Corpi, mondi, società*. Roma: Roma TRE Press, 2017, p. 69-80 (Série Colloquia Philosophica).

GIARDINI, Federica; SIMONE, Anna Campese. "Reproduction as Paradigm. Elements Toward a Feminist Political Economy". *In*: HLAVAJOVA, Maria; SHEIKH, Simon (Orgs.). *Former West: Art and the Contemporary After 1989*. Cambridge: The MIT Press., 2017.

GIBSON-GRAHAM, J. K. *A Postcapitalist Politics*. Minneapolis: University of Minnesota Press, 2006.

_____. "La construcción de economías comunitarias". *In*: HARCOURT, Wendy; ESCOBAR, Arturo (Org.). *Las mujeres y las políticas del lugar*. Cidade do México: UNAM, 2007, p. 147-74.

GRAFF, Agnieszka; KOROLCZUK, Elżbieta. "Towards An Illiberal Future: Anti-Genderism and Anti-Globalization", *Global Dialogue*, v. 7, n. 1, 2017.

GUATTARI, Félix; ROLNIK, Suely: *Micropolíticas: cartografías del deseo*. Buenos Aires: Tinta Limón, 2013. [Ed. bras.: *Micropolíticas: cartografias do desejo*. Petrópolis: Vozes, 1986.]

GUDYNAS, Eduardo. "Beyond Varieties of Development. Disputes and Alternatives", *Third World Quarterly*, v. 37, n. 4 (Rising Powers and South-South Cooperation), p. 721-32, 2016.

GUTIÉRREZ, María Alicia. "Significante vacío: ideología de género, conceptualizaciones y estratégias", entrevista com Sonia Correa, *Observatorio Latinoamericano y Caribeño*, n. 2, 2018.

HARDT, Michael; NEGRI, Antonio. *Assembly*. Nova York: Oxford University Press, 2017. [Ed. bras.: *Assembly: a organização multitudinária do comum*. Trad. Lucas Carpinelli e Jefferson Viel. São Paulo: Politeia, 2018.]

HARVEY, David. *El nuevo imperialismo*. Madri: Akal, 2003. [Ed. bras.: *O novo imperialismo*. Trad. Adail Sobral e Maria Stela Gonçalves. São Paulo: Loyola, 2004.]

HAUG, Frigga. *Rosa Luxemburgo y el arte de la política*. Madri: Tierra de Nadie, 2013.

JUNKA-AIKIO, Laura; CORTES-SEVERINO, Catalina. "Cultural Studies of Extraction", *Cultural Studies*, v. 31, n. 2-3, p. 175-84, 2017.

KERSTENETZKY, Celia Lessa; UCHÔA, Christiane. "Moradia inadequada, escolaridade insuficiente, crédito limitado: em busca da nova classe média". *In*: BARTELT, Dawid Danilo (Org.). *A "nova classe média" no Brasil como conceito e projeto político*. Rio de Janeiro: Fundação Heinrich Böll, 2013, p. 16-31.

KOROL, Claudia. *Las revoluciones de Berta*. Buenos Aires: América Libre, 2018.

LACLAU, Ernesto. *La razón populista*. Buenos Aires: Fondo de Cultura Económica, 2005. [Ed. bras. *A razão populista*. São Paulo: Três Estrelas, 2013.]

LANCE, Florencia. "Soy hija de un aviador de los vuelos de la muerte", *El cohete a la luna*, 25 mar. 2018. Disponível em: https://www.elcohetealaluna.com/hija-aviador-los-vuelos-la-muerte/.

LANDER, Edgardo. "La implosión de la Venezuela rentista", *Cuadernos de la nueva política*, v. 1, set. 2016.

LINEBAUGH, Peter. *The Incomplete, True, Authentic, and Wonderful History of May Day*. 3ª ed. Londres: PM Press, 2016.

LUXEMBURGO, Rosa. *Reforma o revolución*. Madri: Akal, 2015 [1900]. [Ed. bras.: *Reforma ou revolução?* Trad. Lívio Xavier. São Paulo: Expressão Popular, 1999.]

_____. *The Accumulation of Capital*. Trad. Agnes Schwarzschild. Nova York: Routledge, 2003 [1913]. [Ed. bras.: *A acumulação do capital: contribuição ao estudo econômico do imperialismo*. São Paulo: Nova Cultural, 1985, v. 1 e 2. (Coleção Os Economistas)]

_____. *La acumulación de capital*. México: Grijalbo, 1967 [1913].

_____. *Huelga de masas, partido y sindicato*. Trad. Nora Rosenfeld e José Aricó. Córdoba: P&P, 1970 [1906]. (Cuadernos Pasado y Presente n. 13) [Ed. bras.: *Greve de massas, partido e sindicato*. São Paulo: Kairós, 1979.]

LORDE, Audre. *Los diarios del cáncer*. Trad. Gabriela Adelstein. Rosario: Hipólita Ediciones, 2008.

LOREY, Isabell. *Estado de inseguridad: gobernar la precariedad*. Madri: Traficantes de Sueños, 2016.

MACPHERSON, C. B. *The Political Theory of Possessive Individualism: Hobbes to Locke*. Nova York: Oxford University Press, 1962.

MADSEN, Nina. "Entre a dupla jornada e a discriminação contínua. Um olhar feminista sobre o discurso da 'nova classe média'". In: BARTELT, Dawid Danilo (Org.). *A "nova classe média" no Brasil como conceito e projeto político*. Rio de Janeiro: Fundação Heinrich Böll, 2013. p. 136-45.

MARTIN, Randy. *Financialization of Daily Life*. Filadélfia: Temple University Press, 2002.

MARX, Karl. *Grundrisse: Foundations of the Critique of Political Economy*. Trad. Martin Nicolaus. Harmondsworth, UK: Penguin, 1973. [Ed. bras.: *Grundrisse: manuscritos econômicos de 1857-1858: esboços da crítica da economia política*. Trad. Nélio Schneider. São Paulo: Boitempo; Rio de Janeiro: UFRJ, 2011.]

_____. *Capital, vol.1*. Trad. Ben Fowkes. Nova York: Vintage Books, 1977. [Ed. bras.: *O Capital: crítica da economia política. Livro I: O processo de produção do capital*. Trad. Rubens Enderle. São Paulo: Boitempo, 2013.]

_____. *Capital, vol. 3*. Trad. David Fernbach. Londres: Penguin, 1981. [Ed. bras.: *O Capital: crítica da economia política. Livro III: O processo global da produção capitalista*. Trad. Rubens Enderle. São Paulo: Boitempo, 2017.]

MARX, Karl; ENGELS, Friedrich. *Manifiesto comunista*. Buenos Aires: Siglo XXI, 2018. [Ed. bras.: *Manifesto comunista*. Trad. Álvaro Pina. São Paulo: Boitempo, 1998.]

MBEMBE, Achille. *Critique de la raison nègre*. Paris: La Découverte, 2013. [Ed. bras.: *Crítica da razão negra*. Trad. Sebastião Nascimento. São Paulo: N-1 Edições, 2018.]

MEZZADRA, Sandro; NEILSON, Brett. *The Politics of Operations*. Durham, NC: Duke University Press, 2019.

MIES, Maria. *Patriarchy and Accumulation on a World Scale: Women in the International Division of Labour*. Londres: Zed Books, 1986.

MIES, Maria; BENNHOLDT-THOMSEN, Veronika; VON WERLHOF, Claudia. *Women: The Last Colony*. Londres: Zed Books, 1988.

MOLINA, Marta Malo de. "Siempre se cuida en colectivo, pero hay una tendencia privatizadora", entrevista com Patricia Reguero, *Diagonal*, Madri, 1 jun. 2016. Disponível em: https://www.diagonalperiodico.net/cuerpo/30466-siempre-se-cuida-colectivo-pero-hay-tendencia-privatizadora.html.

MONÁRREZ, Julia (Org.). "Elementos de análisis del feminicidio sexual sistémico en Ciudad Juárez para su viabilidad jurídica". In: Seminário Internacional Feminicidio, Ley y Justicia, 2004, Cidade do México. Disponível em: http://mujeresdeguatemala.org/wp-content/uploads/2014/06/Elementos-del-feminicidio-sexual-siste%CC%81mico.pdf.

MORGNER, Irmtraud. *Amanda, ein Hexenroman*. Munique: Luchterhand, 1983.

MORINI, Cristina. *Por amor o a la fuerza: feminización del trabajo y biopolítica del cuerpo*. Madri: Traficantes de Sueños, 2014.

MUJERES CREANDO. *La virgen de los deseos*. Buenos Aires: Tinta Limón, 2005.

NAVARRO, Mina Lorena. "Luchas por lo común contra el renovado cercamiento de bienes naturales en México", *Bajo el Volcán*, Puebla, v. 13, n. 21, p. 161-9, 2013.

NEGRI, Antonio. *Marx más allá de Marx*. Madri: Akal, 2001. [Ed. bras.: *Marx além de Marx: ciência da crise e da subversão. Caderno de trabalho sobre os Grundrisse*. São Paulo: Autonomia Literária, 2017.]

PALEY, Dawn. *Drug War Capitalism*. California: AK Press, 2014.

PATEMAN, Carole. *The Disorder of Women: Democracy, Feminism and Political Theory*. Stanford: Stanford University Press, 1990.

_____. *El contrato sexual*. Madri: Anthropos, 1995. [Ed. bras.: *O contrato sexual*. Trad. Marta Avancini. São Paulo: Paz e Terra, 1993.]

PATTERNOTTE, David; KUHAR, Roman (Eds.). *Anti-Gender Campaigns in Europe. Mobilizing against Equality*. Londres: Rowman and Littlefield, 2017.

PECHENY, Mario; JONES, Daniel; ARIZA, Lucía. "Sexual Politics and Religious Actors in Argentina", *Religion and Gender*, v. 6, n. 2, p. 205-25, 2016.

PERALTA, Pablo Ospina. "¿Por quién doblan las campanas?", *Centro Ecuménico de Proyectos*, Quito, mar. 2016. Disponível em: http://www.cepecuador.org/images/PDFs/coyuntura_ecuador_marzo_2016.pdf

PRECARIAS A LA DERIVA. *A la deriva por los circuitos de la precariedad feminina*. Madri: Traficantes de Sueños, 2004.

RAJAN, Kaushik Sunder. *Pharmocracy. Value, Politics, and Knowledge in Global Biomedicine*. Durham, NC: Duke University Press, 2017.

RANCIÈRE, Jacques. *El maestro ignorante*. Barcelona: Laertes, 2003. [Ed. bras.: *O mestre ignorante: cinco lições sobre a emancipação intelectual*. Trad. Lilian do Valle. Belo Horizonte: Autêntica, 2002.]

RED DE SANADORAS ANCESTRALES del Feminismo Comunitario. "Defensoras ancestrales del territorio cuerpo-tierra", 15 jun. 2017. Disponível em: https://www.redlatinoamericanademujeres.org/recursos/pronunciamientos/10-pronunciamientos/38-tzk-at-red-de-sanadoras-ancestrales-del-feminismo-comunitario-desde-iximulew--guatemala-defensoras-ancestrales-del-territorio-cuerpo-tierra.

REVEL, Judith. *Foucault: un pensamiento de lo discontinuo*. Buenos Aires: Amorrortu, 2014.

RODRÍGUEZ, Sergio González. *The Femicide Machine*. Los Angeles: Semiotext(e), 2012.

ROEDIGER, David R. *Class, Race and Marxism*. Londres: Verso, 2017.

ROLNIK, Suely. *Cartografia sentimental: transformações contemporâneas do desejo*. Porto Alegre: Sulina, 2006.

_____. *Esferas de insurrección. Apuntes para descolonizar el inconsciente*. Buenos Aires: Tinta Limón, 2019. [Ed. bras.: *Esferas da insurreição: notas para uma vida não cafetinada*. São Paulo: N-1 Edições, 2018.]

ROLNIK, Suely; BARDET, Marie. "¿Cómo hacernos un cuerpo?". In: GAGO, Verônica et al. *8M Constelación feminista: ¿Cuál es tu huelga? ¿Cuál es tu lucha?*. Buenos Aires: Tinta Limón, 2018. p. 109-31.

SALOMÉ, Lou Andreas. *Friedrich Nietzsche en sus obras*. Barcelona: Minúscula, 2005.

SANTISTEBAN, Rocío Silva. *Mujeres y conflictos ecoterritoriales: impactos, estrategias, resistencias*. Lima: AECI, 2017.

SASSEN, Saskia. *Territory. Authority. Rights. From Medieval to Global Assemblages*. Princeton: Princeton University Press, 2006.

_____. *Expulsions. Brutality and Complexity in the Global Economy*. Cambridge: Harvard University Press, 2014.

SEGATO, Rita. *Las estructuras elementales de la violencia*. Buenos Aires: Prometeo, 2003.

_____. *La escritura en el cuerpo de las mujeres asesinadas en Ciudad Juárez*. Buenos Aires: Tinta Limón, 2013.

_____. *Las nuevas formas de la guerra y el cuerpo de las mujeres*. Puebla: Pez en el Árbol, 2014.

_____. "La pedagogía de la crueldad", entrevista com Verónica Gago, *Página 12*, 29 mai. 2015. Disponível em: https://www.pagina12.com.ar/diario/suplementos/las12/13-9737-2015-05-29.html.

_____. *La guerra contra las mujeres*. Madri: Traficantes de Sueños, 2017.

SHIVA, Vandana; MIES, María. *La praxis del ecofeminismo: Biotecnología, consumo, reproducción*. Barcelona: Icaria Editorial, 1998.

SOLÍS, Cristina Vega; BUJÁN, Raquel Martínez; CHAUCA, Myriam Paredes (Eds.). *Cuidado, comunidad y común. Extracciones, apropiaciones y sostenimiento de la vida*. Madri: Traficantes de Sueños, 2018.

SPIVAK, Gayatri Chakravorty. "Estudios de la subalternidad: deconstruyendo la historiografía". *In*: MEZZADRA, Sandro. (Org.). *Estudios postcoloniales: ensayos fundamentales*. Madri: Traficantes de Sueños, 2008, p. 33-68.

SVAMPA, Maristella. "Commodities Consensus: Neoextractivism and Enclosure of the Commons in Latin America", *The South Atlantic Quarterly*, v. 114, n. 1, p. 65-82, 2015.

TAYLOR, Keeanga-Yamahtta. *De #BlackLivesMatter a la liberación negra*. Buenos Aires: Tinta Limón, 2017a.

_____ (Ed.). *How We Get Free. Black Feminism and the Combahee River Collective*. Chicago: Haymarket Books, 2017b.

THOMPSON, E.P. *La formación de la clase obrera en Inglaterra*. Madri: Capitán Swing, 2012.

TORO, Graciela. *La pobreza: un gran negocio*. La Paz: Mujeres Creando, 2010.

TRONTI, Mario. *Operai e capitale*. Turim: Einaudi, 1966.

ULLOA, Astrid. "Feminismos territoriales en América Latina: defensas de la vida frente a los extractivismos", *Nómadas*, v. 45, p. 123-39, out. 2016.

VARELA, Amarela. "La trinidad perversa de la que huyen las fugitivas centroamericanas: violencia feminicida, violencia de estado y violencia de mercado", *Debate Feminista*, v. 53, p. 1-17, 2017.

VEGA, Cristina. "Del otro lado de la huelga del 8M: visualizando la interrupción social desde el feminismo", *Sin permiso*, 15 fev. 2018. Disponível em: http://www.sinpermiso.info/textos/del-otro-lado-de-la-huelga-del-8-m-visualizando-la-interrupcion-social-desde-el-feminismo.

VIGOYA, Mara Viveros. "La contestación del Género: Cuestión nodal de la política (sexual) en Colombia", *Sexuality Policy Watch*, 2016. Disponível em: https://sxpolitics.org/es/la-contestacion-del-genero-cuestion-nodal-de-la-politica-sexual-en-colombia/3579.

VIRNO, Paolo. *Gramática de la multitud*. Buenos Aires: Colihue, 2003. [Ed. bras.: *Gramática da multidão: para uma análise das formas de vida contemporâneas*. São Paulo: Annablume, 2013.]

WEEKS, Kathi. *The Problem with Work: Feminism, Marxism, Antiwork Politics, and Postwork Imaginaries*. Durham, NC: Duke University Press, 2011.

YE, Suzana. "'Si Adelita tuviera un contrato': la vida cantada de las trabajadoras del hogar", *El País*, Madri, 15 mar. 2019. Disponível em: https://elpais.com/ccaa/2019/03/14/madrid/1552574599_157839.html.

Agradecimentos

Ao Iván, o cúmplice audaz de todos os devires. À Natália Fontana, minha irmã. À Luci Cavallero, pelo amor em revolução permanente e pela inteligência mais impiedosa.

À Marta Dillon e à Cecilia Palmeiro, por uma viagem que ainda continua. À Virginia Giannoni, pela amizade afiada. Às minhas companheiras do Coletivo NiUnaMenos, com as quais cultivamos uma amizade política.

À Silvia Federici e à Raquel Gutiérrez Aguilar, por serem bruxas tarimbadas, por seus conselhos e por sua força. À Silvia Rivera Cusicanqui, mestra da irreverência e do pensamento complexo. À Suely Rolnik, pela esquizoanálise à distância e em proximidade. À Marta Malo, pela cumplicidade apaixonada ao longo de tantas épocas. À Alida Díaz, por nos construir uma casa em todos os lados. À Rita Segato, pela conversação contínua. À Dora Barrancos, pela confiança. À Marie Bardet, por seu pensar-com-mover. À Liz Mason-Deese, pelo paciente trabalho de tradução, que é amizade, compromisso e reescrita.

À minha mãe e às minhas amigas-companheiras de tantíssimos anos: Andrea Barberi, Clarissa Gambera, Charo Golder, Cecilia Abdo Ferez, Mariela Denegris, Alejandra Rodríguez, María Medrano, Lili Cabrera, Delia Colque, Maisa Bascuas, Susana Draper, Neka Jara, Maba Jara, Silvio Lang e Ana Julia Bustos.

Ao Sandro Mezzadra, pela interlocução inteligente e generosa.

Ao estimulante convite de Natalia Brizuela, Judith Butler e Wendy Brown.

À constelação de companheiras de Bolívia, Peru, Uruguai, Brasil, Equador, Chile, México, Colômbia, Paraguai, Guatemala, Estados Unidos, França, Alemanha, Itália e Espanha, com as quais, em distintos momentos e percursos, conversei, discuti e compartilhei perguntas que nutrem este livro. E, em particular, a Gladys Tzul, Ita del Cielo, Dunia Mokrani, Claudia López, Carmen Arriaga, Eli Qu, Lopo Guitérrez, Mariana Menéndez, Betty Ruth Lozano, Anahí Durand, Camila Rojas, Daniela López, Pierina Feretti, Cristina Veja, Cristina Cielo, Helena Silvestre, Graciela Rodríguez, Analba Texeira, Josy Panão, Nazaret Castro, Beatriz García, Eva García, Lotta Meri Pirita Tenhunen, Alejandra Estigarribia, Pilar García, Inés Gutiérrez, Ailoscia Castronovo, Marina Montanelli, Giuliana Visco, Tatiana Montella, Isabell Lorey, Caro Kim, Mila Ivanovic, Bergonia Santa-Cecilia, Rafaela Pimentel, Pastora Filigrani e Sara Buraya.

Às pessoas que fizeram leituras delicadas de partes do manuscrito: Gaby Mendoza, Florencia Lance, Mariana Dopazo e Amador Savater; e, muito especialmente, aos comentários e correções detalhadas de Diego Picotto e Josefina Payró, que impulsionaram todo o processo. Ao meu pai e aos meus irmãos pela rede de cuidados. E, novamente, às pessoas imprescindíveis para que este livro fosse possível: meus companheiros da editora Tinta Limón, em especial, ao Andrés Bracony e ao Ignacio Gago, que trabalharam a edição como artesanato político.

FOTO: SEBASTIÁN FREIRE

Sobre a autora
—

VERÓNICA GAGO nasceu em 1976, em Chivilcoy, na Argentina. É doutora em ciências sociais, professora da Universidade de Buenos Aires (UBA) e da Universidade de San Martín (Unsam) e pesquisadora do Consejo Nacional de Investigaciones Científicas y Técnicas (Conicet). É autora de *Controversia: una lengua del exilio* (Biblioteca Nacional, 2012) e *A razão neoliberal: economias barrocas e pragmática popular* (Elefante, 2018), e coautora, com Luci Cavallero, de *Una lectura feminista de la deuda: "vivas, libres e desendeudadas nos queremos"* (Fundación Rosa Luxemburgo, 2019), além de ter escrito inúmeros artigos acadêmicos sobre economia popular, economia feminista e teoria política, publicados em diversos idiomas. Tem colaborado com as experiências de pesquisa militante do Coletivo Situaciones, faz parte do Coletivo NiUnaMenos, que luta contra o feminicídio na América Latina, e integra mobilizações pela Greve Internacional Feminista e pela descriminalização do aborto na Argentina.

[cc] Editora Elefante, 2020
[cc] Verónica Gago, 2020

Você tem a liberdade de compartilhar, copiar,
distribuir e transmitir esta obra, desde que cite
a autoria e não faça uso comercial.

Primeira edição, março de 2020
São Paulo, Brasil

Título original:
La potencia feminista o el deseo de cambiarlo todo
Buenos Aires: Tinta Limón, 2019

Dados Internacionais de Catalogação na Publicação (CIP)
Angélica Ilacqua CRB-8/7057

Gago, Verónica
    A potência feminista, ou o desejo de transformar tudo / Verónica Gago; tradução de Igor Peres. São Paulo: Elefante, 2020.

Bibliografia
ISBN 978-85-93115-65-3

1. Feminismo 2. Mulheres — Aspectos sociais e políticos
I. Título II. Peres, Igor

20-1458   CDD 305.42

Índices para catálogo sistemático:
1. Feminismo

EDITORA ELEFANTE
editoraelefante.com.br
editoraelefante@gmail.com
fb.com/editoraelefante
@editoraelefante

FONTES Silva & Slate
PAPÉIS Cartão 250 g/m² & Pólen soft 80 g/m²
IMPRESSÃO BMF Gráfica
TIRAGEM 3.000 exemplares